全国高等院校跨境电商实训教材
总策划：南京瀚海 于斌

KUAJING DIANSHANG
TANPAN JIQIAO

跨境电商谈判技巧

企 业 主 编：蒋 海
院校副主编：姜英俊 孙全军 胡光明

中国海关出版社
China Customs Press
中国 · 北京

图书在版编目（CIP）数据

跨境电商谈判技巧/蒋海等主编．—北京：中国海关出版社，2018.7
ISBN 978-7-5175-0286-9

Ⅰ.①跨…　Ⅱ.①蒋…　Ⅲ.①电子商务—商务谈判
Ⅳ.①F713.36 ②F715.4

中国版本图书馆 CIP 数据核字（2018）第 100401 号

跨境电商谈判技巧

KUAJING DIANSHANG TANPAN JIQIAO

编　　者：蒋海等
策划编辑：史　娜
责任编辑：黄华莉
出版发行：中国海关出版社
社　　址：北京市朝阳区东四环南路甲 1 号　　邮政编码：100023
网　　址：www.hgcbs.com.cn
编 辑 部：01065194242-7531（电话）　　01065194231（传真）
发 行 部：01065194221/27/38/46（电话）　　01065194233（传真）
社办书店：01065195616（电话）　　01065195127（传真）
http://www.customskb.com/book（网址）
印　　刷：北京铭成印刷有限公司　　经　　销：新华书店
开　　本：710mm×1000mm　1/16
印　　张：18　　字　　数：352 千字
版　　次：2018 年 7 月第 1 版
印　　次：2018 年 7 月第 1 次印刷
书　　号：ISBN　978-7-5175-0286-9
定　　价：56.00 元

增值服务说明

◎ PPT 课件

本书配有 PPT 课件，具体咨询可发送邮件至 haiguanjiaoyu@163.com 或拨打编辑部电话（010）65194242-7531。

◎ 在线习题

本书配有知识考查与技能训练，以加深读者对跨境电商相关知识的理解。

1. 购买本书的读者可刮开封面防伪涂层，打开手机微信，扫描二维码，即可开通观看权限。

注：每个二维码只能被扫描一次并开通权限，不能重复扫描。

2. 获取权限后，扫描书中习题对应的二维码，即可进行在线练习。

《跨境电商谈判技巧》编委会

顾　问：

李霄翔　国家级教学名师 东南大学特聘教授

孙国华　中国电子商务协会产学研创新中心主任

张建军　中国国际电子商务协会中心研究院副院长

主　编：

蒋　海　江苏省纺工服装进出口有限公司董事

副主编：

姜英俊　江苏经贸职业技术学院旅游外语学院教授

孙全军　江苏经贸职业技术学院旅游外语学院副院长

胡光明　无锡科技职业学院外语与基础教育学院院长

编　委：

肖　辉　南京财经大学外国语学院教授

王令坤　南京审计大学金审学院教授

王若梅　江苏经贸职业技术学院旅游外语学院教授

华　丹　江苏经贸职业技术学院旅游外语学院讲师

前 言

人类，自从发展语言，形成社会，便产生了谈判这种沟通行为。人类活动的各个方面、各个层次、各个领域，都在时时刻刻进行着谈判。大到国家之间的政治军事谈判，小到菜市、小店的讨价还价，无不通过谈判来妥善解决分歧，达成共识，最终一致行动。

跨境电子商务作为新兴的贸易方式，也离不开谈判。在传统的国际贸易中，业务人员经常通过面对面交谈、电话沟通、电子邮件谈判等方式，来和客户洽谈贸易。进入互联网社会和数据时代，不论是进口还是出口，不论是 B2B 还是 B2C，跨境电子商务仍然需要业务人员通过各种形式与客户谈判、与供应商沟通——在电话中商谈，在社交软件如微博、Facebook、LinkedIn、Twitter、Instagram 中联络，或者利用即时通信工具如微信、QQ/TIM、Messenger、WhatsApp、Skype 畅聊。

因此，跨境电商人才的一项重要能力，便是能够全方位地，不论线上与线下，与客户或供应商成熟冷静地谈判。谈判，是一项实践性很强的活动，需要人们不断地练习和提高技巧。熟记理论或知识点并不会使我们的谈判能力和技巧自然提高。长期以来，讲授谈判的书或教材大多以理论为主，较少与实际业务工作相结合。而讲授跨境电商（包括传统国际贸易）实际业务中的谈判技巧和手段的书，更是少之又少。有鉴于此，特撰写本书，一方面详细地讲解谈判中的必备基础知识，另一方面更重要的是，编入大量最新的谈判实战案例，并根据跨境电商的实际操作进行分类和梳理。通过阅读和学习本书，读者可以系统地了解在谈判的各个阶段、各个场景如何应对各种对手，掌握众多的谈判手段和技巧，在跨境电商谈判中立于不败之地。

本书不但注重在跨境电商领域中的各种谈判技巧，而且对一般性的谈判需注意的各种事项，也进行了全面和系统的分析讲解，可以独成脉络。因此，本书不但可作为跨境电商人才培养的教材，也适宜于广大希望提高自身的谈判能力和水平的普通读者。

本书的内容包括跨境电商谈判的准备和开局、跨境电商的询盘及谈判技巧、跨境电商的报价及谈判技巧、跨境电商的高级谈判技巧和掌控、跨境电商谈判的终局、谈判成功后的成交履约与风险防范等。参与编写者有蒋海、姜英俊、孙全军、胡光明、肖辉、王令坤、王若梅、华丹等。本书的成稿得到南京瀚海企业管理咨询有限公司、江苏法兰堡科技有限公司、西安蔻斯曼生物科技有限公司的大力支持和协助！

跨境电子商务正在蓬勃发展，对跨境电商谈判的认识在不断地积累、研究和深化中，与此相关的很多技巧还在不断地发展中。由于编者的水平有限、编写时间有限等原因，书中的疏漏、不当之处难免，望读者不吝指正。编者微信号：ben_ jiangsu。

编者

2018 年 5 月

目　录

导　读

一、跨境电商谈判，你了解吗？

（一）生活中谈判无处不在

什么是谈判？广义的来讲，所谓谈判就是指有关各方为了自身的目的，在一项或多项涉及各方利益的事务中进行协商、讨论等沟通活动，并通过调整各自提出的条件以达成一致的过程。英文中把正式的谈判称为“Negotiation”，把商业中的讨价还价称为“Bargaining”。

谈判伴随着人类出现而出现，和人类活动的历史一样悠久。在人类出现的时代，原始人们开始群居，形成部落和氏族。有时为了处理部落内部的一些公共事务，比如分发食物和安排分工，或者解决部落之间的一些冲突，比如划分地盘和贸易交换，往往需要聚在一起进行商谈和决定，以解决分歧、缓和矛盾、平衡利益，这就是谈判的最初形式。随着人类社会的不断发展，人们之间的交往越来越频繁，需要处理的各种利益分割或矛盾越来越多，谈判也就不断地扩大其应用范围。谈判作为一项频繁和重要的活动，也日益为人们所重视，谈判所涉及的口才、策略和技巧也越来越被人们所研究和运用。

历史上，不论古今中外，许多重大事件无不闪烁着谈判者超人的智慧和精彩的谈判技巧。春秋战国时期，苏秦合纵、张仪连横，凭三寸不烂之舌，纵横捭阖，开中国舌辩家之先河；东汉末年，诸葛亮舌战群儒，促成吴蜀联盟，用激将法说服孙权与周瑜联吴抗曹，和曹操决一死战，才有赤壁大战，终成三国鼎立之势。回顾中国近现代历史，许多重要时刻无不与谈判活动联系在一起，无论是清末诸多丧权辱国的“条约”，还是民国时期的“西安事变”“重庆谈判”“北平谈判”，以及改革开放以来中国长达15年的加入世界贸易组织（WTO）的谈判等，均充分说明了谈判活动的重要性和智慧性，所谓“三寸不烂之舌，强于百万之师”。在现代社会，大到解决国际之间的纠纷，小到处理个人之间的恩怨，人们都需要利用谈判。

生活中，谈判无处不在。下班了，和同事一起去吃饭，他喜欢吃四川的火锅，你却想吃清淡的粤菜，你们需要事先统一好吃哪一种口味；孩子不愿意做作业，作为家长的你必须耐心地劝导，让他做完作业再玩，而不能养成坏的学习习惯；下班吃完饭想吃水果，发现水果价格太贵和商贩讨价还价；向你的老板提出升职加薪，而老板说你的工作没有多少业绩，公司效益又不好，不同意你的要求……这些都是生活中的琐碎细节，而这些细节的本质，就是一场又一场的谈判。

社会中，每时每刻都存在着各种各样的磋商和沟通。现代社会人与人之间的关系越来越密切，也越来越复杂。不同的需求使得每个人都在追求自己希望得到的利益，而谈判就是解决利益纠纷的有力工具。懂得谈判，可以帮助大家有效地解决生活中遇到的各种大小问题。

案例

小红和小芳是同事，同住在一个宿舍里。她们的关系一直处得不错，但是最近两个人却陷入了冷战。事情得从两个人的生活习惯说起。临近年底，大家都进入紧张的加班阶段，小红和小芳也不例外。小红是个习惯早睡的人，尤其是现在的加班阶段，她希望自己晚上能早点睡，第二天就可以早点起来上班。而小芳恰恰相反，由于最近的工作压力过大，她的睡眠质量大不如前，晚上要到很晚才能有睡意。因此，她决定在晚上加班。两个人的作息时间产生了冲突。小芳因为要加班每天很晚才回宿舍洗漱收拾，而灯一亮小红又睡不着。两个人因为晚上休息的问题屡屡发生冲突。

小红向小芳抱怨灯亮的问题，小芳说："你可以买个眼罩戴啊。"小红说不习惯戴眼罩睡觉，希望小芳能买个台灯，而小芳不想自己出这个钱。经过几番交涉，两人终于决定，合伙掏钱买一盏台灯，算作宿舍公共财物。小红自己买了个眼罩，试着戴眼罩睡觉。问题终于得到了解决，小红可以早睡，而小芳也可以在晚回宿舍时不会再吵醒小红了。

（二）商务中谈判形形色色

商务上，当然更离不开谈判了。跨境电商作为最新潮的商务模式，经常要与客户线上或线下面对面地打交道、沟通，只有当我们说服客户同意我们的观点，接受我们的推销，并掏钱购买我们的产品，整个谈判过程才算成功完成。

实际上，生意场时时刻刻都离不开谈判。商家要求得自身的生存和发展，就必须同形形色色的客户谈判。比如需要采购原材料或零部件，就得同供应商压低价格多开货源；需要打开产品的销路，就得同客户或最终消费者谈判，让其多买快买；需要扩大产品知名度，提高企业的声誉，就得同广告公司谈判，用最低的价格去宣传自己；需要引进设备和技术，就得和实力更强、技术更先进的外商谈判；需要招聘人才，就得到人才市场上去，和来应聘的人面试谈判；需要筹集资金，就得同银行/投资方等金融机构谈判，最好下款快、利率低、账期长；如果在生产质量或货期方面出现了问题，对方提出索赔，也必须通过谈判解决。因此，精明的商家首先必须是出色的谈判者！商场上，风起云涌，商战轰轰烈烈。任何人要想在竞争激烈的商场上站稳脚跟，并谋求发展和壮大，就必须十二分地重视与大大小小方方面面的各类供应商、客户、组织、机关甚至个人的谈判工作。

然而谈判和销售中受到客户的冷遇，被客户拒绝而吃闭门羹，是每个业务人员可能会遇到的情况。在谈判中，有时尽管我们滔滔不绝地说了一箩筐好听或很有道理的话，客户就是不为所动，不服气、不买账、不接受。

其实，世界上没有沟通不了的人，也没有说服不了的客户和对手。之所以客户没有被你说服，没有购买你的产品，最大的可能是你没有使用有效的沟通方式，没有走进客户的心里，缺少感染力和穿透力，没有吸引客户的注意，语言没有打动客户的心，没有实现双方深层次的互动。一句话，你的谈判只是你自己单方面的努力，没有渗透对方。

谈判的本质就是通过说服客户来达成交易或者其他事项的一致，业务员如果没有一定的表达能力和说服技巧，就无从与客户进行有效的沟通，也无法说服客户来实现交易。优秀的说服能力和谈判技巧是业务人员走向成功的保证。对于跨境电商的从业人员来说，要想赢得客户的信任，被客户接纳，就要具备一定的交谈能力和说话艺术，无论是口头的还是书面的。只有这样，才能打开与客户沟通的大门，让彼此的心灵产生共鸣，为双方的交易和互惠搭建一座桥梁。

俗话说：“买卖不成话不到，话语一到卖三俏。”世界一流谈判大师金克拉也说过：“说话的艺术很重要。它可以使事情改变，可以使客户自己说服自己。”谈判或销售能否成功，很大程度上直接取决于业务员或销售员的口才沟通技巧，业务员要想客户听从说服，顺利达成交易，就要在谈判措辞和销售用语上多花费一些心思，多练习、多总结。

二、跨境电商谈判的关键

（一）被拒绝，或许是一件好事

很多跨境电商业务人员或业务经理，甚至总经理及老板等公司高层，听说要和买家进行谈判，都会皱眉头，觉得要谈判的买家很麻烦、很挑剔。但是，在众多谈判高手的眼里，买家跟我们谈判不是坏事，反而是好事，因为至少说明买家有意向采购或下订单。按时下流行的话说，大家都挺忙的，买家不会闲着没事干，投入时间和精力磨嘴皮。真正对我们不感兴趣的买家，早就把我们忘记了。所以，愿意进行谈判的买家，都是带着很大诚意的。卖家要充分利用买家想进行谈判的意愿，尽最大的努力来促成交易。面对客户的拒绝，业务员首先要树立信心，平时锻炼提升自己的沟通水平，让自己专业的说话水准打动客户的心。

不要害怕被对方拒绝。因为不感兴趣的人不会和我们谈判，不想浪费时间的人也不会和我们谈判。拒绝，首先说明对方是有意向进一步交易或合作的。大家生活中都有这样的经验，去商场买衣服的时候，面对售货员热情的推荐，我们一般会说“嗯，不错”“是的，挺好的”这类肯定的话，其实我们对这些款式根本不感兴趣，说“不错”只不过是在敷衍而已。而一旦看中自己喜欢的款式，便开始真正地谈判，这时就开始挑刺了，这也不好那也不好，目的其实只是想讨价还价，最终将它买下来。

所以，对一切均满意的客户，往往并没有购买或成交的意向。而真正的买家会横挑鼻子竖挑眼，把我们的产品或方案说得一文不值。这样想来我们就不怕拒绝了，而且正因为对方拒绝，我们才认准他是潜在客户，才会更加努力地和他沟通。不要怕被拒绝，真正要怕的是对方根本不在乎，毫不关心。

（二）谈判中感情的沟通，尤为重要

谈判也是卖家和买家沟通感情，增进彼此了解，使买方熟悉卖方市场和终端市场的好机会。

首先，要学会换位思考。业务员在与对方谈判沟通时，要注意揣摩对方的心理变化，洞察对方的心理需求，如此才能顺着其思路加以引导，使对方最终接受你的观点主张。

对方的兴趣是谈话的最好话题。业务员如果能找到对方的兴趣点，交谈起来就可以重点用力，以此作为沟通感情的纽带，找到突破点，创造轻松愉快的氛围，说话就能说到对方心坎上，谈起事情来也就事半功倍了。

谈判过程不仅是语言交流，也是身体行为的交流。在谈判中，尤其是线下面对面谈判时，业务员要善于运用一系列的动作来配合自己的谈话，同时还要观察客户的言谈举止，不仅要听其言，还要观其行，从客户的言行中捕捉其内心活动的蛛丝马迹，据此采取相应的说服策略和推销战术，引导谈判走向成功。

其次，业务员不仅要会说，更要会听。在销售的过程中，不能只带着一张嘴，还要带着两只耳朵。一场成功的谈判绝不是业务员一个人的独角戏，如果你不给客户说话的机会，就永远拿不到订单，或者解决不了问题。学会倾听，听出弦外之音，是业务员必须掌握的一项沟通技能。

不会说话就不会推销，没有好口才就不能在谈判中达到目的。但好口才不是天生的，需要通过后天的学习和训练，并在销售一线的实践中锻炼提高。我们要通晓通俗易懂的理论知识与生动鲜活的成功经验，了解各种情境中谈判口才的训练方法和实战技巧，掌握征服客户的强大沟通战术，突破谈判中的误区，全面提高谈判技巧，快速成长为一名善于说服客户的谈判高手。

最后，谈判可能达成协议，也可能破裂不成功。如果达成协议，自然是双赢的局面，买卖双方皆大欢喜。如果没能谈拢，也不要灰心，更不要破罐子破摔，全无风度，给人家一种输不起的感觉。要知道，买卖不在人情在，凡事留有余地，可以先做朋友，现在不下单以后也可能合作。当然后续最重要的是按谈判好的协议或合同，按时按质保量地履行好，争取成为长期的合作伙伴。

特别要注意的是，不要为了谈判而谈判。商务谈判是“术”，商业实力是“道”。很多时候，你的实力或者你的价格或者你的研发技术等商业实力，和买家并不在一个层级上，相去甚远。比如，一个小服装厂根本不可能去奢想和耐克直接谈判。这种情况下，谈判不是解决所有问题的良药，更需要做的是将产品质量做得更可靠更耐用，设计更新颖更人性化，交货更及时更方便，价格更低廉更大众，研发更快捷更有针对性等。就好比弱国无外交，只有我们的综合实力大幅增强，我们才能在谈判桌上更从容、更有利。

第一章　跨境电商谈判的准备与开局

【学习目标】

本章旨在让学习者了解跨境电商谈判的目的与特点，准备与开局。完成本章的学习，学习者应了解在跨境电商谈判之前如何在各方面做好准备，了解跨境电商谈判开局的基本情况和常用策略。

【本章重点】

本章的学习重点是跨境电商谈判前的信息搜集、心理准备及外在条件准备，谈判开局的常见氛围，谈判的开局技巧，对谈判对手的心理分析，谈判的基本意图表达等。

第一节 跨境电商谈判的准备

一、谈判的目的和特点

（一）谈判的目的

谈判的目的是什么？有人会说，这还用问，当然是要达到我方的要求。如果这样理解的话，说明还没有深刻认识到谈判的本质。谈判是合作与竞争的辩证统一，谈判既是合作，亦是竞争。合作是基础，竞争是关键，谈判的合作性表现在谈判是一种互利互惠的活动，谈判者要考虑对方的合理利益，谋求一致，实现双赢；谈判的竞争性表现在它同时是一种斗智斗勇的活动，谈判者都在为追求自己的最大利益而与对方斗争，谈判充满着压力和对抗，是一场典型的没有硝烟的战争。没有合作，就没有谈判的基础；而没有竞争，就不能争取自己的利益。只讲竞争不讲合作，是一种狭隘的利己主义，不是成功的谈判；只讲合作不讲竞争，就不能维护自己的利益，也不是成功的谈判。因此，谈判要追求合作与竞争的辩证统一，是“合作的利己主义”，即在保持合作的基础上追求己方利益的最大化。

谈判的特征是妥协和让步，是双方共同的妥协和让步。如果只有单方的接受或妥协，那应该叫命令，无须谈判。因此，谈判的目标是双方积极沟通，共同协商，同时共同做出让步或妥协，最终达到双方都能接受的结果。也就是说，谈判是要双赢，你输我赢或你赢我输是单向思维，无助于达成协议和解决问题。

所以高明的谈判者，不仅能在谈判时取胜，还能在谈判中、谈判后处处维护对方的感情和面子。谈判高手会在谈判结束之后让对手感觉到自己赢了这场谈判，而且这种感觉并不是暂时的。相反，他们会觉得和你谈判是一件非常愉快的事情，而且会迫不及待地想要再见到你。

事实上，这是一种非常高超而且重要的能力。比如，两个人分别进行了一场情况相似的交易谈判。两个人最终都以同样的价格成交，但谈判高手会让对手感觉到自己赢得了谈判，而一般的谈判者则只会让对手感觉到自己吃亏了。试想，以后对方会跟谁继续做后面的生意呢？所以双赢不光能谈判成功，而且还会有效地改善与谈判对手之间的关系。

很多跨境贸易的业务员觉得这很难，实务操作中买家拼命压价，而且供应商很多，根本不可能有什么神奇的双赢结果。其实，双赢更多的是对方的心理满足感。谈判中的利益多少或成功与否，并没有绝对的判别标准，而很大程度上取决于谈判者个人的理解和感受。成功的谈判不仅需要考虑对方客观的利益，还需要考虑谈判者主观的感受，付出的多或对方得到的多，对方不一定就接受或满意；付出的少或对方得到的少，对方不一定就不接受或不满意，这主要取决于对方的心理感受和评判，而不完全是我方自己的评判。因此，成功的谈判者都懂得增强对方的心理满足感，影响对方的心理期望值，培养对方对合作的成功感和愉悦感。比如，提供更长的保质期，提供可以退换的服务，提供优质供应商的奖章等，对方会有更多的心理满足感，在不增加己方实际付出的基础上，让对方有“赢”的感觉，增强谈判吸引力和改善双方关系。

案例

房屋的挤与不挤

很久以前，印度的一个村庄住着一位受人们尊敬的睿智的老村长。一天，一位神情沮丧的农妇来向他寻求指点。她住在一幢小屋里，屋子只够她和丈夫及 3 个小孩住下，不巧她的公公、婆婆遇到困难，只好住在她的家里。这种拥挤不堪的生活让她感到很憋屈。她向老村长哭道：“我该怎么办?”老村长说：“把你家的大黑猪牵到屋子里，让它在那住两个星期，然后再来找我。”

两个星期过去了，情况变得更糟。大黑猪在屋里一转身，很多碗碟和家具就被碰掉在地上，老人孩子还必须小心不要被猪撞到。农妇回到老村长那里，声泪俱下：“我们比以前任何时候更困难了。”她将种种遭遇一五一十地告诉了老村长。老村长说道：“把你们家的 5 只鸡也放到屋里去，两个星期后再来找我。”农妇十分不情愿，心想现在都挤不下了，还能再把鸡放进来？但还是接受了老村长的建议，又是两个星期之后，农妇歇斯底里地来到老村长那里。“您老糊涂了，”她嚷道，“您的办法一点没用还净添乱，现在我的家里根本无法住人了。大黑猪转来转去，鸡群飞来飞去，公公婆婆不停地唠叨，孩子们在汤里喝出鸡毛来，我跟孩子他爸天天吵架。这就是您的妙招吗?”

老村长微微一笑，说道：“大嫂，就快好了，现在你回去做一件事，把黑猪从屋里赶出去，一星期后再来找我。”“这个还差不多”，农妇心里说，她回家照办了。一周后，农妇来到老村长那里。“大嫂，你觉得怎么样?”老村长问道。“这太不可思议了，”她答道，“把黑猪赶出去后我们觉得舒服多了。”

老村长又说："你的难题现在可以解决了，再把鸡群赶出屋去吧。"

农妇把鸡群赶出屋后，从此7个人和和美美地生活在小屋里面。

（二）谈判的特点

所谓贸易谈判，是指两个或多个经济主体之间，为了完成某项交易，或为了达到各方自己的经济目的，在一定的商业条件下沟通协商，以达成一致形成协议的过程。贸易谈判具有谈判的一般特征，但是其谈判主体、目的和内容与其他军事谈判或政治谈判有着明显的区别，它反映的是商业关系，以盈利和合作共赢为目标。

它的主要特点有：

1. 可量化，平等互利的经济性

贸易谈判主体洽谈的是贸易活动，其目的是为了达成交易，实现各自的经济利益，它通常以经济金额的多少来衡量谈判的效果。同时，贸易谈判注重谈判的成本与效率，经济效益的多少是谈判成功与否的主要标志。可以说，没有经济利益的驱使，就不可能有贸易谈判的动机。所以，贸易谈判与其他谈判的不同之处就在于具有这种可量化的经济性。

与其他谈判比较，贸易谈判具有更多的平等互利性。贸易谈判是在平等自愿的基础上展开的，没有强制或者胁迫性。虽然谈判实力有大小、结果不可能绝对平等，但不存在任何非法的活动，比如人身控制或者武力压迫。也没有必须要谈判成功的保证。同时贸易活动天生就具有互利性，即通过交换互相满足了对方的需要，而不是只满足单方的需要。

2. 较低的对抗性

贸易谈判虽有一定的对抗性，但这种对抗主要体现在对经济利益的竞争上，是一种和平基础上的商业游戏。它不牵涉价值观与意识形态，这与政治、军事等谈判中你死我活的斗争是完全不同的。同时，谈判的手段主要是论述、争辩、解释等和平的方式，不构成对人格和人身的伤害。因此，贸易谈判不分国界，不分人种。在贸易谈判中一定要注意"度"，既要运用对抗的技巧，也要懂得合作的艺术，俗话说："买卖不成仁义在"。

3. 谈判对象及经济形势的多样性

与其他类型的谈判不同，贸易谈判的对象往往不是唯一的，而是有很多可以供选择的。尤其是现在全球经济一体化，随着经贸合作地区和领域的不断扩大，以及市场竞争的日益激烈化，无论是作为采购商还是供应商，贸易合作的对象和地区都越来越广泛。同时由于市场经济瞬息万变，也增加了谈判对象的不确定性。贸易谈判的这种特点，决定了选择谈判对象和加强自身实力的重要性。

贸易谈判主要面对的是全球经济形势。而经济形势最大的特点是复杂多变性。不仅各个地区的经济活动有很大的差异，而且时间对经济形势的影响也很大。比如一夜醒来，全球石油期货市场大跌20%，那对世界经济将是极大的打击。尤其是随着经济的全球化和信息化，这种变化的速度在不断加快，所谓“唯一不变的是变”。经济大环境的变化对贸易谈判有着重要的影响，这就充分说明了分析经济形势和选择谈判时机的重要性。大家必须要“以万变应万变”，才能紧跟形势，不被淘汰。

4. 以价格为核心，遵循价值规律

贸易谈判能够促进产品的快速生产和快速流通，必须遵循价值规律。贸易谈判必须以双方的等价交换为原则，只有在价格基本对等的基础上，谈判双方才能达成一致。贸易谈判还受到市场供求关系的影响，供求关系不仅影响着双方的谈判实力对比，也制约着双方的利益分配。可以说，每一次谈判的具体结果，都是价值规律作用的体现。

价格几乎是所有贸易谈判的核心内容，这是因为价格集中地体现了谈判双方的利益。价格谈判受到很多因素的影响，如供求关系、质量、数量、付款、交货期等。同时，谈判双方在其他利益因素上的得与失和多与少，又可以量化为一定的价格，通过价格数字的升降得到体现，因此，价格是所有利益的互换器和平衡器。贸易谈判的这种特点，一方面要求谈判者要始终把握价格这个中心，坚持自己的利益；另一方面不要仅仅局限于价格，要善于拓宽思路，从其他利益因素上争取利益。

二、谈判的提前准备

（一）团队与人员

1. 谈判团队成员的组成

如果是大订单或者大项目，很多时候需要动用整个公司或集团的资源。这时往往需要组建谈判团队来整体作战。谈判团队包括主谈人、记录员、辅助人员等，比如生产部门的成本核算人员、专业技术专家、其他竞争对手的市场信息搜集人员，等等。

（1）确定谈判团队成员应考虑的方面。

①项目的规模和重要性，交易越大越重要，对谈判者的能力和职位层级要求也越高。

②交易项目的内容，选择熟悉相关项目、行业、专业的内行人员参加。

③主谈者个人能力，即主谈者的个人谈判能力、谈判经验和风格。

④谈判团队的组成，即一般由专业互补、风格互补、各有侧重的人员

组团。

⑤谈判对手的情况，即选择能克制对方谈判风格，或者与对方关系良好的谈判人员。

（2）谈判团队的圈层。

所谓谈判团队的圈层，是指谈判团队中相关联的所有人员的结构体系，一般包括谈判的决策层、执行层和支持层 3 个层次。谈判中每一个层次的人员均不可忽视，必须充分调动所有相关部门和人员的力量为谈判服务，而不能形成阻碍或起消极作用。谈判架构如图 1–1 所示。

图 1–1　谈判团队的圈层架构

①决策层，是指为谈判进行决策的高层和领导。他们不一定出现在谈判桌旁，但对谈判进行幕后指挥，必要时才走到台前。

②执行层，是指直接参与谈判的人员，是谈判的台前人员，包括主谈者、助手和谈判小组的其他成员。

③支持层，是指为谈判提供各种技术支持和综合后勤服务的人员或影响谈判的外界人员，如贸易谈判中的生产负责人、技术主管、成本分析专家、中间人、后勤部门人员、其他相关的各种人员等。

（3）谈判团队的规模。

在谈判团队的规模方面，主要考虑谈判的交易或项目的大小、所需专业性强弱、主谈人的能力素质、谈判策略和时间的需要等因素。一般来说，贸易谈判的理想规模是 2~4 人为一个谈判小组，这样的规模既可以使谈判高效快速，也可以保证气势和场面的需要。如果有大型交易，那可能双方重量级高管等一系列人员均会出场，那就是大型谈判团了。

（4）谈判团队的架构。

①职能架构。谈判团队的职能架构如表 1–1 所示。

表 1-1　谈判团队的职能架构

职务	主要职能	辅助职能
决策人	组团队，提要求，听汇报，做决策	促成交，协调管理
负责人	负责谈判团队的全面工作，与上级联络，调度谈判小组人员，适当参与谈判	遵礼仪，破僵局，配合主谈人谈判，传达决策要求
主谈人	制订谈判总体策略和方案，与对方正面交锋，运用各种谈判技巧，负责谈判目标的实现	配合负责人向上级汇报，配合辅谈人的专业谈判，并破解僵局
辅谈人	协助谈判，负责专业问题（技术和后勤）	配合角色分配，配合主谈人实现谈判目标

主谈人是谈判的核心和关键角色，直接影响着谈判的效果。在小型的谈判中，谈判负责人与主谈人往往合二为一。

举例：谈判小组的架构。

谈判负责人：

李经理（销售总监）

谈判成员：

王先生（工程师）

何女士（法律顾问）

张先生（公司会计师）

刘小姐（经理助理）

谈判人员的分工：

李经理是该项交易谈判的负责人和主谈人。

王先生负责所有工程和生产方面的谈判，并解决技术问题。

何女士负责谈判中涉及的所有法律问题，制定合同。

张先生负责谈判中涉及的所有财务问题，并核算成本和收益。

刘小姐负责谈判的记录工作，并负责上下传达和联络。

②方案架构。在谈判过程中，谈判团队可以运用很多的谈判手段，相互补充，刚柔并济，软硬兼施，其目的只有一个——说服对方。常用的策略之一是谈判小组成员分成两派，一派为“红脸”（“鸽派”），态度温和，博得对方的好感和信任，从而扮演调和者的角色；另一派为“白脸”（“鹰派”），态度强硬，气势逼人，没有一点相让的样子。

2. 个人提升谈判能力以及应培养的能力特质

很多时候，跨境电商的业务人员是单兵作战，面对大客户或零买顾客，没有时间去咨询或求助本公司的生产部门或者其他后援，所以大家必须平时注意积累，不断地提升自己的谈判能力，熟练掌握更多更好的谈判技巧。

（1）个人形象方面。

衣着整洁得体，仪表大方。不论男女，都可以穿职业装。举止稳重，落落大方，自信而不自大，这样才能使对方产生信任感和可靠感，形成个人的社交风格和魅力。同时，亲切随和，不过于拘谨严肃，如临大敌，造成尴尬和冷场。

一般谈判人员很少穿公司制服去拜访客户。但客户来访，必须穿制服接待。不论制服也好，便服也好，总之，应该整洁大方，不能邋邋遢遢，不修边幅。必须注意衬衫的领子、袖口洁净。穿着领子、袖口黑乎乎的衬衫接待客户，是不会让人产生好感的。

裤装是否挺直也很重要。试想，一个人上身穿着笔挺的西装，下身却着一条像香肠一样皱巴巴的裤子，会给人什么印象？也应注意鞋子保持光亮。尤其雨天最好在公文包中准备一小包面纸或一个鞋刷，以防万一。袜子也不可不小心，有人穿着松松垮垮的袜子，都落到脚跟上了，实在是不雅观。但有时，尤其夏天，一天必须拜访好几位客户，跑好几个地方，弄得汗流浃背，狼狈不堪，衣服的整洁就不大容易保持了，这时就需要准备替换的衬衫和裤子，或者尽量选用有空调的交通工具。

除服装必须整洁外，还应注意自身的整洁卫生。经常洗浴，讲究干净。头发一定要整齐，不要披头散发或满头油光地与人交谈。肩头上布满头皮屑也让人不敢领教。此外，奇形怪状的发式也令人反感。手的卫生也不能不提，有人五指尖尖，指甲寸把长，指甲缝里满是泥垢，实在让人恶心，更不必说与其谈判。指甲应经常修剪，指甲缝要注意清理。手帕看似不算什么，但也影响他人对你的印象，应当每天换洗。

发式方面，男士要常修剪头发，保持整洁。发式梳理整齐，给人以干练、庄重之感。女士的发式不可怪诞。对女士来说，淡妆能增加女性美。反之，浓妆或过多的首饰，则给人以庸俗之感。最后，注意服装与鞋袜、皮包、帽子的统一。

（2）各种能力的培养。

①洞察力与决断力。

贸易谈判中，谈判者的洞察能力主要表现在能迅速地识别出对手常常加以掩盖的真实目的和意图，根据掌握的各方面信息和对手的语言举止进行综合分析，从而做出准确合理的判断。一个优秀的谈判者必须具备敏锐的洞察力，能够很快推断出对方各方面的特点和原因，然后在谈判中有针对性地采取不同的策略和手段。

一场谈判能否成功，同谈判者适时做出的战略战术决策有着直接的关系。特别是当谈判进入拍板阶段，价格接受还是不接受，协议是签订还是不签订，就需要谈判者做出决断。决策正确导致谈判成功，双方会感到满意。决断错误，己方将蒙受损失。因此，决策能力是贸易谈判中的一种重要能力。从这个意义上说，谈判者就是决策者。

②逻辑思维和发散思维。

谈判者的工作相当烦琐而且复杂多变，因此每一个参加谈判的人员均应当具有严谨的科学素养和逻辑思维能力。谈判对双方而言，都是在既定的客观条件下，如何正确地分析推理，判断对方的实力、策略、谈判方案，应对对方提出的每一项建议和要求。如何充分地利用己方的有利条件，攻击对方的“软肋”，争取谈判优势，都有赖于谈判者严密的逻辑性。

贸易谈判也是一种创造性的工作，而创造性工作是少不了发散思维和应变能力的。谈判桌如同战场，双方对峙，风云变幻，谈判者面临的形势总是处在不断变化之中的，各个要素和条件也是在不断地动态变化着的。这就要求谈判者反应敏捷，随机应变，充分运用自己的智慧，认真分析和预测影响谈判事态发展的各项潜在因素，抓住时机，随机应变，当机立断。

③倾听与社交能力。

谈判中的所谓“听”，不仅是指运用耳朵这种听觉器官的听，而且还指运用眼睛去观察对方的表情与动作，运用心灵去为对方作设身处地的构想，运用大脑去研究对方话语背后的动机。这种耳到、眼到、心到、脑到的“听”，称为倾听或聆听。谈判中，倾听往往比滔滔不绝地说话更为重要，听的一方旨在探索对方的心理，接收传递的信息和发掘事实的真相，以不断地调整自己的行为。专门研究听话的专家拉卡·尼可拉斯在自己的多年研究中发现，一般人听别人讲话，不论怎样注意听，也只能记得听到的一半。因此，谈判者学会多听、善于多听是非常重要的，最重要的是要能听出话外之意、弦外之音。

社交能力是谈判者应具备的基础能力。从某种意义上讲，谈判是一种以与人打交道为中心的艺术。社交能力的高低，将直接影响谈判过程中双方关系的和谐与否，进而影响谈判的效果。对于一名谈判者来说，社交不仅仅是一般的日常应酬，而是在与人的交往沟通过程中，逐步掌握谈判对手的心理、性格、策略、风格及手法等，从而采用有针对性的对策，争取谈判的主动权，引导谈判沿着己方的思路发展。

谈判又是一种合作活动，这就需要谈判者具备协作能力。谈判的协作能力表现在两个方面：一是在谈判中通过一定的谈判技巧和策略协调己方与对方在谈判中的分歧，克服障碍，达成一致；二是协调己方谈判代表在有争议的问题上统一思想，化解内部矛盾，一致对外。

（二）对方信息搜集与评估

知己知彼，百战不殆。己方在做好准备的同时，务必要对谈判对方进行全方位细致的调查，越详细越好。

1. 搜集谈判对方的信息内容

谈判前，可以对以下 4 个方面的信息进行搜集整理，如表 1–2 所示。

表 1–2　搜集谈判对方的信息内容

谈判对方的基本背景资料	对方规模，年营收额，注册资金，信用等级 联系电话，通信地址，网址和邮件地址 同类产品供货和替代使用状况 对方的业务主打产品情况 对方所在行业的主要地位和竞争对手
我方竞争对手的资料	竞争对手的产品特点和价位 竞争对手的产品的优缺点（和我方相比） 客户对竞争对手的满意度 竞争对手的销售模式、销售特点 竞争对手与客户之间的关系
谈判项目资料	对方最近的采购计划 对方这个项目遇到的主要麻烦 采购决策人和影响者：谁做决定，谁来确定采购指标，谁负责合同条款，谁负责安装，谁负责维护 采购时间和预算
对方主谈者的个人资料	家庭情况，如成员、家乡 教育情况，如毕业的大学和专业 个性与行为偏好 喜欢的运动 喜欢的餐厅和食物 喜欢宠物吗？是什么？ 喜欢阅读的书和内容是什么？ 参加的其他商业组织 与客户机构其他同事之间的关系

2. 谈判对方信息的搜集方法

谈判对方的信息资料搜集的方法主要有：

（1）各种询问法。

询问法是调查人员事先拟定调查项目，确定调查的内容或具体的问题，以某种方式向被调查对象提出，要求给予回答，由此获得信息资料。此法适用于基本资料搜集和意见征询及预测、分析。询问法又分为几种形式：当面交谈法、电话询问法、网络调查法、问卷调查法。

（2）观察法。

观察法是由调查人员直接或通过仪器在现场观察被调查对象的行为并加以记录而获取信息的一种方法。它适用于能经常见到或接触到客户的人员，有利于掌握客户对所有问题的反映和评价，可以相对准确地体现客户的性格、行为偏好等信息。观察法又可分为几种形式：直接观察法、亲身经历法、痕迹观察法、行为记录法。

（3）公开信息搜集法。

要灵活巧妙地获得准确的信息资料，很重要的一个诀窍就是捕捉并分析公开的信息资料，如文献资料、统计数字、各类报表、图书、报纸、杂志、年鉴、各类文件、广告、广播电视、企业名录、产品说明书，等等。在每种载体上都有丰富的内容，如国家的政治、经济、政策、法令、调研、新闻、广告、价格、企业经验、市场需求等信息。此外，还有各种服务性的单位，如信息中心、咨询公司、技术服务公司等，其提供的服务也可称为公开信息。

按法律规定，各个国家和地区的上市公司，有重大事项必须在公开媒体上披露，比如年报或者并购或者诉讼等。

公开信息的搜集方法，包括互联网资料搜集法、报刊资料搜集法、广播电视资料搜集法、会展资料搜集法、会议资料搜集法等。

（4）非公开信息的搜集。

在搜集商务谈判的信息资料时，有些资料往往无法搜集到，因为这些资料可能是属于非公开的，甚至是保密的，它们在谈判中往往具有决定性的影响。这就要求谈判者有时必须设法搜集这些信息。

非公开信息的搜集方法主要有：重金购买信息资料（如各种资信调查公司掌握的资料），聘请掌握信息的“知情人”等。

案例

日本人搜集大庆油田信息

20 世纪 60 年代，中国开发大庆油田初期，日本为了确定能否和中国做成炼油设备的交易，迫切需要知道大庆油田的情报，但是油田的位置、规模和加工能力对外是严格保密的。那时大庆出于保密的需要，对外一直用秘密称号“农垦场”，内部则叫“松辽勘探局”。

而当时出于鼓舞人心等宣传需要，中国各种报刊常常有宣传石油工人的报道，其中就有“石油工人一声吼，地球也要抖三抖”的口号，以及以肉身搅拌混凝土的“铁人”王进喜的事迹，等等。就是这些看似寻常的报道，却在不经意间泄露了重大的秘密，日本人就是从中国刊物的公开报道中分析出了大庆油田的位置、规模和加工能力。

1964 年，《中国画报》封面刊出了一张“铁人”王进喜的照片：王进喜头戴大狗皮帽，身穿厚棉袄，顶着鹅毛大雪，握着钻机手柄眺望远方，在他身后散布着星星点点的高大井架。日本情报机构看到这张照片后，他们根据照片上王进喜的服装衣着确定，只有在北纬 46 度至 48 度的区域内的冬季才有可能穿这样的衣服，因此大庆油田可能在冬季为零下 30 摄氏度的齐齐哈尔与哈尔滨之间的东北北部地区。之后，来中国的日本人坐火车时发现，来往的油罐车上有很厚的一层土，从土的颜色和厚度日本情报机构得出了“大庆油田在东北三省偏北”的结论。

日本情报机构又对 1966 年 10 月《人民中国》杂志上王进喜的事迹介绍进行了详细的分析，从中知道了“最早钻井是在北安附近着手的”，并从人拉肩扛钻井设备的运输情况中判明：井场离火车站不会太远。在王进喜的事迹报道中有这样一段话：“王进喜一到马家窑看到大片荒野说：‘好大的油海！我们要把石油工业落后的帽子丢到太平洋去。’”于是，日本情报机构从旧地图上查到，马家窑是位于黑龙江海伦县东南的一个村子，在北安铁路上一个小车站东边十多公里处。经过对大量有关信息严格的定性与定量分析，日本情报机构终于得到了大庆油田位置的准确情报。

为弄清楚大庆炼油厂的加工能力，日本情报机构从 1966 年的一期《中国画报》上找到了一张炼油厂反应塔照片，从反应塔上的扶手栏杆（一般为 1 米多）与塔的相对比例推知塔直径约 5 米，从而计算出大庆炼油厂年加工原油能力约为 100 万吨，而在 1966 年大庆已有 820 口井出油，年产 360 万吨，估计到 1971 年大庆年产量可增至 1200 万吨。

通过对大庆油田的位置、规模和加工能力的情报分析后，日本决策机构推断：中国在近几年中必然会感到炼油设备不足，购买日本的轻油裂解设备是完全可能的，所要买的设备规模和数量要满足每天炼油一万吨需要。

掌握了这些准确情报之后，日本人迅速设计出适合大庆油田开采用的石油设备。果不其然，没过多久，石油工业部就开始在全世界范围内购买日产一万吨的炼油设备，日本的炼油设备以其有现货、价格低、符合中国实际生产能力而一举中标。

图 1–2　“铁人”王进喜

（三）心理准备

谈判是一场心理战，因此谈判者具备良好的心理素质，树立正确的心态十分重要。

1. 必胜的信念

拥有必胜的信念是谈判成功的心理基础。只有具备必胜的信念，才能使谈判者的能力得到充分发挥，并且克服重重困难，走到最后。从某种意义上说，谈判就是战斗，没有对自己绝对的信心，不可能战斗到最后一刻。信念不能简单地等同于单纯的求胜心理，那只是一种表面上虚荣的成功。而信念是一种更高层次的精神力量，具有高度理性的自信心和意志力。只有具备必胜的信念，谈判者才能克服一切困难和挫折，才能谋取谈判的成功。

2. 百折不挠的耐心

耐心是谈判者内在的精神毅力，也是在心理上战胜谈判对手的一种战术与谋略。谈判到最后就是靠意志的比拼，谁坚持到最后，谁就得到越多。耐心可以使人们更好地控制自己的情绪，掌握更多的信息；也可以控制好谈判的节奏，赢得谈判的主动权；更可以考验对方的意志，增强我方谈判的实力。具有耐心是谈判者心理成熟的标志，是争取谈判成功必不可少的因素。

3. 合作的诚意

诚意就是真诚合作的前提。谈判是两方甚至多方的合作妥协。而合作能否成功，在很大程度上取决于双方的诚意。没有诚意，也无须谈判，即使坐在谈判桌前，也是双方各怀阴谋，互相提防，无法开诚布公，更无法互相理解和让步。诚意是谈判的心理基础，只有在双方致力于合作的基础上，才会有双方合作的必要性和可能性；诚意同时还是谈判的动力，推动双方不断靠拢，在诚意的前提下，双方求同存异，互相让步，达成一致。

三、谈判方案的拟订

谈判前需要准备好一份应对方案，好的方案来自对于己方和客户的各种相关信息的准确认识及适应，知己知彼，才能做到有理、有据、有节地进行谈判。之前的准备工作已经为指定谈判方案奠定了良好的基础，在谈判正式开始前，制订好方案是谈判准备工作的重要一环。

1. 首先，明确与客户谈判的目标。在方案或计划中首先要设定最优目标、次优目标及最低承受的底线。事实上，大多谈判很难达到己方的最优目标。如果达不到最优目标，那就稍微做些让步，这时考虑采用次优目标方案。次优目标可能不止一个，而是有三四个……次优目标介于最优目标和最低底线之间。而最低承受的底线是固定的，无论在谈判中有多么大的变化，失去底线的谈判是毫无意义的，宁可谈判破裂也不能失去底线。

（1）按等级明确各类目标。

与客户谈判之前一定要把目标写下来，并根据优先等级来做相应的排序。目标要分清轻重缓急，哪个是最重要的目标，哪个是次要目标，将最终目标、现实目标和最低限度目标一一排列。另外，谈判要考虑留有余地，在准备时要制定一个最低限度目标。研究表明，如果一个人的最终目标定得越高，他的最终结果就会越好。有人做过实验，给两组人相同的条件，把其中一组的目标定得高一些，另一组的目标定得低一些，实验表明目标定得高的那一组，最终结果比较好。

（2）标注好可让步与不可让步的清单。

列出目标的优先顺序之后，还要分清哪些是可以让步的，哪些是不能让步的，必须明确，同时要简要清楚地用一句话来描述。因为谈判是一个混乱的过程，如果写得很长很多，就需要花很多的时间去理解，比较麻烦，也容易出错，在不应该让步的地方，做了相应的让步，而该让步的地方却没让步，使谈判陷入僵局。

（3）明确对方的需求。

写下什么是自己想要的之后，接下来要明确谈判对方想要达到的目标和需要的内容。例如，如果给街上的流浪汉一张歌剧的门票，他是不会要的。他最需要解决的是什么？吃饭和穿衣。歌剧对他来说，是遥不可及的东西，他最需要的是一碗饭、一身暖和的衣服。所以在确定谈判目标的时候，一定要分清客户想要达到的目标和需要的内容，将它们罗列出来。谈判中会出现很多常见的问题，包括价格、数量、质量、交货期、付款、培训、售后服务等问题。谈判前，先列出自己谈判的目标，按优先等级分列出来，再列出竞争对手的目标，考虑对方可能关心的内容，将它们一一地列出来。

设定目标时，作为卖方，可能关注的首先是价格，然后是交货期，以及客户需要达到的质量要求、检验标准。客户买东西时，最关心的不一定是价格，也可能是及时交货和产品质量。每一个不同的谈判对手，所列出的目标是有差别的。而且不论怎么样，谈判对手所列出的目标，和己方所列出的目标在很多情况下是有差距的。这就需要通过双方的交流和协商，使各自的目标达到满足。卖方希望买方能够按照自己的价格来做，买方肯定也希望卖方按照他的货期来做，怎样才能达成共识呢？这需要双方在沟通和谈判之前，一定要确定好各自要达到的主要目标。

2. 其次，提前考虑如下一些问题：

（1）我对客户的了解全面吗？我的前期准备工作还有什么遗漏吗？

（2）见面后如何寒暄和开局？

（3）客户重点提哪些问题？我们应如何回答这些问题？

（4）我们是否有足够的论据和信息来支持己方的观点和要求？如果没有，应增加哪些信息？

（5）谈判可能会遇到哪些困难和僵局？应如何化解？

（6）对方主谈者的谈判风格是什么样的？他有什么爱好？如何应对？

（7）如果对方不同意我们的第一方案，有其他几种备选或替代方案？

3. 在考虑以上问题后，就可以为谈判制订大致的流程安排。谈判的流程进度是根据谈判内容的具体事项有针对性地安排，重要的议题留出充足的讨论时间，较小的议题可以快速商定通过。还需考虑各个议题的顺序，总体上要把握紧凑和有序的原则。

在拟定流程时，要注意以下几项原则：

（1）拟定时间表时，根据议题的重要性有侧重地预留相应的思考时间。

（2）尽量在流程上发挥主导权，这样谈判的节奏和导向就在我方的控制中，也可适当考虑客户的需求和提议。

（3）一般按照时间先后顺序，或者是先易后难的次序。

在制订谈判方案时，还有一件很重要的事，就是确定自己在谈判中的底线。这样你才知道，什么时候应结束谈判，什么时候可以说"是"，什么时候可以说"不"，什么时候态度可以强硬，什么时候可以终止谈判。这也就是说，如果达到这个底线，必须明确自己该怎么办。此外，应该考虑在没有得到预期的结果时，将会发生什么事情，最好的选择是什么。

4. 最后，需要制订谈判的策略。谈判策略包括多种策略，如开局策略、询盘策略、报价策略、让步策略、反击策略、打破僵局策略、"红脸白脸"策略、回报策略和沉默策略等。要根据谈判过程中可能出现的情况，事先有所准备，心中有数，在谈判中灵活运用。所谓策略，是谈判中总体的对策和具体环节的技巧运用，是根据双方谈判优势的对比和利益的重要性来权衡制订的。不同的对手会有不同的谈判风格，特别指出谈判风格是依据对手的状况决定的，而绝非己方代表的性格或者一贯的风格。如何选择具体策略，可以参考本书后面的章节。

有些比较随意或临时性谈判，可能并不需要或没有时间来制订正式的谈判方案，但这并不意味着谈判者可以随心所欲地东拉西扯，至少谈判者应该在脑中预想一下谈判的目标、主要环节、应对方法等。哪怕是在开始谈判的前一分钟设想一下这些内容，对于实现谈判目标都会是有益处的。

四、谈判时间和地点的选择

（一）谈判时间的选择

在与客户的谈判中，时间会被很多人忽视，但却能对谈判产生较大的影响。一般情况下，在大多数国家（地区），预约的谈判时间一旦确定，就要遵守，在约定的时间内到达，是商场必须遵守的原则。尤其是实力较小的一方，或者形势比较被动的一方，更是万万不可以迟到。因此，在征求客户意见的基础上确定好谈判时间，是谈判前的一项重要工作。

预约时，尽量选择大家方便或心情愉快的时间，要避免一些不宜时间。首先要避免会议或出差前后，以及三餐前后。会议前或出差前，人们都在做相应的准备，准备材料或者打包个人用品等。就餐前，人们往往饥肠辘辘。会议后或出差结束，人们都想放松一下，解除全身的疲劳。就餐后，人们更是想享受一下饱餐之后的宁静，有些人还有午后小睡的习惯。如在这些时间里同客户商谈，结果可想而知。其次是避免周末或法定节假日。商场中人，整日忙碌，在不可多得的假日里，都想享受一下天伦之乐，在此时打扰，会让人觉得不解人意。

此外，不要选择搭乘火车或飞机前。在这时，人们要考虑一些必备的用品，做登车或登机前的计划，更重要的是，要及时赶上火车或飞机，时间必然很关键。此时商谈，无异于乱中添乱，忙中增忙，自然不会有很好的效果，从而丧失一次机会。与其这样，不如下次再详谈。如果因为不知道对方的情况而选择了这些不利的时间，一定要向对方道歉，说一句“对不起，不知道您这样的计划，如果太忙，我们改日再谈”。对方也不便直接拒绝，也会和你有简短的商谈，或者干脆预约下次商谈的时间。

（二）谈判地点的选择

在与客户的谈判中，存在对方登门和自己主动拜访客户两种方式。如有可能，尽量选择在自己熟悉的地方，占据主场优势。在谈判中，主场优势之所以能发挥作用，有以下几点原因：

第一，谈判对手作为客户，会在很多方面产生顾忌。身在主人的地盘，对主人应当保持尊重，这是起码的礼节。所以，在谈判过程中，谈判对手不会过分侵犯主人的利益。在对手有所顾忌的情况下，我们在自己熟悉的环境中，可以放开手脚与之一搏，赢得谈判的成功。

第二，将谈判地点选在对方不熟悉的环境内，会给对方带来一种心理压力。来到一个新环境，对方在诸多方面会不适应，在努力调整自己的过程中，心理上可能会陷入被动。

第三，选择自己熟悉的环境。作为自己地盘上的主人，心理上自然会处于优势，也能更快进入角色中，不用分心去适应环境。这样在谈判中，就更容易发挥正常，打败对手。

第四，在确定好场所后，接下来还有磋商谈判议程等问题。将谈判场所选在自己熟悉的环境内，作为谈判的东道主，在很大程度上有利于对谈判议程等的控制，也能够根据需要营造合适的谈判氛围。

如果对方不同意在我们熟悉的地方，那最好选择中立的第三方场所。

我们主动拜访客户在跨境贸易中也很常见，其地点的选择需要征求客户的意见。适合商谈的场所可以设在许多地方，而在不同的地方，心理上均要有相应的准备，不能做出不适当的表现。尽管“战场”可能有许多，但要恰当，也要有一定的技巧。选择对方好说话的场所，也就是令对方最轻松的场所，所以对方挑选的应该优先选择。如果对方请你选择，就要看你“相面”的能力了，你可以观测他的性格来确定。选择在对方的接待室，这时你便有许多需要注意的问题，如应坐在靠近入口处等候，对接待人员表示好感，在对方到达以前，不要吸烟、喝茶。面谈时，可以同对方正面相对，也可以坐在对方左边或右边的位子上。如果在对方的家中商谈，氛围一般会比较和谐。到其家中时，要注意对其家人也要有礼貌。对方让你坐在哪里，你就坐在哪里。对方没到时，不要吸烟、喝茶。选在公司外，如高尔夫球场、餐厅、咖啡屋等，四周需没有喧闹，并且应该分清宴会与商谈的差别。氛围应有商谈的意味，否则会给人以不庄重的感觉。喝酒时，更不可硬邀对方共饮。

五、谈判用品及装备

俗语说："人要衣装，佛要金装"。如果你要让对方了解你，仅仅通过语言是不够的，还必须有好的外在形象。试想，如果你蓬头垢面、衣衫褴褛，即使你说得天花乱坠，有谁会相信你是一家资信良好、极具实力的大公司的谈判代表呢？又或者，如果到对方的住地谈判，你每天坐着公共汽车去谈判地点并且住在廉价的合租旅馆里，对方会认定你没有实力，从而不愿意与你进一步合作。

不要忘记商务谈判的必需品。有些参加谈判的业务人员去拜访客户，寒暄后要进入正题时才发现遗忘了文件、样品等重要物品，回去取已来不及，从而失去了对方的信赖。所以，离开公司或家门之前，一定要慎重检查所携带的物品是否齐全。当然，产品和行业不同，商谈的内容也有差异，必带的物品也有很大的差别，下述仅供参考。

必备的个人必需品主要有：手机、手表、钱包、眼镜、小包卫生纸、零钱、钥匙、身份证、工作证、驾驶证等。

必备的业务必需品主要有：名片、便携电脑、公司简介、样品图册和说明书、谈判涉及的产品样品、产品说明书、价目表、计算器、笔和纸或本、空白协议和合同、印章印泥等。

可用装备来表明实力。这里的装备是指汽车、手机、笔记本电脑，或者高档服装等象征财富与实力的一些设备或道具等。虽然俗话说"人不可貌相"，但在实际生活中，许多人仍以貌取人，而在谈判桌上有时也是"以车取人""以手机取人"，通过这些装备来判断你的实力。记住，别让你的装备告诉你的对手你实力不济。

第二节 跨境电商谈判的开局

一、破冰，创造氛围

（一）破冰期

在谈判正式开始之前，有一段“热身”，又叫做谈判“破冰期”。在这一阶段，谈判双方代表互相打招呼，进行简单的寒暄，是谈判正式涉入正题的过渡阶段。对于谈判不熟悉的人会认为这只是谈判中的一个小环节，但实际上它对整个谈判进程有着很重要的影响。通过谈判“破冰期”，能够让谈判双方在谈判正式开始之前对彼此有大致的了解，熟悉对方的语言交流方式，使对方放下戒备。此外，也可以让谈判双方通过题外的交流，了解对方的性格特点，使得双方可以在谈判中根据对手特点制订相应的谈判策略。而且，通过这样一段与谈判议题看似无关的交流，可以避免谈判双方在开局时直奔主题引起的紧张感，降低谈判为双方带来的心理压力，用一种自然的方式将谈判过渡到正式开局的阶段。

谈判开局前的“热身”，是了解谈判对手的一个重要的方式。在谈判“破冰期”，保持平稳的心态十分重要。许多经验不足的谈判者，会在这一阶段由于心情紧张而手足无措，无法选择合适的话题与对方寒暄，导致双方陷入尴尬的状态。在这种情况下，要努力让自己抛开顾虑，大胆地与对方交流。如果双方一开始就陷入冷场，对接下来的谈判十分不利，为了避免这种状况，就要在谈判开始前努力克服自己的紧张情绪，以自信、大方的态度应对谈判“破冰期”。

用于破冰和开始的话题较多，一般包括：

（1）感谢客户会面并寒暄、赞美。

（2）从题外话开始：①有关天气或季节的话题；②有关热点新闻的话题；③有关社会名人的话题；④有关嗜好、兴趣的话题；⑤有关衣、食、住、行的话题；⑥有关健康的话题；⑦有关出门旅行的话题；⑧有关流行话题；⑨对对方有利的话题。

（3）从“自谦”开始。自谦在谈判开局时常常用到。例如，对方在己方地点谈判，可以谦虚地表示各方面照顾不周，向对方表示歉意，或者由主谈人介绍自己的经历，谦虚地说明自己缺乏谈判经验，希望通过谈判，学习经验，建立合作的友谊关系。

（4）从介绍己方谈判人员开始。谈判负责人可以适当地介绍己方谈判人员的姓名、经历、学历、年龄、业绩等。这样既打开了话题，消除了紧张氛围和不安心理，又使客户了解了己方谈判人员的基本情况。

（5）从介绍己方的生产、经营、财务状况等开始。提供给对方一些有关生产经营的资料和基本情况，显示己方雄厚的财力和良好的信誉，将赢得客户的信赖。

好的话题能够瞬间打开双方的话匣子，氛围也会得到相应的缓和。相反，有些话题让对方无法畅所欲言，很容易导致冷场。寻找好的话题有赖于敏锐的观察力，比如，可以从口音中听出对方是南方人还是北方人，或者问询旅途顺利吗，从而找到与对方寒暄的合适话题。所以，初次见到对方后，一定要细心观察对方的言谈举止，从中寻找线索打开话题。

谈判者对于谈判话题的选择，一定要谨慎思考。虽然这一阶段的交流主要是寒暄和闲聊，但实际上每一句话都会被对方再三斟酌，如果在谈话中不小心暴露过多信息为对方所用，将不利于谈判的成功。看似不经意的寒暄，有时会成为对方获取信息的重要手段。

此外，在谈判"破冰期"，切忌急于进入谈判正题。如果对这一阶段的实际作用没有正确的认识，很容易会产生这种心理。俗话说"欲速则不达"，过于着急反而会弄巧成拙，在没有和对方充分沟通感情的情况下就进入正式的谈判，往往会使双方在交流上产生诸多的问题。

最后，需要注意的是谈判"破冰期"时间的掌控。谈判"破冰期"的时间过长，会让对方产生厌烦的感觉，谈判效率也大大降低；时间过短，又会使对方有仓促之感，为谈判"热身"的目的也不一定能够达到。一般情况下，谈判"破冰期"的时间应控制在 5 ~ 10 分钟。不过，在具体的谈判过程中，这并非严格的标准，谈判者应当随机应变，综合谈判现场的各种因素来最终确定谈判"破冰期"的时长。

（二）谈判氛围

谈判者通过一定的语言、情绪和行为方式形成一定的氛围，而一定的氛围反过来又会影响人们的情绪和行为方式。在谈判的开局阶段，最重要的是形成一种适应己方谈判需要的氛围。随着谈判过程的深入，开局的氛围会随着形势的变化而不断变化，但它是整个谈判的基础，为后续的谈判定下基调。

1. 开局氛围对谈判的影响

开局氛围对谈判的影响表现如下：

（1）影响谈判的主动权。

在开局阶段，谁能营造一个于己有利的谈判氛围，谁就能取得有利的谈判地位，从一开始就掌握谈判的主动权。相反，如果谁在开局阶段落于下风、陷入被动，那么就为对方所牵制，失掉谈判的主动权。

（2）影响谈判者的期望。

期望决定结果。己方的期望值越高，谈判的结果就越好；对方的期望值越高，谈判的难度就越大。这是一个浅显的道理。不同的谈判氛围，谈判者的期望值是不一样的，高调的谈判氛围，谈判者的期望值就高；相反，低调的谈判氛围，谈判者的期望值就低。

（3）影响谈判的方式。

谈判氛围为谈判决定了基本格调，这个格调是信任还是怀疑，是融洽还是对立，是热烈还是冷淡，是积极还是消极等，无疑会对谈判的进行过程和演绎方式产生巨大的影响。

2. 营造开局氛围的策略

建立良好的谈判氛围是大多数谈判者的选择，但并不是所有的谈判氛围都是友好、融洽的，出于策略的需要，谈判者往往有意营造某种于己有利的谈判氛围。谈判的氛围大体有 4 种：一是冷淡、对立、紧张的；二是松松垮垮、旷日持久的；三是热烈、积极、友好的；四是平静、严肃、严谨的。有的谈判专家也将谈判氛围分为 3 种，即高调氛围、低调氛围和自然氛围。

除非策略需要，一般情况下谈判者应努力营造一种谋求一致、和谐融洽的良好谈判氛围。

影响谈判氛围策略的因素主要包括谈判双方的实力对比和关系程度两个方面。一般来说，谈判实力越弱，或双方的关系越重要，越强调营造高调氛围；相反，谈判氛围的选择越自由。

（1）高调氛围营造策略。

高调氛围是指谈判情势比较热烈，谈判双方情绪积极、态度主动，愉快因素成为谈判主导因素的一种谈判氛围。高调氛围有利于双方的融洽相处、坦诚相待，促进协议的尽快达成。其缺点是容易暴露己方的迫切心态，拔高对方的期望值。

营造高调氛围通常有以下几种方法：

①求同法，是营造友好氛围的有效方法之一，就是找到一些可与对方分享的共同利益、爱好或与谈判无关的经历。按照相似性原理，当我们熟悉某人，或认为他与我们有相似之处时，我们对他的信任就更多一些，氛围自然更融洽一些。

②称赞法，是指通过恰当地称赞、肯定对方来削弱对方的心理防线，从而引发出对方的谈判兴趣与热情，调动对方的积极情绪。

③幽默法，是指利用幽默的语言和方式来消除对方的戒备心理，创造愉快轻松的谈判氛围，使对方积极参与谈判中。

（2）低调氛围营造策略。

低调氛围是指谈判情势严肃、低落，谈判的一方情绪消极、态度冷淡，不快或对立因素构成谈判主导因素的一种谈判氛围。其目的在于给对方制造某种压力，降低对方的谈判期望，促使对方做出让步。但低调氛围是有风险的，一旦把握不好，就会令对方退却，或为对方所破，使己方难堪。

营造低调氛围通常有以下几种方法：

①指责法，是指对对方的某项错误或失礼加以指责，令其感到内疚、不安，从而营造于己有利的谈判氛围。

②冷淡法，是指有意以冷淡、不积极、无所谓的方式与对方相处，从而达到降低对方期望值的目的，为谈判赢得主动。

③拖延法，是指尽量拖延或不主动切入谈判正题，或对对方的所问所求不予表态或不予正面回答，从而达到增强谈判地位和主动权的一种做法。

（3）自然氛围营造策略。

自然氛围是指一种不冷不热、双方情绪平和自然的谈判氛围。这种氛围无须刻意营造，许多谈判是在这种氛围中开始的。自然氛围有利于向对手进行摸底，因为在这种氛围中传达的信息要比在高调氛围或低调氛围中传达的信息准确、真实。营造自然氛围要注意以下几点：

①注意自己的行为礼仪与礼节；

②要多听、多记，尽量不与对手争执；

③讲话要注意原则性，并有所保留；

④态度要冷静、平和，不急不躁。

案例

谈判刚刚开始，双方代表进入了谈判场地。A 方代表冷冰冰的面孔，没有任何表情，谈判氛围在他的这种态度下立刻变得冰冷。B 方代表心里很疑惑，自己进入场地后，并没有做过什么不当的行为得罪对方，对方摆出这样的态度是因为什么呢？B 方代表仔细回忆了自己看过的关于对方代表的个人资料，终于想到，A 方代表在谈判中惯用的策略就是给对手施加心理压力。所以，A 方代表现在的态度，是想让谈判氛围变得紧张而冰冷，给自己施加心理压力，而他自己就可以乘机占据心理优势。明白了对方的意图后，B方代表不动声色，暗暗想出了应对对方这种策略的好招。

"在谈判开始之前，我有一个不情之请，希望您能答应。"B方代表说。

"什么请求？"A方代表有些诧异地问道。

"是这样的，明天是我女儿的一周岁生日宴，我非常希望您能去参加。"

"我们今天是初次见面，为什么一定要我去参加呢？"

"虽然现在在这个谈判桌上我们是对手，但是谈判结束后，我们也可以是朋友，对吗？而且，我的女儿刚满周岁，我心里真的很高兴，恨不得让所有的人都能够与我分享这份喜悦。"

听到B方代表提到孩子，A方代表的表情明显有了变化："是啊，孩子周岁的时候，确实是恨不得让所有人都知道呢。不瞒你说，我的妻子最近也刚刚生产，为我生了个大胖小子。"

接下来，A方代表的话多了起来，与B方代表就孩子的话题相谈甚欢，谈判场上冰冷的氛围也不知不觉地变成了愉悦、轻松的氛围。原来，B方代表在回忆对方代表的个人资料时，想起对方最近喜得贵子，恰好自己的女儿也快办周岁宴了，便想到用孩子这一话题来引起对方的共鸣，最终化解谈判场上冰冷的氛围。

二、开局技巧

（一）商量式的开局

所谓协商，就是共同商量以便取得一致意见。在谈判中，各方就洽谈程序、议题及具体内容等相互协商；补充和发表双方的观点和意见，有助于创造良好和谐的氛围，使双方忘掉彼此的争执，愿意去做你建议他做的事，从而在愉快友好的氛围中将谈判引向深入。

运用协商开局技巧，可以简单地运用婉转而友好的问话，例如，"我先简单介绍一下我们公司和产品的基本情况，这不会占用太多时间，您看这样可以吗？""我想首先和您商量一下今天洽谈的议题，您的看法如何？"协商的开局技巧也可以贯穿开局谈判的始终，从而将开局谈判自然地引向实质性谈判。

（二）坦诚式的开局

坦诚是谈判所提倡的。但在谈判中，坦诚直率也会冒风险，它有时会被对方利用而逼迫你让步。尽管如此，坦诚直率仍不失为一种好的开局技巧。坦诚直率不但可能把对方想知道的情况坦诚相告，而且还可以站在对方的立场上设想并回答一些问题，同时，还可以适当透露己方的某些动机和真实想法。运用坦诚直率的开局技巧，是获得对方好感和信赖的方法，人们往往对愿意真诚透露信息的人有亲切感。它能满足听者的自我意识感和权威感，有助于谈判的深入。它还有利于提高谈判效率，节约谈判时间，避免不必要的矛盾和纠缠，从而取得预期的谈判效果。

例如，一家经济实力较弱的小厂与一家经济实力较强的大厂在谈判时，小厂的主谈人为了消除对方的疑虑，向对方表示："我们摊子小，实力不够强，但人实在，信誉好，产品质量符合贵方的要求，而且成本较其他厂家的低。我方愿真诚平等地与贵方合作。我们谈得成谈不成，这个'小兄弟'起码可以与你们这个'大兄长'交个朋友，并向你们学习生产、经营及谈判的经验。"这样的肺腑之言，不仅可以表明自己的开局意图，而且可以消除对方的戒心，赢得对方的好感和信赖，这无疑会有助于谈判的深入进行。

（三）冲击式的开局

一般来说，谈判各方都希望谈判开局的氛围是轻松、和谐、平等的。但是在商务谈判的某些场合也会有异常的表现。比如有的谈判人员自恃经济实力强，企业规模大，从一开始就表现出冷漠、傲慢，所谈话语无不以居高临下之势百般刁难对方；有的利用手中的紧俏商品或对方急需的原材料来难为对方，甚至伤害对方的感情等。对于这种情况，谈判者一方面要正视，另一方面可以用巧妙的手段来应对它。冲击式技巧就是可以利用的一种手段。

例如，一位客商利用某企业急需他的原料且濒于停产之机，大肆抬高交易条件，并且出言不逊，伤害该企业谈判人员的感情，诋毁该企业的名誉。在这种情况下，如果该企业的谈判人员一味谦恭，只能适得其反，助长对方气焰。该企业谈判人员在谦恭、退让之后，突然拍案而起，采用了冲击式技巧。他指责对方道："贵方如果缺乏诚意，可以请便。我们尚有一定的原料库存，并且早就做好了转产的准备，想必我们今后不会再有贸易往来，先生，请吧！"由于谈判双方已经投入一定的人力、财力，这种冲击式的表达技巧，产生了应有的效果，促使对方终于坐下来开始真诚地谈判。

值得指出的是，在谈判中这种技巧不在万不得已的情况下，不可随意采用，而且应该是在不至于导致谈判彻底破裂的情况下采用。即使采用，也不要给对方的行为定性或批评其动机，更不能有失礼节，进行人身攻击，伤害对方的感情。因为这样于事无补，也无法扭转局面。谈判者要尽可能地避免情绪性的对立。

（四）悬疑式的开局

设置悬念又称"吊胃口"。从客户关心的话题开始，学会"吊对方的胃口"。它利用听者的好奇心理，先说出发人深思或出人意料的现象、结论，设置“关卡”又秘而不宣，让听者自我猜测和思考后才加以分析并和盘托出真情。

例如，桂林的一位导游带了一个旅游团到北京参观北海公园，他指着九龙壁对游客说：

“我知道大家的眼力非常好，可是你们能看出哪条龙身上有块琉璃是假的吗？时间只给两分钟。”

游客们惊奇地“喔”了一声，高兴地跑到九龙壁前仔细辨认。他们东瞧瞧，西看看，走近跑远，有的说这块，有的说那块，众说纷纭，大家纷纷跑回到导游身边，请他揭开谜底。

在大家的注视下，导游指着一条白龙的腹下说：“就是这块。”游客们定睛一看，齐声喊道：“原来是块木砖。”接着便纷纷提问：“这是怎么回事？”“它是哪年换的？”“皇帝为什么没发现？”

这时，“吊”住游客们胃口的导游，才提高嗓门将九龙壁的年代、建筑艺术和“木砖”逸事详细讲述了一遍。

试想，若是导游先说九龙壁的历史、建筑艺术，再说木砖的逸事，那么游客们也不一定对它感兴趣。而相反，他先通过提问道出九龙壁假砖的趣事，“吊”起游客们的胃口，从而紧紧抓住游客的心。

心理学研究证明，人们总是比较珍惜难以得到的东西。买主不会欣赏容易得到的成功。所以也不要太快地提供给对方额外的服务、允诺快速地送货、由己方负责运费、遵照对方的规格要求，提供有利的条件或者降低价格。即使要做这些让步，也不能做得太快。千万不要轻易让步而令对方从容取胜。

三、观察和判断对方性格、心理特征及谈判风格，制订针对策略

俗话说，千人千面。与人谈判时，记住这一点是非常必要的，所以说要看人说话，看人“下菜”。在谈判之前，必须了解对方的背景和特性。一般来说，了解对方的背景可从性格、教育经历、家庭出身、生活习惯、衣食住行、谈吐、爱好、消费倾向等方面着手。在与对方谈判之前仔细研究分析对方的背景资料，对谈判是有很大帮助的。

每个人的嗜好、想法会不一样，所以我们可能遇到的对手也是各不相同的。与人谈判时，倘若能够弄清对方性格属于何种类型，应对起来就比较容易了。下面列举几类人的性格特征，并提出可供参考的对策。

第一类，死板的人。这种类型的人，就算你很客气地和他打招呼、寒暄，他也不会有你所预期的反应。他通常不会注意你在说些什么，甚至你会怀疑他没有听进去。遇到这种情况，你就要花些工夫仔细观察、注意他的一举一

动，从他的言行中，寻找出他所真正关心的事情。你可以随便地和他闲聊，只要能够使他回答或产生一些反应，那么事情也就好办了。接下来，你可好好利用这一话题，让他充分表达自己的意见。因为每一个人都有他感兴趣和关心的事，只要你稍一触及，他就会开始滔滔不绝地述说起来，此乃人之常情，所以你必须好好掌握并利用这种心理。

第二类，傲慢的人。有些人自视清高、目中无人，时常表现出一副“唯我独尊”的样子。像这样举止无礼、态度傲慢的人，是最不受欢迎的类型。但是，当你不得不和他接触时，你如何应对呢？应对这种类型的人，说话应该简洁有力，最好少跟他啰唆，多说也无益。同时，你要尽量小心，避免掉进他的圈套里。当然，每个人都有自己的立场和苦衷。这种类型的人也可能自觉“怀才不遇”，或怨恨自己运气不好，无法早点出头。因此，只要理解或者同情他，而不必理会他的傲慢，尽量简明扼要地与他谈判便可。

第三类，沉默寡言或深藏不露的人。和不爱开口的人交涉，实在是非常吃力，因为对方过于沉默，你没办法了解他的想法，更无法得知他对你是否有好感。对于这种类型的人，你最好采取直截了当的方式，向他明确表示是或不是、行或不行的态度，避免迂回式的谈话。你不妨直接地问他：“对于 A 和 B 两种方法，你认为哪种较好？是不是 A 方法好些呢？”

深藏不露的人不肯轻易让人了解其心思，甚至有时说话不着边际，一谈到正题就“顾左右而言他”。双方进行谈判，其目的在于了解彼此的情况以使任务圆满完成。因此，必须经常挖空心思去搜集对方的信息，使对方露出他的“庐山真面目”。必要时，可以把自己预先准备的资料交给他看，或提供某些信息诱使对方表态。

第四类，草率决断的人。这种类型的人，乍看好像反应很迅速，往往在谈判进行至最高潮时，忽然做出决断，给人以“迅雷不及掩耳”的感觉。由于这种人多半性子太急，有的时候为了表现自己的“果断”，决定就会显得随便而草率。这种类型的人，经常会因为他的“反应”太快而对事物产生错觉和误解。其特点是没有耐心听完别人的谈话，往往断章取义，却自以为做出了聪明的决断。和这类人谈判时，你可以把谈话分成若干部分，说完一部分之后，马上征求他的意见，而不要一下子用完所有的筹码。争取能够利用对方的冒失，以最小的付出赢得最大的收益。

从心理学的角度来说，人的气质类型大体可以分为 4 类：多血质、胆汁质、黏液质、抑郁质。

1. 多血质的人在情感上比较丰富。他们喜怒无常，情绪来得快去得也快，有时候会让人感觉有些“神经质”，但其实那是他们感情富于变化的表现。在社交上，他们很善于处理人际交往的问题，也很愿意把时间花费在处理与他人的人际关系上。一般情况下，他们对朋友表现得比较温和，让人心生好感，希望和他们有进一步的交往。他们在性格上表现得活泼好动，思维灵活，会给人留下“聪明人”的印象。

多血质的人善于迎合别人，可以很容易地博得他人的好感，让对方不知不觉地成为他的朋友。他们能够非常快地适应新的环境，随遇而安，擅长与各种各样的人打交道。在工作和生活中，他们的注意力往往容易分散，兴趣广泛却缺少专注力。在言谈举止上，多血质的人动作或行为十分敏捷，会给人以“动作很快”的印象。他们的说话速度也非常快，而且语调丰富，抑扬顿挫明显，有时候会带有戏剧性的夸张。他们充满活力，面部表情十分丰富。在与他人交往的过程中，他们的态度热情、友好，能说会道，能够轻易拉近对方与自己的距离。

此外，多血质的人也有着明显的性格缺点。他们的热情来得快，去得也快。所以一开始的时候会以极大的积极性投入工作中，但是这种热情会随着工作的展开渐渐被磨灭，这使得他们的工作积极性带有明显的周期性。他们的注意力和兴趣转移频繁，今天喜欢这个，明天又会对那个感兴趣，很少会长时间关注某一事物，这让他们在很多方面表现得没有毅力，缺乏稳定性，给人留下“三天打鱼，两天晒网”的印象。

在上述性格特征的造就下，多血质的人在谈判中会表现出这样的特点：他们在谈判中表现出很强的决策能力，能够果断下决心，在谈判关键时刻具有决断力。善于发现对手的兴趣所在，迎合对手，博得对方的好感，在谈判场上充满个人魅力。由于他们情感丰富又易于波动，所以往往会在情绪最激动的时候达成谈判，这一特点往往会被对手利用，乘虚而入。他们自信心较强，不盲从他人，有自己的主见，能够在谈判决策上三思而后行，谨慎做出最后的决定。他们不太注重承诺，往往会有不履行协议这样的恶习，易招致骂名。他们在谈判中太注重表现自己，往往顾此失彼，失去关注对手表现的时机。他们对谈判的细节问题不感兴趣，对数字推敲不仔细，不愿意在细节上过分纠缠。多血质的人还无法适应冲突的氛围，一旦谈判陷入冲突中，就会不知所措。对于谈判话题，喜欢东打一枪西打一棒，对问题研究不够深入。过分热心与谈判对手搞好关系，不愿意主动做出攻击。无法适应没有同伴的谈判局面，对于一对一型的谈判会感到有压力。

在应对多血质的谈判对手时，一定要结合他们的特点综合考虑谈判策略：

(1) 针对多血质谈判对手的冒险心理，不妨在谈判中设计一些环节激起他们的兴趣。利用“谈判到了最关键的时刻”这样的话语来激发起他们的挑战欲。此外，也可以用周密的证据向他们展现己方的实力，让他们有“放手一搏”的冒险心理出现。

（2）多血质的人骄傲自信，喜欢听奉承话。所以，在谈判之前要根据对手的心理适当准备一些得体的称赞，给对方戴高帽，让对方情绪高涨。但是，这些恭维话一定要说得恰到好处，过分的恭维会让对手看出破绽，产生警惕心。

（3）多血质的人善于处理人际关系，但是在谈判桌上，这也可能是他们的缺点。如果己方在资料、证据、细节等问题上诚意恳求对方的解释，为了搞好与己方的关系，对方必定会应允。在这种情况下，己方将会掌握更完备的信息。在对方解释的过程中，也能够发现更多的问题，使对方陷入被动的状态。

（4）多血质的人情绪敏感，对暗示性信息比较在意。所以，在一些非正式的场合，让与谈判相关的人员有意地透露一些小道消息，多血质谈判对手接收到这些消息，凭他们敏感的本性会信以为真。

（5）多血质的人非常注重人际关系，这也使得他们无论是在生活还是在工作中都不缺少同伴。因此，对于他们来说，如果有并肩作战的人在身旁，他们在谈判时将会信心大增。相反，孤身一人会给他们带来心理压力，使他们没有安全感。所以，谈判者不妨努力促成一对一的谈判局面，让多血质的谈判对手独自面对谈判，使其无法发挥优势，谈判能力受到影响。

（6）多血质的人希望营造出良好的人际关系，无法适应谈判中的冲突氛围。因此，不妨故意制造一些争端，让谈判氛围变得紧张。在冲突的局面下，多血质谈判对手将会感到心理压力，阵脚大乱，不知所措。在这种情况下，谈判者可以乘虚而入。

（7）针对多血质谈判对手不注重承诺的特点，应该注意在协议上规定好相关条款，保证协议能够正常履行，以免带来不必要的损失。

（8）多血质的人不注重细节，了解问题不够深刻。如果在这一点上做文章，很容易就会让对方陷入被动。因此，谈判者可以在谈判细节问题上设置一些“陷阱”，让对方在麻痹大意中掉入“陷阱”。此外，还可以利用众多细节的问题来让对方产生厌烦之感，看准时机促成谈判。

2. 胆汁质的人情感十分激烈。他们往往性情急躁，容易冲动，时常控制不住自己，这会让他们有“坏脾气”的名声。在外人看来，他们豪爽、热情，显得十分讲义气，让人十分乐于与他们交朋友。但有时候在人际关系中他们过于坚持自己的原则，缺乏柔和性。不过，这也使得他们让人产生值得信赖的感觉。一旦与胆汁质的人做朋友，便会拥有一段坚固牢靠的关系，不会轻易破裂。他们还拥有极强的自尊心，喜欢竞争，绝对忍受不了自己被打败；以自我为中心，有时候会表现得很霸道。他们的精力很旺盛，办事讲究效率，不喜欢拖拖拉拉。工作积极性特别强，但是这种热情通常不会持续太长时间。他们的挑战欲很强，喜欢冒险性的活动，甚至在日常生活中，也会时常抱着一颗冒险之心。他们讨厌细节，不希望自己陷入琐事中。有极强的忍耐力，能吃苦，能迅速地对事情做出反应，但准确度和灵活度不够。

胆汁质的人说话声音很大，俗称“大嗓门”，如果你在公众场合发现某人旁若无人地讲话，声音大得令人侧目，那么首先就可以考虑他会不会是胆汁质类型的人。在说话的速度上，他们也像连珠炮一般一口气能说很多话。他们与人交谈往往直入主题，不会兜太多的圈子，语句十分简短，不会文绉绉地说话，但是别人能很快就理解他们想要表达的意思。他们往往有一个缺点，就是语气不太友好。也许他们的本意并不是如此，但是在交谈的对象听来，他们似乎总是在质问别人，这会让人感觉不舒服。他们喜欢有话直说，不太在意对方的感受。

这些气质特征使得他们有一些性格弱点，比如缺乏警惕性。冒险和挑战的欲望让他们常常不顾代价地做事情，即使明知道结果很可能会不尽如人意，也要大胆地去挑战一下。他们没有耐心，面对自己觉得枯燥的事物，便提不起一点儿兴趣。而且，对于“冲动”这个情绪上的“魔鬼”，他们几乎没有抵抗能力。易于冲动是他们的行事风格，他们经常会有控制不住自己的时候。控制欲太强也是他们的一大弱点，他们的控制欲不仅体现在工作中，在生活中，他们也只喜欢当主角，对身边的人发号施令，让身边的人不得不听他们的指挥，按他们的意愿行事。

胆汁质的人在谈判中喜欢主导一切，努力地向对手发号施令，操纵对手的行为。一旦在谈判中取得优势地位，他们会充分运用优势逼迫对方让步，不给对方留下任何余地。而且，在利益面前，他们会不惜一切代价地争取，有的时候甚至会不择手段。他们对于谈判求胜心切，不能容忍拖延，总是迅速地决策和行动。因为有极强的挑战欲，他们不喜欢谈判过程太容易，只有进展曲折的讨价还价过程才会让他们觉得有成就感。他们缺乏耐心，不喜欢细心地去理解问题，往往一带而过。粗枝大叶让他们往往考虑问题不够细致，在谈判中容易在细节上露出破绽，让对手有可乘之机。胆汁质的人在谈判中往往带有强烈的个人感情色彩，他们喜欢真诚地发表自己的意见，但有时也会给人留下主观任性的印象。

在谈判中应对胆汁质的人时，可以考虑采用以下心理策略：

（1）针对他们极强的控制欲，在谈判过程中，可以投其所好，表现出对他们的尊崇。在一些无关痛痒的小事上让他们主导，会满足他们渴望控制别人的权力欲。让他们沉湎于自己的权力欲中，就相当于给他们喝了一碗“迷魂汤”，让他们以为自己已经占据上风，看不清真实情况。

（2）胆汁质的人感情激烈、易冲动。与这样的对手进行谈判，如果在情绪上不加以控制，很容易就会与其发生冲突。因此，不妨反其道而行之，利用与对手截然不同的稳定态度，耐心地引导对手的情绪，使谈判进入良好的局面。

（3）切忌在对方表现强硬时示弱，因为胆汁质的谈判对手本来就有很强的控制欲，一旦你屈服，他们就会变本加厉地将你逼得没有退路，最终得到自己想要的。在这种情况下，要以冷静的心理、不屈服的态度进行回击。胆汁质的人不擅于长期“战争”。在进与退之间拖延得久了，他们缺乏耐心与毅力的缺点就会显现出来，最终让对手占据上风。

（4）需要胆汁质的人有强烈的情绪波动时，可以用激将法进行刺激。用一些与“自控”“能力”相关的语句来激起对方的好胜之心，使其情绪波动。不过这种刺激一定要掌握好火候。太小的刺激，不会对谈判局面造成太大的影响。而过于大的刺激，又很可能会导致谈判局面的失控。

（5）胆汁质的人讨厌细节，不愿意在细节问题上过分纠缠，可以根据他们的这一特点，准备大量细节问题，在谈判过程中在细节上与之反复纠缠，直至将他们的耐心消耗殆尽。在这种时候，胆汁质谈判对手会感到厌烦，心里产生希望谈判赶快结束的想法，而这也正是乘虚而入的好时机。

（6）合适的氛围对谈判有着十分重要的影响。在真诚、率直的谈判氛围中，胆汁质的谈判对手会觉得如鱼得水是因为他们性格爽直，本就喜欢干脆利落的谈判氛围。如果能够创造出这样的氛围，投其所好，将有利于双方的磋商。

3. 黏液质的人在心理活动特征上总体表现比较内向。他们对人的情感一般很真挚，但是轻易不外露，让人觉得他们喜怒不形于色。在任何情况下，他们能保持自己的心理平衡。这种人一旦专注于某件事情，除非最终完成，不然很难再把关注点转移到其他事物上面。他们很少冲动，即使有，也会很快自行抑制，不让外人感觉到太大的情绪波动。他们对于事物的理解很有深度，能够了解问题的关键所在，看清事物的本质。他们的决策过程较慢，固执倔强，一旦下定决心便不会轻易改变。黏液质的人善于忍耐，能够在自己的岗位上默默耕耘而不会觉得辛苦。对于新鲜事物，他们一般不会有太大的兴趣。他们不喜欢挑战，做事也缺乏创造力，往往倾向于按部就班的工作。

平时，他们不大爱说话，沉默寡言，面部表情也十分冷淡，会给人一种捉摸不透的感觉。很多时候他们的反应比较慢，理解事物需要比别人花更长的时间。黏液质的人讲话慢条斯理的，声音不会很大，只要对方能够听清便可以了。他们的行为动作也是不急不缓的，都是一派镇定自若，很难见到他们着急地做什么事情。在与他人的交往中，他们的态度很友好，但也不会急着拉近与他人的关系。他们更倾向于一种“细水长流”的交往方式，通过顺其自然的接触，建立与他人之间的关系。

在平时做事中，他们表现得非常谨慎细致，但是拒绝冒险的性格会让他们显得非常保守。他们对于新提议、新想法，会有一种本能的抵触，这常常导致他们的生活缺乏变化，让人觉得有些单调乏味。而且，他们非常不善于从全局去考虑问题，没有掌控重大问题的能力，在需要做出决断时也显得犹犹豫豫，不愿意做出决策。对于环境，他们的适应能力较差，变化会让他们不知所措，宁愿保持现状。

黏液质的人是属于典型的安静型气质，整体气质内敛，与胆汁质、多血质型的人有明显的区别。在谈判过程中，他们表现得保守而固执，对于上司的命令绝对是百分之百服从。只要在谈判前定好目标，在谈判过程中他们将全力以赴。耐性是他们制胜的法宝。在谈判中，他们给人以从容不迫的印象，很少表现出慌乱、着急的神色，让人觉得他们处变不惊。他们一旦在谈判中有了决策，就会坚持不懈地执行下去，很少有对手能拼得过他们的韧性与耐力。即使在谈判中遇到困难和挫折，他们也绝不放弃。

对于谈判中的细节问题，他们表现出超乎寻常的谨慎与细致，会仔细推敲合同条款，周密思虑以后再行事。他们不喜欢在谈判中表现自己，更愿意倾听对手的发言和观察对手的表现，从中分析对方策略。在谈判中，他们不太注重人际关系的协调，更喜欢公事公办，对对手的讨好会毫不领情。与黏液质谈判对手合作，在最终协议的签订上他们会表现得十分犹豫，不够果断，很有可能随时打消合作念头。即使双方最终达成协议，黏液质谈判对手也有可能会因为后悔而取消协议。

如果遇到黏液质的谈判对手，可以考虑以下策略：

（1）在谈判时间上做文章。黏液质的人的优势就在于耐力很好，有坚持到底的韧性和决心。所以，长时间的谈判只会让他们的优势表现得越来越明显，气势也越来越强。如果能够缩短谈判时间，利用速战速决的策略，将会使他们的优势得不到发挥，使他们在心理上处于劣势。

（2）黏液质的人的适应能力较差，在变化过多的谈判环境中，会有较大的心理压力。因此，不妨故意在谈判中加入诸多变化的因素。如更换谈判地点，调换谈判人员，在谈判议程上进行改动等。面对如此多的变化，黏液质谈判对手会一时无法适应，自乱阵脚。

（3）黏液质的人会在谈判中的细节问题上大做文章。因此，在谈判前做好周全的准备是十分有必要的。一定要有详尽的资料来应对对方的提问，对谈判中的每一细节也应考虑到对方攻击的可能性，准备好应对的策略。

（4）一般情况下，尽量不要在与黏液质谈判对手谈判的过程中提出新的方案和主张。黏液质谈判对手更倾向于选择他们已经制订好的方案。因谈判者提出的新方案不仅不会得到他们的支持，甚至有可能会引起他们的反感，影响最终的结果。

（5）一旦有非提出不可的新方案需要黏液质的谈判对手接受，可以在资料上多下一些工夫。准确的数字、周密的论证，以及丰富的信息资料，如果能够经得起他们细致的研究与推敲，他们是有可能考虑接受的。

（6）黏液质的人讨厌谈判对象过分夸张的表现，因此，在谈判中要注意自己措辞的方式和讲话的态度。一般来说，冷静、客观、专业的态度会给他们留下好的印象，让他们产生信任的感觉，觉得对方是可以放心合作的伙伴。这种印象将有利于谈判中的相互磋商。此外，对于黏液质谈判对手也不必表现得过分热情，处理不当会招致其反感。

（7）黏液质的人喜欢有明确目标的谈判。因此，在与其谈判过程中，不妨将谈判目标一个个清晰地划分出来，将谈判分解为一个个有清晰目标的谈判阶段。这样做，可以让谈判更有效率，也可以争取到黏液质谈判对手的积极配合，有利于谈判的成功。

4. 抑郁质的人一般来说非常敏感，对外界的一切变化都十分注意，甚至能够发现一般人发现不了的细微问题。他们对问题的理解也比一般人深刻，对于事物有自己的想法，常常有出人意料的独特之见。他们的情感十分细腻，但是轻易不外露，外人会捉摸不透他们的心思，觉得他们有些冷漠，但实际他们内心的感情十分丰富，只不过更偏向于内省。这种内省的习惯让他们经常处于一种神经紧张的状态，无法安然享受生活和工作中的乐趣。对于他们来说，无论是生活还是工作，都很难给他们带来成就感和幸福感。他们的想象力丰富，智商一般也较高，观察力很敏锐。

他们的感情十分脆弱，极易受到伤害，对于刺激反应激烈。他们缺乏自信心，甚至可以说有些自卑，对外界有一种本能的恐惧心理。在处理问题时，他们表现得谨慎又细致。理解问题比较慢，但是思虑比较周全。他们性情孤僻，在人际交往中表现比较冷漠，不会轻易相信别人，与他人也极难产生情感联系，让人觉得难以接近。他们最大的特点就是多疑，对任何事物抱有一种疑问的态度。不会轻易下结论，即使下了结论也要反复推敲，犹豫不决。

他们的胆子很小，害怕他人强硬的态度，吃硬不吃软。但是在面对他人过分的逼迫时，如果刺激到他们的心理底线，他们会变得歇斯底里难以控制。他们的心理承受能力较差，即使在心理压力较大时，也不愿意通过正常的人际关系来排解压力，所以他们常常处在一种自我折磨式的内心煎熬状态。

抑郁质的人说话的速度很慢，声音也很小。他们的动作十分缓慢，思维转移困难，做什么事都比别人慢一步。遇到困难和危险时，他们不仅没有随机应变的能力，而且会因为过于恐惧而错失自救的机会。在失败以后，他们又要经过一段很长的时间才能够恢复过来。在这段时间里，他们会一直觉得心神难安，总要回想自己失败的细节。他们对人的态度很冷漠，说话时感情色彩较少，平日里也不大说话，显得沉默寡言。

在谈判过程中，抑郁质的人会一直表现得十分多疑。在谈判桌上，他们对任何方案、建议都要刨根问底，千方百计地探求自己想要知道的一切。但即使是对方给出了最详尽的解释，他们心底也始终无法完全信任对方。多疑加上优柔寡断，使得他们在谈判过程中难以做出决策。他们担心自己会吃亏上当，总是拿不定主意，反复推敲，很多时候会贻误时机。他们对谈判中的细节把握得很好，但是全局观较差，不能在大局上掌控谈判的走向，在气势上通常会表现得比对手弱。谈判中，他们往往沉默寡言，不愿意多说话。对于谈判对手的态度，他们会表现得很随和、谦虚，让人心生好感，留下好印象。他们不喜欢谈判中的冲突，一旦发生冲突，他们会产生很强的防卫心理，躲避对方的进攻。在谈判中，他们只相信对方提供的资料与证据，会要求对方在一切细节方面给予详尽的解释。

在与抑郁质的人进行谈判时，可以采用以下应对策略：

（1）抑郁质的人看重谈判中的细节。所以，要在谈判中尽量选用准确、详尽的措辞，不要给人笼统带过的感觉，否则很可能会让多疑的抑郁质谈判对手疑心更重。要杜绝使用模糊不清的概念词语，如“差不多”“可能”“大概”等。资料一定要全面详尽，论据要充分，以免对手找出漏洞。

（2）抑郁质的人情感丰富，敏感脆弱，自尊心很强。所以在谈判中，如果遇到这样的对手，切忌有不尊重对方的行为。抑郁质谈判对手十分爱惜自己的面子，在谈判中一旦感觉自己失了面子，便会对对方产生抵触心理。

（3）抑郁质的人决策过程缓慢，要经过慎重的反复思量才能最终决定。有些性急的人遇到这样的对手，会十分不耐烦，不停地催促对方，这是面对抑郁质谈判对手的大忌。对于这样的对手，增强自己的耐心是十分有必要的。一旦催促对方，逼对方表态，会激起他们的反感，他们的疑心也会更重，反而更难以下决心做出决策。

（4）与抑郁质的人谈判，需要非常谨慎小心。如果你在某一方面有欺骗对方的行为存在，凭着他们对细节超乎寻常的执着精神，你的诡计是很有可能被对方识破的。一旦抑郁质谈判对手发现你有欺骗的行为，他们对你的信任也将荡然无存，谈判也就绝不可能成功。面对这样的对手，需要怀有一颗真诚、坦荡的心。

（5）一定要留给对方较长的思考时间。要考虑到抑郁质谈判对手谨慎的个性，让他们可以顺应自己的本性仔细思量。

（6）抑郁质的人感情十分脆弱，面对谈判中的冲突会产生极端的防卫心理。在与这类型对手谈判时，要尽可能地避免冲突，不要因为他们不擅长处理冲突就故意制造争端刺激对方，这样很可能会弄巧成拙。

（7）在谈判过程中，可以多利用一些统计资料和演示证明，这与抑郁质谈判对手思考问题的方式相符合，既能够博得他们的好感，也是一种促成谈判的有效手段。要知道，抑郁质谈判对手本来就谨慎多疑，如果在谈判资料的准备上无法让他们信任，接下来他们会陷入更重的疑虑中。

（8）抑郁质的人自信心不强，自卑感较重，如果在谈判中给予这样的对手较多的认同感，能够引起他们的好感。恰到好处的关心也能使他们有良好的情绪，有利于双方的磋商。

四、基本目标的表达和初探

谈判的基本目标的表达，是指为了达到己方的谈判目标，在谈判开始阶段向对方表达己方谈判的基本目的、要求、原则和希望等，以引起对方的重视和响应。在谈判中，谈判者不仅要了解对方的谈判意图，也需要将己方的谈判目标有步骤、有针对、有策略地传达给对方。研究表明，传递使人不愉快的信息最好做到：时间要早、内容明确、可信度高。这样可以有效地降低对方的期望值。

（一）表明己方的优势

你的谈判优势既是现实存在的，又是一种主观认知，对手相信你有什么优势，那才是真正的优势。如果你具有实际的优势，或你的条件有吸引力，或者即使没有对方的合作你也能应对自如，那么你有必要在谈判开始阶段向对方表明这些优势，以增强谈判的主动权。

优势的运用如表 1–3 所示。

表 1-3 优势的运用

	强势	弱势
强硬	充满信心提要求 发出可信的威胁 表明选择让对方决定	强调未来的不确定性 虚张声势 （做出实力强大的样子）
灵活	表明你在意双方关系 慷慨待人	承认对方的实力 强调未来的潜在收益 恳请对方的同情

（二）谈判基本目标的表达方式

1. 简述

简述，即概括地、简明扼要地说。简要地阐述己方的谈判目的与意愿，以及对有关问题的看法和基本原则，并以此换取对对方更多的了解。在此过程中，双方既有所表，又有所藏，心照不宣。简述的目的是留有充分的余地，并试探对方的反应，因此切忌啰唆、说得过多、说得过死。同时，时间不宜过长，一般几分钟即可。简述的方式可以采用“软式”或“期望式”表达法，比如，“我们很愿意与贵方就这项交易达成协议，希望今天有关价格方面问题的讨论，能获得我们双方都满意的结果。”

2. 详论

要清楚、完整、有效地表达自己的谈判意图，不仅需要简述，也需要详论。一般来说，简述过后，对方往往会做出某种意向性的反应，此时为了把己方的所欲、所求、问题、重点等清楚地表明，往往需要详细的论述。尤其是对于自己合理的或必须实现的要求，必须加以详论。详论的主要方式有：强调，即对重点予以重复，加强性地述说；澄清，即对对方有歧义、有疑问的地方予以澄清。

案例

小洛克菲勒与摩根的一次交锋

1901 年，美国石油大王洛克菲勒的儿子小洛克菲勒代表父亲，与钢铁大王摩根关于梅萨比矿区的买卖交易进行谈判。摩根的态度傲慢专横，喜欢支配别人。当他用眼睛瞟到很年轻的小洛克菲勒时，他理都不理，继续和同事谈话。直到有人向摩根通报进来的人是谁的时候，摩根才对这个长相文弱也很年轻的小洛克菲勒瞪起圆圆的眼睛，大声叫道："哦，你们要什么价钱?"小洛克菲勒盯着摩根，礼貌地答道："摩根先生，我看这之间一定有一些误会。不是我到您这里来出售，相反，我的理解是您想要买。"摩根听了小洛克菲勒的话，顿时目瞪口呆，沉默了一阵后，改变了讲话的声调和语气。最后，摩根答应了小洛克菲勒提出的价格。

3. 暗示

谈判中表达己方的基本目标不仅需要明说，也需要暗示。对于不便于直接提出的要求，或明确提出后易造成对方的强烈反对，往往可以通过暗示来试探对方的反应，此时暗示较明说具有更大的回旋余地。有时通过暗示，还可以让对方将问题先提出来，使己方获得更多的主动权。

案例

强盗对小偷

1991 年，以吴仪为首席代表的中国代表团与以坎特为首席代表的美国代表团，就中美知识产权保护问题开展谈判，因美国企业及知识产权在中国受到盗版的困扰，因此美方代表态度强硬，要求中国政府采取有力的措施制止侵权行为。谈判伊始，坎特就来了一个下马威："我们是与小偷在进行谈判。"针对美方这种蛮横无理的行为，吴仪当即回击道："我们是与强盗在谈判。"这狠狠地打击了对方的气焰，赢得了开局的主动权。

（三）谈判初探

谈判开局以后，随即进入双方相互了解和接触摸底的阶段。在这一阶段，双方的重要任务就是探测对方的真实意图，设法弄清对方的"底牌"。在这方面，双方均会竭尽所能。谁能够在谈判中更多地获取对方的"底牌"，掌握对方的真实动向，谁就能在谈判中掌握更多的主动权。

1. 初探的主要目的

初探的主要目的是摸清对方真正的利益、需求与底线，并进行必要的审查，评估报价的形势和成交的大致轮廓，为报价和讨价还价及谈判策略的调整奠定基础。

2. 初探的战略意义

在谈判中，信息尤其是对方的需求信息，就是你的力量。对方希望或必须达成协议的任何理由均可以转化为你的优势，可以成为你的谈判筹码，前提是你必须知道那些理由是什么。

3. 初探的主要内容

初探的重点是要对己方谈判计划涉及对方的内容进行检验和核实。其主要内容包括对方的根本利益、优先考虑事项、谈判目标与谈判底线、对方的决策者、对方的主要优势、谈判协议的最佳替代方案、对方对谈判情境的认知及谈判风格等。

4. 初探的注意事项

初探是复杂、动态的过程，谈判者不仅要学会听话听音，还要学会察言观色，同时还要善于从多个角度、多个方面去理解和证实对方的真实含义和意图，不妄自揣测，过早定论。以下是初探的忌讳事项：

（1）忌轻信。谈判者不可不信对方的话语，也不可全信对方的言论，对对方的讲话要多留一个心眼，多存几个疑问，学会独立地看问题，而不可轻信盲从。

（2）忌过早地锁定对方的意图。谈判中，谈判者意图的显现是从无到有、从少到多、从虚到实的过程，是互相比拼、亮相的过程。因此，在谈判前期切不可过早地锁定对方的意图，即使是对对方的意图有一定的了解，也不可将其固化，而应以灵活、开放的心态对待。

（3）忌不关注对方。在摸底过程中，一个应该避免的现象就是不关注对方。一名谈判者在谈判中只关心自己的问题和利益，而不想关心对方的问题和利益，在对方谈话时，不是仔细倾听，而是心不在焉，不是主动去询问和探寻对方的需求，而是漠不关心，这些都是要注意避免的。

（4）忌“一条道”到底。在初探摸底阶段，切忌过于固执己见、刚愎自用，只允许一种声音、一种方案，听不得不同的意见，其结果必然堵塞谈判的通道。

5. 初探的方法

要取得谈判的成功，仅靠谈判前所搜集的信息是不够的。谈判者要善于通过初探及时地探测和捕捉新的谈判信息，并做出必要的分析判断，适时调整谈判的方案和策略。

（1）直接法。这是一种通过与谈判对手直接接触而获取谈判信息的方法，它包括提问、观察等方式，是谈判初探的主要手段。

①提问。一般是提出一些特定的问题，然后通过倾听对方的回答探知对方的信息。通过提问来把握对方的意图，关键是要提高倾听的技能。当然，对于提问的方式也应该特别讲究。在初探阶段，一般不涉及具体的细节问题，

貌似闲聊，实为摸底，所提问题应该是对方乐于接受的，起码也要使对方能够容忍，否则就是不恰当的。当然，有一些问题直接向对方提出，不一定会得到对方明确肯定的回答，此时也不必强人所难。

②观察。观察即所谓的察言观色，通过观察和认知对方的行为语言，如对方的表情、动作、姿态、眼神等，来把握对方的真实意图。行为语言表达的含义往往比语言本身表达的含义更准确，因此察言观色是发觉和掌握对方意图的重要方式。为此，谈判者一方面要结合对方的语言本身、环境、关系等因素来理解行为语言，另一方面要学习各种肢体语言所蕴含的特定含义。

（2）间接法。这是与直接法相对应的一种方法，是一种试探性的方法，即通过语言或行动试探，用旁敲侧击的方法套出对方的真实想法，如投石问路、抛砖引玉等方法。

案例

U-2 飞机击落事件

1960 年 4 月 30 日，一架美国 U-2 飞机进入苏联领空进行侦察活动，被苏联的导弹击中坠毁，驾驶员鲍尔斯也被活捉。美国发现 U-2 飞机逾期未归，驾驶员也下落不明，便想利用间接方法试探苏联的反应。于是，由美国中央情报局起草了一份声明，声称有一架 U-2 气象侦察机的驾驶员在土耳其上空用无线电报告说机上氧气出了麻烦，此后就失踪了。这份经艾森豪威尔总统批准的声明，由国家航空与航天局发布。苏联对此马上做出了反应。赫鲁晓夫在苏联最高苏维埃会议上宣布 U-2 飞机已被击落，并强烈谴责美国的侵略行径。

6. 谨防己方泄密

谈判者在探测、搜集对方谈判信息的同时，对方往往也在想方设法地搜寻着己方的信息。因此，切不可忽略自己随时有被刺探、过早泄密的可能。

（1）做好自我保密。

在谈判中，除由于谈判需要而必须向对方传递的信息以外，其他涉及己方的重要信息，如己方的最后期限、己方所面临的困境、己方的最低出价信息等，在谈判过程中必须严格保密，切不可和盘托出，不能让对方掌握己方的信息命脉，否则会给谈判造成无法挽回的影响。

当然，对于谈判人员来说，明白什么样的信息需要保密，这一点非常重要。在谈判前，要能正确估计出对方对己方谈判信息的掌握情况，并由此判定在谈判中对哪些信息应该保密，保密到什么程度，以及需要注意哪些保密环节。

（2）应对对方探问。

在谈判中，谈判者可能常常会遇到对方直接提出一些你不愿意回答的、关系到己方谈判机密的问题。对此，除了必要时正面向对方明确表示这是过分的或不公正的要求而予以拒绝以外，更多的时候要学会运用回答的技巧加以巧妙地应对。

（3）防止落入场外“陷阱”。

在谈判中采用直接的方法探测谈判信息，势必会引起对方的警觉和防范，特别是在一些涉及重要内容的谈判中，双方的警惕性都很高，为避免“打草惊蛇”，谈判的组织者便将注意力转移到谈判场外。精心设计安排一系列热情的场外活动，如欢迎宴会、欢送宴会、参观、游览、娱乐、礼节性拜访等，希望通过这些热情的场外活动使对方放松警惕，在酒酣耳热之际不经意地透露“天机”。因此，谈判者必须随时保持高度的警惕性，尤其是在客场谈判时，更要处处留心，谨防陷入对方的场外陷阱。否则，一旦被对方摸到了“底牌”，就会给谈判造成难以想象的损失。

7. 初探后的审查

谈判双方经过前期的互相初探后，往往需要对获得的信息、双方的分歧与差异等做出必要的分析、总结和审核，为后面的提案和后续的谈判提供准备。审查就是对对方的谈判诚意、谈判意图、谈判方式、双方的差距等进行真实、可靠的审核与查验。

审查的结果有3种可能：一是继续谈判，如果认为双方有进一步谈判的可能或者必要，继续谈判比较适合，则继续谈判；二是中断谈判，如果认为双方的分歧比较大，或需要暂时中断谈判来调整谈判的思路与方案，那么便可休会或中断谈判，中断的时间以双方的约定为准；三是终止谈判，如果认为双方的分歧太大，无调和的可能，或一方缺乏谈判的诚意，另一方认为没有必要谈判，则谈判可能终止。

审查是为了使谈判更好地进行和获得更好的谈判结果，并非需要双方非常或绝对一致才可继续谈判。同时，审查也是一个连续的过程，不是审查一次就不需要再审查了。毕竟谈判的重头戏还没开始，双方尚未经过真正的较量，谈判真正的或主要的分歧还未出现，因此，过早地下定论是不合适的。

8. 初探后的提议

提议是指谈判双方经过一定的相互摸底、审查后，为了推动谈判的进展，由谈判的一方提出后续谈判的方向、议题、方案等的建议。提议对引导谈判的顺利进行、维护己方的利益以及谈判的成功具有重要的影响。好的提议，往往能引起对方的共鸣和热情，促进谈判的顺利进行；而差的提议，要么偏袒一方、激化双方的矛盾，要么使谈判无序进行，增加谈判的难度。

（1）提议的基本原则。

①提议应简明易行。

②提议应有商讨的空间。

③提议应维护己方的基本利益。

④让己方的提议看起来符合对方的需要。

（2）提议的基本策略。

①先提议与后提议。谈判者既可以先提议，也可以后提议。一般来说，先提议可以更好地占据先机，因为谈判者想谈自己最关心的问题，先提议就可以先提出自己想谈的问题，只要合理可行，一般对方很难拒绝。而后提议，则可以在了解对方提议的基础上再行提议，如果对方的提议符合己方的要求，则依照对方的提议进行；如果认为对方的提议不合理，则可以再提出己方的提议。

②先易后难与先难后易。提议可以先易后难，也可以先难后易。先易后难，从容易谈的问题开始，再逐步深入较难的问题，可以促进双方的共同一致，有利于建立良好的谈判氛围与形势。先难后易，则是首先从难的问题开始谈判，再逐步提出容易的问题。难的问题谈好了，谈判就成功在望了，这种方式效率比较高，但不利于最大限度地促成谈判的成功。

③先谈价格与后谈价格。作为提议的一种重要方式，谈判者可以选择先谈价格还是后谈价格。作为双方最关心的问题，价格往往是谈判中最难谈的问题，一切谈判的条件均围绕着价格。先谈价格是一种先难后易的方式，双方可以进行一定的价格试探和交涉，如果在价格上不一致（事实上价格往往到谈判的最后关头才敲定），又会回到其他问题上去，一边谈其他条件，一边谈价格。后谈价格是一种先易后难的方式，谈判双方先将其他的交易条件谈到一定的程度，待时机成熟，再来攻克价格这个最后的“堡垒”。

知识考查与技能训练

本章习题请扫码获得。

第二章　跨境电商的询盘及谈判技巧

【学习目标】

本章旨在让学习者了解跨境电商询盘的概念和类型，怎样应对各种询盘。完成本章的学习，学习者应了解询盘的动机和分类，熟悉各种询盘的回复与跟进，从而掌握应对各种询盘的回复及谈判技巧。

【本章重点】

本章的学习重点是能够区分发来各种询盘的买家类型和不同的询盘动机，进而能够针对不同类型的买家询盘运用相应的谈判技巧。

第一节 询盘的概念与来源

一、询盘的概念

询盘（Enquiry/Inquiry），是指准备购买或出售某种商品的人向潜在的供货人或买主探寻该商品的成交条件或交易的可能性的业务行为，它不具有法律上的约束力。

询盘的内容可涉及价格、规格、品质、数量、包装、装运及索取样品等，而多数只是询问价格。所以，业务上常把询盘称作询价。询盘可采用口头、书面、电子邮件、即时通信工具、社交网站等线上及线下形式。

广义上的询盘，可以是关于交易的任何问题。买家有些看似漫不经心的，或者风马牛不相及的小问题，也可能会影响他/她的采购决策，进而影响卖家获取订单。本章内容将对所有关于交易的问题，纳入询盘进行分析，找到谈判对策。

（一）买方询盘

买方询盘是指买方主动地发出向厂商询购所需货物的函电等。在实际业务中，询盘一般多由买方向卖方发出。对大批量商品，应同时向不同的地区、国家和厂商分别询盘，以了解国际市场行情，争取最佳贸易条件。

（二）卖方询盘

卖方询盘是指卖方向买方发出征询其购买意见的函电等。卖方对国外买家发出的询盘大多是在市场处于动荡变化及供求关系反常的情况下，探听市场虚实、选择成交时机，主动寻找有利的交易条件。

二、询盘的来源

（一）线上网络渠道

一是 B2B 和 B2C 网站，如阿里巴巴国际站、中国制造网（Made-in-China）、环球资源网（Global Sources）、亚马逊（Amazon）、eBay 等；二是搜索引擎，如 Google、Yahoo、Bing、Thomas Net、Kelly Search、Kompass 等，包括黄页线上版 Yellow Pages；三是即时通信工具，如 WeChat、TIM（QQ）、WhatsApp、Skype、Messenger 等；四是社交软件，如 Facebook、Twitter、LinkedIn、YouTube、

Instagram、Pinterest 等。

（二）线下传统渠道

一是国内展会，包括广交会（广州）、华交会（上海）、亚洲户外用品展（北京和南京），以及各行业展会，等等；二是国外展会，以专业性的行业内展会居多；三是同事、亲戚朋友的介绍，国外老买家的推荐等；四是国内外各种贸易行会或协会，或者地方商会，或者老乡会、校友会等。

2018 OM Expo Exhibition Plan

2018年江苏省重点补贴展会（纺织类）

美洲 America			
2月11-14日/8月	美国拉斯维加斯国际纺织展	MAGIC SHOW	三类 待定
5月20-22日	迈阿密服装纺织品采购展	APPAREL TEXTILE SOURCING MIAMI	三类
8月20-22日	加拿大国际服装纺织品采购展	APPAREL TEXTILE SOURCING CANADA	二类
9月	巴西国际面料服装家纺采购展	GO TEXTILE SOURCING SHOW	三类
欧洲 Europe			
1月28-31日	德国慕尼黑国际体育用品展	ISPO MUNICH	二类
2月11-14日 9月17-20日	巴黎国际服装服饰采购展	APPAREL SOUCRING PARIS	三类
2月22-24日	德国柏林亚洲服装及配饰博览会	ASIA APPAREL EXPO BERLIN	三类
4月24-28日	土耳其国际家用纺织品展览会	EVTEKS	三类
亚洲 Asia			
3月7-9日/8月	韩国国际纺织展览会	PREVIEW IN DAEGU/SEOUL	三类
3月8-10日/9月	斯里兰卡国际纱线面料展	COLOMBO INTERNATIONAL YARN&FABRIC SHOW	三类
3月27-29日 9月16-18日	巴基斯坦国际纺织机械及服装面料展	TEXTILE ASIA	三类
4月4-7日	印度尼西亚国际纺织及服装机械展览会	INDO INTERTEX	二类
4月4-6日/10月	东京时尚展	TOKYO FASHION WORLD	二类 待定
4月11-14日	越南国际纺织及制衣工业展览会	VIETNAM SAIGON TEXTILE&GARMENT	二类
9月4-7日	伊朗国际纺织工业展览会	IRANTEX	三类
9月12-15日	孟加拉国际纺织面辅料、纱线及纺织机械展	DHAKA IINTL FABRIC SHOW	三类
11月	越南国际纺织及服装面辅料展	VIETNAM TEXTILE&GARMENT	三类
12月	缅甸国际纺织及制衣工业展览会	MYANMAR TEXTILE&GARMENT	三类
非洲 Africa			
2月23-26日	埃及国际纺织及服装机械展览会	EGY STITCH & TEX	三类
3月15-18日/9月	埃及开罗纺织展	CAIROTEX	三类
3月28-31日	摩洛哥纺织及服装工业展	MOROCCO STYLE TEXTILE	三类
10月	埃塞俄比亚纺织工业采购展	AFRICA SOURCING & FASHION WEEK	三类
11月	南非中国纺织精品展览会	CHINA PREMIUM TEX(SOUTH AFRICA)	三类
大洋洲 Oceania			
11月	澳大利亚中国纺织服装展	CHINA CLOTHING TEXTILE ACCESSORIES EXPO	一类

补贴比例参考：一类补贴90%，二类补贴80%，三类补贴70%

图 2-1　2018 年江苏省重点补贴展会（纺织类）列表

第二节 询盘的分析、回复和跟进

一、询盘的发送动机和买家的类型

（一）询盘的发送动机

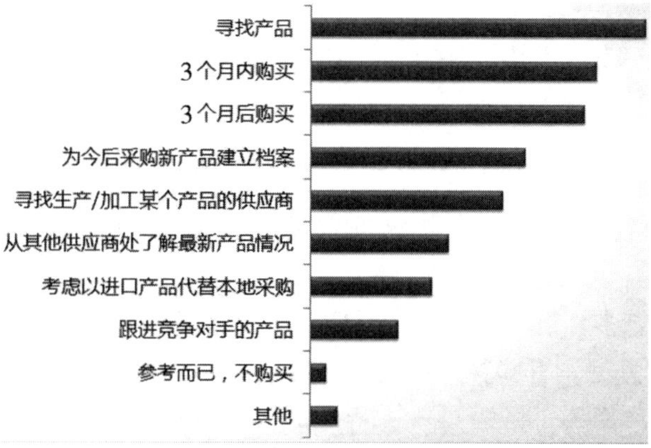

图 2-2 询盘的发送动机

靠谱的客户发送询盘，一方面是寻找产品，另一方面是寻找供应商。大客户往往产生于图 2-2 所示的第四项至第七项之间。

（二）买家的类型

表 2-1 买家的类型及特点

购买意向	询盘内容	目标产品	专业程度	其他特点
无明确目标	极不详细	极不明确	不明显	贸易平台转发，一般一开口就是 price list
搜集信息	不详细	不明显	较专业	往往是竞争对手的试探
索要样品	不详细	较明确	不专业	多来自印度、中东、非洲等地
潜在客户	详细	不明显	有些较专业，有些刚入行不专业	有经营经验，但对卖家的产品还不够了解；有的是新手，有许多具体问题尚需解决
有意采购	详细	非常明确	很专业	问题详细，邮件简明扼要

综上所述，客户可以归纳为 5 种类型（见图 2-3）。

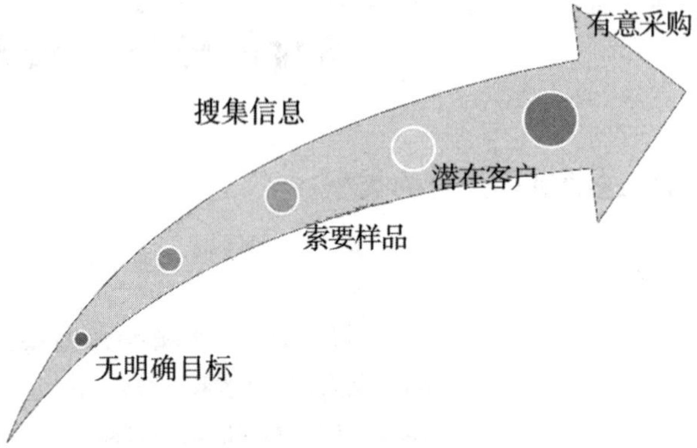

图 2-3　客户类型图

1. 无明确目标型：主要是通过贸易平台转来的查询，如中国制造网（Made-in-China）上的某些询盘。

查询品种繁多，目标不明确，一般一开口就是 price list。

2. 搜集信息型：有些客户可能是刚刚进入一个新的领域或者是你的竞争对手。这类客户需要了解市场、了解产品，得到更多同行的信息，因此会给一些供应商发送询盘。

其特点：十分专业。数次沟通后，这类客户便会购买样品款。但永远不会成为你的客户，相反地有可能成为你的竞争对手。回复这类客户的邮件要把握专业的尺度，设法委婉地拒绝。

3. 索要样品型：多是印度、中东、非洲地区的客户索要免费样品。通过邮件交流，发现这类客户对价格、质量等并不关心，他们关心的只是送样品。如坚持让他们付样品费和邮费，就杳无音信了。

对于这类询盘，卖家可以淡然处之，不必因为买家没有回复而郁闷，造成自己的心理压力。

4. 潜在客户型：有经营经验，但对你的产品还不够了解。有的是新手，有许多具体问题尚需解决。

其特点：

（1）一般信息比较全面（有公司名称、地址、电话、传真、联系人等）；

（2）从问题的专业度评估，可以对其做出判断，这类客户是你的潜在客户。

这类客户需要培育，要耐心、专业地回答这类客户的询盘，且恰当地跟踪客户，培养增强他们和你做生意的信心。通常收到这类客户的询盘后，可以在回复中询问对方一些专业的问题。

如果这类买家不回复报价的话，可能是因为报价太高。此外，买家一般是有相对固定的供应商的，所以不会轻易更换，但也有寻找新的供应商的意向。对于这类客户，除完整回复之外，还需要使邮件看起来与众不同，能够抓住客户的眼球。

5. 有意采购型：这类客户目标明确、信息全面、询问专业，所提的问题详细，所发的邮件简明扼要。

对于这类询盘要高度关注，及时、准确、全面、专业的答复和有竞争力的报价是达成交易的关键。如果买家不回复，有可能是因为报价不够全面或者不具备竞争力，大大超出了客户的目标价位，所以卖家往往在第一轮便被筛选淘汰掉了。

如果希望留住这样的客户，可以与客户多交流，在报价上需要谨慎，不要随意报高价。同时，报价单要尽量详细，不能有错误。有的业务员在报价的时候只写金额，连什么样的报价方式都没有，最基本的 FOB 还是 CIF，均没有注明，这会让买家觉得你不专业，连最基本的常识都不懂。一定要避免这样的错误。此外，可以额外推广介绍自己的公司和产品，让客户更全面地了解你，也许会有意外的惊喜。

案例

Subject：Inquiry for Boy's Wear

= =

Dear Sir,

We are trading company and whole saler of Children's Wear in the US, we want to import your Bob's Collection Boy's Wear urgently, 10248, 10249, 10250 and so on. Please give me your best price list based on CFR Los Angels, sample order quantity, payment terms, delivery time and so on.

Patrick

×××× Bridgestone Avenue, TX ×××××, US

Tel：(××××) ×××-××××

Fax：(××××) ×××-××××

E-mail：patrick. m@ KidsLoveClothes. com

Web-site：www. kidsloveclothes. com

面对这样一份询盘，如何入手分析呢？

通常可以从以下 4 个方面进行分析。

（1）询盘内容，包括产品数量、颜色，产品规格，交货时间，包装，付款方式，贸易条件，邮件标题等。

首先，客户对自己的公司做了简单的介绍，实际上显示出这个客户的礼貌和专业。再看此例中，对产品款号、贸易条件、数量、付款方式、时间等，均有比较明确的提及。

（2）买家的联系方式，如公司名称、电话、传真、E-mail、地址、联系人、职务、公司网址等。

再看此案例，买家公司的地址、电话、传真、E-mail、网址等清晰可见。

（3）买家是否使用电子商务。当今电子时代，任何一家正规的企业，不会忘记给自己的企业建立网站。比如，法国的一家服装公司自己的网站（http：//www. jennyfer. com/）。我们登录此网站，可以对此公司有大致的了解，如店铺数量、终端零售价格、品种、风格，等等。

图 2-4　法国 Jennyfer 服装公司网站首页

（4）买家 IP 地址和地区。可以通过域名查询工具（http：//www. whois. domaintools. com/）查询买家的 IP 地址和地区，谨防欺骗。该网址用于查找公司使用电子商务的状况。

如图 2-5 所示，中间的 Here's what we know about pureboyclothes. com 下列信息是关于网站的资料，如何时创立等，可以用来做询盘客户分析。

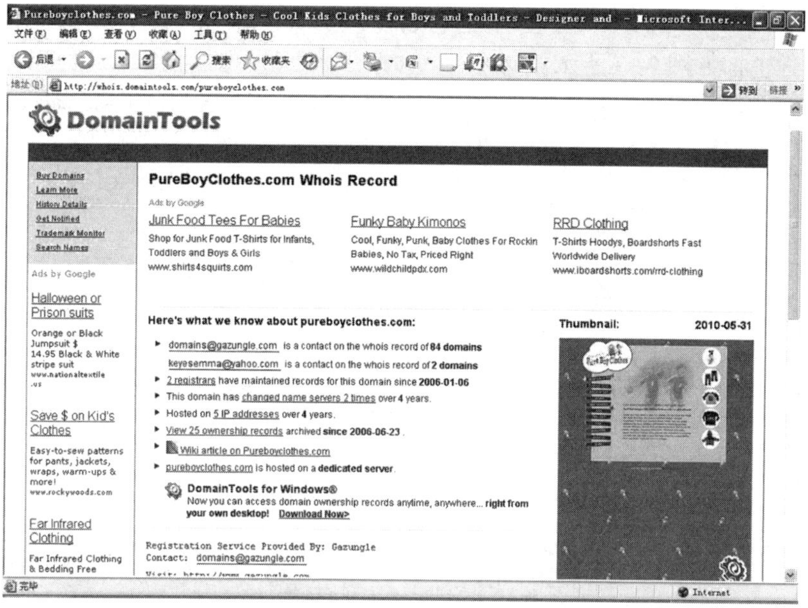

图 2-5　用 DomainTools 工具查询买家 IP 地址和地区

点击右边的 Thumbnail 缩略图，显示该网站之前的网页，如图 2-6 所示，可以用来查看客户以前查询或购买的产品，增加对客户的进一步了解。

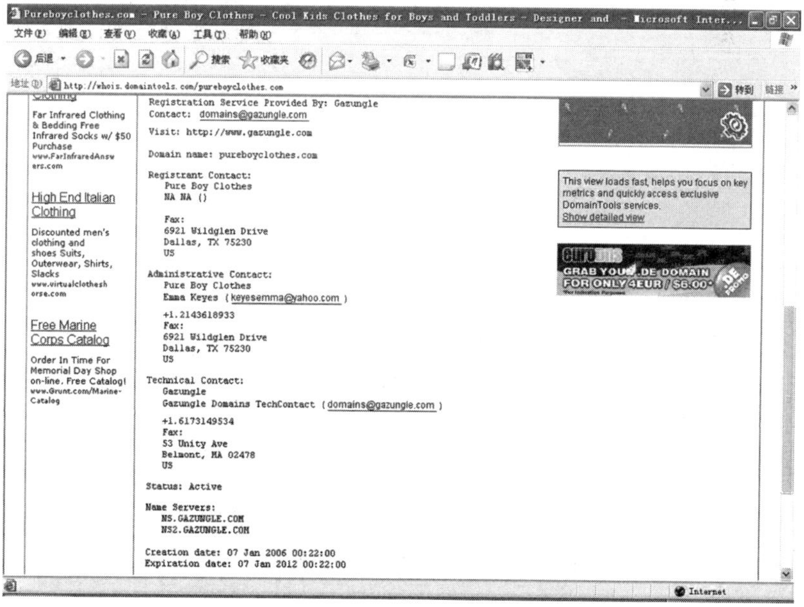

图 2-6　Pureboyclothes 网站显示网页

此外，可以利用 ip138 查询网（http：//www. ip138. com/）来查询其真实的 IP 地址，如图 2-7 所示。

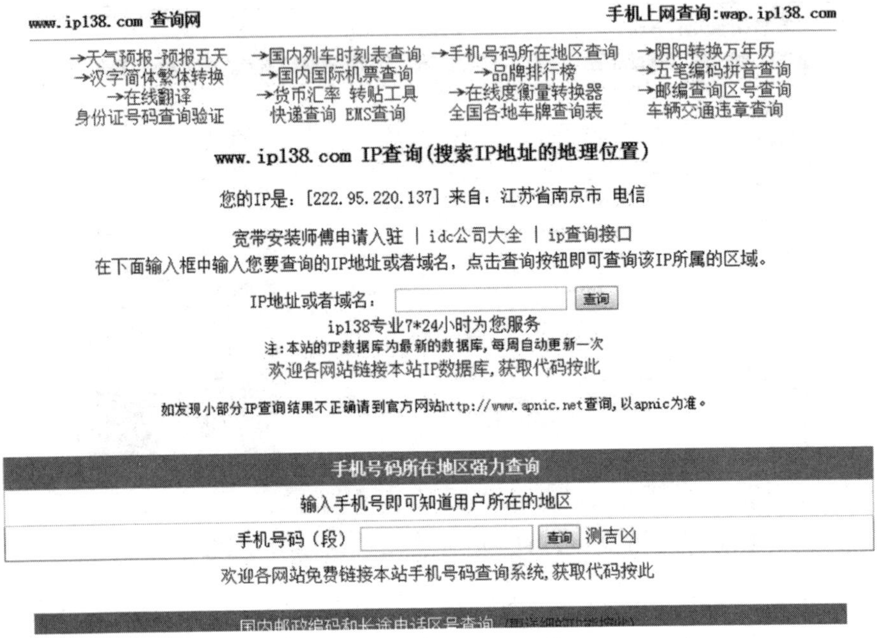

图 2-7　用 www. ip138. com 查询 IP 地址

案例

Dear Sir,

Thank you for your response, please click the link below to find my sample and quote me your best price.

http：//alibaba. com/product_ page18/Yahoo/

http：//alibaba. com/product_ page18/Gmail/

Regards,

Micheal Johnson

点评：此邮件来历不明，言语含糊，典型的钓鱼网站。里面的链接切不可轻易打开，否则极易中病毒，或者泄露电脑里的机密。

案例

Dear Manager,

Did you know approximately 75% of all trade show attendees set their schedule before they arrive?

If your booth isn't on their schedule, they may never see you. If you think strategically, you will realize a trade show is much more than a 2-or 3-day event—it's at least a 90-day process: about 6 weeks prior to the show, the several days of the show itself, and about 6 weeks after the show. The "Before" part of this three-phase strategy is all about creating awareness and anticipation among your target customers—to ensure you are high on their "must-see" list well before they enter the show hall.

To get on their schedule, take the first step: Contact us now!

Divinitas is more than an exhibit design and services company, we are your complete, trusted trade show marketing source. So, prior to your next show, schedule a complimentary consultation with us and we will: 1) provide an exhibit design and estimate that can save you up to 40%, and 2) recommend a detailed show marketing program, including the kind of hard-hitting pre-show communications that will bring qualified customers into your booth!

点评：此邮件前面讲一些参展技巧，最后讲了真实意图：推销自己公司的展位设计和装修服务业务。这是一封展会装修公司的推销邮件。

案例

Dear Sirs,

We always have clients looking for stock lots of all types of products so anytime you find any items pls send us an e-mail so we can offer to our clients. Kindly add me to your WeChat/QQ/Skype so we can discuss further.

Main Markets: South Africa, South America - Brazil, Argentina, Chile, USA/Mexico, Europe.

Qtys: We can buy 1 style & 1 color 10000 pcs also so qty is not a problem.

We have buyers for all catagories: Mens/Ladies/Boys/Girls/Babies.
* * * * PS-If you do not do these products no worries pls send me a photo price list of the items you are doing so we can offer to our clients the right products as we have different clients from different products so don't lose contact!
* * * * APART FROM GARMENTS WE DO MANY DIFFERENT PRODUCTS AS
SHOES
TOYS
LUGGAGE
BAGS
STATIONERY
SO ANY ITEMS YOU ARE DOING JUST SEND AN E-MAIL & WE WILL DISCUSS.

Looking forward to hearing from you & making contact to doing business with you.

Regards,
Deepak Bellani
Dazzle B International
HongKong
E-mail: dlbellani@ netvigator. com
Skype: dazzlebinternational
WeChat: deepak7bellani
QQ: ××××××××××

Deepak Bellani-852-××××××××（HongKong）
Vanshi Bellani-852-××××××××

点评：此邮件是收库存货所发的，一般情况下可以视为垃圾邮件。如果有库存，可以和发邮件方联系，或者留存此邮件，以防自己以后有库存要处理。

二、询盘的回复技巧

（一）询盘回复的准则：4C 准则

很多人知道，珠宝行业对钻石的评定分级所用的是4C 准则，指 CUT（切工）、CARAT（克拉）、CLARITY（清晰度）、COLOR（颜色）。对询盘的回复的准则，也叫4C 准则，其具体包括：

1. CLEAR：清楚

除非特殊情况，否则不要含含糊糊地答复，一定要清楚地回答。尤其对于国外买家，如果满足不了买家的要求，如价格或货期或质量标准，不要怕被买家责备就含糊不清，打算蒙混过去。明确告诉买家我们能做到的价格、货期或质量，无非两种结果，买家接受或者不接受。如买家不接受，我们也尽力了，总比最后买家提出索赔或者其他要求要好。

2. CORRECT：准确

讲述任何信息都务必准确，不要让买家产生哪怕一点的歧义。重要的信息，比如价格、货期，或者商品的某个重要参数，在报送给买家前一定要仔细地、多遍地检查，避免错误。虽然错了可以向买家修改，但是给买家留下了不好的印象，甚至造成麻烦。比如，你的价格报错了，但是你的买家已经按你的价格又报给了最终买家，这种情况非常麻烦，跨境贸易实务操作中很多时候不能再改，只能维持错误的报价做下去，自认损失。

3. CONCISE：简洁

信息时代，大家的时间和精力极其宝贵。在确保清楚和正确的前提下，能做到多简洁就多简洁。将想法和意图说清楚，其他的一些寒暄或者客套可以免去。大家开门见山，节省了彼此的时间，把精力用到更重要的工作上。

4. COURTESY：礼貌

虽然大家在商言商，但是起码的对人的尊重和礼貌还是应该有的。对一般买家，无须太刻意或者天天“say hello”，简单地问候一下，过年过节送一声祝福或发张电子贺卡均可。

其实，4C 准则，也是商务谈判和商务函电需要遵守的。它体现了商务人士的专业性和高效性，给人办事雷厉风行、可靠又值得信赖的印象。

案例

This document is for the purpose of giving the reader a detailed explanation of the inventory process.

It describes the activities we currently do in the majority of instances on a daily and weekly basis.

In order to provide an introduction to the process for employees who work on a temporary basis, we also have prepared an overview, which describes the highlights of the inventory process in just two pages. (70 words)

This document explains the inventory process in detail. It describes our usual daily and weekly activities. We also have prepared a two-page overview to introduce the process to temporary employees.

点评：比较上下两种表述的字数和语句结构，下面这种表述明显通顺直白很多。

（二）询盘的具体回复

1. 询盘回复的心态准备

要有耐心，要有信心，不会一蹴而就，也不会长久无功。

美国营销协会（American Marketing Association，AMA），做过这样的统计报告，请看生动的统计数据：

1%的销售是在第 1 次接洽后完成；

3%的销售是在第 1 次跟进后完成；

5%的销售是在第 2 次跟进后完成；

10%的销售是在第 3 次跟进后完成；

80%的销售是在第 4 次至第 11 次跟进后完成。

2. 报价准备

很多时候，报价就是问价格。本书第三章将详细讲解“跨境电商的报价及谈判技巧”。

3. 回复的模板

（1）Express your gratitude 表示感激；

（2）Providing the information that the prospective client needs 提供客户需要的信息；

（3）Self-introduction 自我介绍；

（4）State your wishes 表达合作的愿望。

因平常会收到很多询盘，所以工作量会很大，可以建立一个回复的模板，以节约时间和提高工作效率。

回复模板：

Dear Sir,

We are glad to see that you are interested in our products. This is ××× from ××× company. And we have in this line for rich experience, and enjoy good reputation. We specialize in kidswear.（公司的主打产品，切记不可太多）

Enclosed is the catalogue of our products you inquiried.

We sincerely hope that we can establish business relationship.

Thank you in advance.

Kind regards,

Ben

点评：对询盘的回复，要强调和客户的互动交流，除了满足有针对性提问的客户的要求外（比如发送客户感兴趣的产品系列的 catalogue），同时要引起客户回复的兴趣，特别是要提出明确的问题如产品的尺寸、颜色，有无特殊要求等，让客户有方向性地回答从而实现互动的目的。

记住不要轻易发送价格单，这是回复技巧之一。如果询盘中客户提到对某一类型的产品感兴趣，回复该询盘时可以考虑赞美客户的眼光，这是回复技巧之二。

（三）询盘的跟进

针对不同类型的买家，可采用不同的方法跟进，做到有的放矢，事半功倍。

1. 已成交的买家

跟进重点：

（1）催款；

（2）及时沟通备货情况；

（3）发货后及时通报船务信息；

（4）后期跟踪到货情况；

（5）催促买家翻单；

（6）其他产品的推介。

案例

Dear Mr. Clark,

Due to rising price in the world-widegarments market, from October 1, price for our products will increase by 10%. Since you are a valued customer of long standing, we wish to give you the opportunity to beat the price increase by ordering now at the current price.

In addition, we will give you a discount of 5% on all orders of more than $30000.

We believe that you will see the advantages of this arrangement, which will save you at least 15% on Children's Wear purchases in the coming months.

We look forward to your early reply.

Best Regards,

Billy

ABC COMPANY

点评：这是一种促销，一方面利用市场上价格普涨造成客户心理上的紧张，另一方面用折扣来吸引客户下单。但应注意，累计的折扣不能太多，否则客户会觉得之前卖家的利润很高；也可以逐步给出优惠，不一次性讲完。

2. 已有回复但未成交的买家

跟进重点：

（1）已报价情况；

（2）已寄样品的情况；

（3）已沟通过的技术参数情况。

案例

Dear Mr. Anthony,

Have you received my E-mail on ××× regarding the quotation for textile?

Best Regards,

Ceceil

ABC COMPANY

点评：有时候提醒客户，只需要简短的一两句话便可。认真的客户看到自然会回复。不靠谱的客户不回复，也不会浪费卖家太多的时间。

案例

Dear Stephanie,

Merry Christmas! Wish you healthy and prosperous new year!

Best Regards,

Ceceil

ABC COMPANY

点评：利用节假日或客户的生日，或重大事件等，适当地问候客户，发送电子贺卡或者送小礼物。虽然老套，但这也是一种有效联络感情的方法。

3. 未回复的买家

（1）客户未回复的原因。

①第一种原因：买家未看到邮件。

A. 邮箱收不到，所用的免费邮箱被屏蔽；

B. 邮件看上去有病毒或附件太大，买家不敢打开；

C. 发送有时间差：客户看邮件的时候，卖家所发的邮件被排在最后，没有被关注；

D. 邮件密度太大，被拖进垃圾箱；

E. 客户外出度假，或自然灾难，或突发事件。

②第二种原因：买家仍在考察供应商。

A. 市场经济的冲突或者市场周期等季节性原因；

B. 邮件表达不清楚，客户不相信供应商；

C. 买家已在联系其他供应商；

D. 如果是专业客户，很有可能正在和其他供应商合作。

（2）跟进重点。

①定期关怀；

②特价或有新产品时及时通知；

③寻找新的合作点；

④把握“度”。

注意每次和客户联络时，不要用相同的句式或者事由来问询客户，尽可能地变换说法。

案例

Dear Mr. Gary,

How are you? Hope everything is OK with you all along.

Now we are waiting for keeping in touch with you for further business. If any new inquiry, welcome here and we will try our best to satisfy you well with competitive price as per your request.

By the way, how about your order with item 10249? If still pending, we would like to offer our latest price to promote an opportunity to cooperate with each other.

Warmest Regards,

Dingo

ABC COMPANY

点评：这是常用的和客户保持联络的理由。一方面，问询客户是否有需要打样报价的；另一方面，再次聊到之前向对方报过价的款式，以更低的价格来吸引对方。

案例

Dear Mr. Tom Sawyer,

Wish everything well with you and your esteemed company!

We are in receipt of your letter dated Aug 10, and as requested we expressed you 3 catalogues for our textile goods. We hope they will reach you in due course and will help you in making your selection.

Wish we will promote business as well as friendship!
Best wishes,
Amy

点评：此前已给客户寄过样品或图册，也就是向客户提供了服务，这时可以直接地问询客户是否有感兴趣的或者挑中的款式及型号。

案例

Dear Mr. Tom Sawyer,
Good morning! Hope you have got a wonderful weekend!
For several days no news from you, my friend. Now I am writing for reminding you about our offer for item of ×××× dated ×××× according to your relative inquiry. Have you got (or checked) the prices or not?
Any comments by return will be much appreciated. It will be our big pleasure if we have opportunities to be on service of you in near future.
Looking forward to your prompt response.
Thanks and best regards,
Amy

点评：这是一种常用的方法。Remind 是提醒的意思，通常用于过了相当长一段时间后，再次让客户想到之前的相关询盘。时间不宜太长，一般情况下，客户会在一定的时间内下订单。

综上所述，询盘回复的要诀有：

第一，及时回复。原则是 24 小时内一定回复，回复的内容不一定很完整，但是时间很重要。

第二，专业知识。面对对产品和外贸均不熟悉的供应商，没有买家敢下订单。

第三，站对位置。以什么样的身份向客户报价，决定了今后价格洽谈的空间。

第四，换位思考。多为买家考虑，思考能为对方提供什么样的服务。

第五，语言简洁。避免长篇大论。

（四）询盘邮件中常用的英文短语或句式

1. 介绍写作背景

——With reference（regards） to our telephone conversation this afternoon（the advertisement on China Daily）…

——Further to…

2. 介绍写作目的

——I'm writing to：apply for/ confirm/ apologize/ complain/ reserve/ invite/ inquire about/ place an order/ remind/ inform…

——如果以上换成词组则更正式，如 make an application …

——I'm writing to confirm the updated order with you.

3. 正文中常用句式或短语

——Listing…

——请对方做某事：Would you please…?

或者，正式的表达：I would appreciate it if you could / would…

或者，更正式的表达：It would be appreciated it if you would/ could…

——告诉对方好消息：I'm glad to inform/ I'm delighted to tell you…

——告诉对方坏消息：I'm regret to tell you…

或者，更正式的表达：I have to tell you with regrets…/ I'm afraid…/ I'm sorry to tell you…

——接到投诉信时，一般不说 sorry，可以用 make apologize。

4. time urgency 表示对时间处理的紧迫程度

——给出具体时间（deadline），如 within next week 等。

——最好不要用模糊时间，如尽量不使用 soon，as soon as possible 等词。

第三节 询盘的谈判技巧

一、低姿态：迎合、赞美及打动对方，使别人愉悦

人与人之间的交往，其基础是互相信任。以诚相待，坦诚自己的内心，用真心去交流，对方会对我们心生感动，把我们当成自己人。因此，在谈判的时候，一般来讲，首先要表达诚意，这甚至比语言沟通技巧更重要。所谓大巧不工，真诚看似愚笨，实际上却是通向对方心灵的桥梁。

亲和友善。最简单的方法就是综合运用各种语言、面部表情、肢体动作，温柔谦和地和对方交流，不给对方施加任何压力。语言方面，可以多用敬语。对认可的事情，可以明确赞同；对不太认可的事情，可以暂时放置一边，不急于当场分个高低。不要用命令式的口气，多用商量式或者询问式的语气，比如“这个参数我觉得最好还是要再测试一下，您觉得怎么样？”“如果方便的话，明天上午九点我们就这个问题再讨论一下，好吗？”面部可以经常保持轻松和微笑，既不过于严肃、一本正经，又不嬉笑怒骂、荒诞不经，给人一种可以轻松沟通的感觉。肢体不要太僵硬或者刻意藐视对方，比如长期不看对方、跷着二郎腿等。

交换秘密。一般来讲，人们不喜欢单方面的一味付出，或者是一味索取。在谈判中，见效比较快的就是交换“秘密”。因为谈判双方不熟悉，如果一方讲出自己的糗事或者“秘密”，另一方就会觉得他这种事都告诉我，不拿我当外人，那投桃报李，也讲一个自己的“秘密”作为回报。这是拉近距离的很有效的方法，而且大家感觉很平等。但需注意的是，这个小秘密最好是真的，如果是假的，日后可能会“露馅”。此外，秘密无须讲很多，否则絮絮叨叨，不切入正题，反而惹人讨厌。

共同利益。遇到难以对付的谈判对手，我们会感到对方油盐不进、软硬不吃。你亲和友善，他公事公办，你吐露秘密，他只听不说。这种情况，只能想尽办法找到双方的共同利益，哪怕是共同立场，也能扭转对方的看法和态度。在谈判的时候，要细致地观察和分析对方各方面的特点，努力寻找相似点，提出一些双方均认可的观点，在双方之间制造共鸣。共鸣意味着大家有着相同的心理体验。这种共同的心理体验会让谈判对手产生认同心理，这样谈判自然就会朝着更和谐更融洽的方向发展。

案例

俄国十月革命刚刚取得胜利的时候，一群革命武装者涌进了象征沙皇反动统治的皇宫。看到富丽堂皇的皇宫，这些革命者联想到自己平时吃不饱穿不暖，而沙皇这么骄奢淫逸，不由得怒从中来，非常气愤，大家情绪激动，纷纷叫嚷着要烧了皇宫。一些不太激进的革命知识分子劝说，可是根本拦不住他们，眼看皇宫就要毁于一场熊熊烈火之中了。

有人把这个情况火速告诉了列宁。列宁得知之后，急忙前往现场。看着这些情绪激愤、高举火把想要烧毁皇宫的民众，列宁挥挥手大声说：“同志们，我的心情和大家是一样的，我也赞同烧掉皇宫，不能再让沙皇在我们头上作威作福。不过，在烧毁它前，大家能否听我讲几句话？”

革命者听到领袖和自己的意见一致，非常高兴，回答说：“当然可以，列宁导师，你快讲吧！”

列宁问大家：“在我们革命之前，谁霸占着这个皇宫呢？”

大家齐声回答：“残暴的沙皇统治者。”

列宁顺势话锋一转，说道：“不错。那么，请大家仔细想想，以前是谁辛辛苦苦、流血流汗地建造了这座美丽的皇宫呢？”

大家又异口同声地回答：“当然是我们劳苦大众啊！”

看到大家心里都很清楚，列宁心里有了数，接着说：“大家在修建这个皇宫费了不少力气，流了不少汗，难道大家不应珍惜自己的汗水和劳动吗？我问大家一句话，我们劳苦大众建造的皇宫，能不能让劳苦大众的代表住进去？”

革命者们听到这里之后，陷入了平静，想了一会儿，最终他们点头表示赞成。

这时候，列宁接着追问：“现在，大家还要烧毁我们辛苦建造的皇宫吗？”

革命者们大声回答：“不烧了。”

美国心理学家亚伯拉罕·马斯洛的需求层次理论指出，从心理学上讲，人类需求像阶梯一样从低到高按层次分为 5 种，分别是生理需求、安全需求、社交需求、尊重需求和自我实现需求。在解决了温饱和安全问题后，人们开始希望获得相互之间的关心和照顾，进而希望获得别人对自己的尊重和赞美。人人都希望自己有稳定的社会地位，希望个人的能力和成就得到社会的承认。可以说，希望被尊重被赞美是每个人的天性。

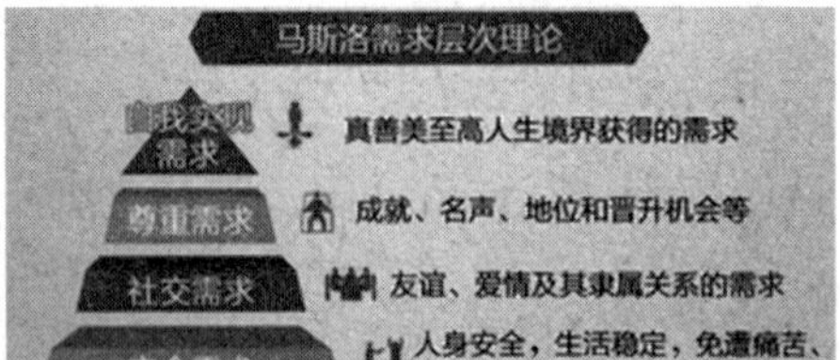

图 2-8　马斯洛需求层次理论

大家知道，经商的人要和气生财。客户是跨境贸易业务人员的衣食父母。要尽可能地创造好的愉悦的氛围，很有礼貌，经常肯定和赞美客户，对买家的要求尽量满足。只有买家在感觉自己是上帝的时候，才会乐意接受你的推销，购买你的产品。

赞美首先要讲究时机，可以在刚开始寒暄时，也可以在最后谈判成功后。

谈判中冲突激烈的时候，请勿赞美，破坏氛围，削弱自己的气势。其次，赞美要真诚，要具体，可以就某一细节赞美对方，比如“您的字写得真好”，等等。空洞的赞美会让对方觉得是在故意套近乎，或者虚伪有阴谋。最后，赞美不能太夸张，适可而止。切勿太刻意太用力，给人一种谄媚的感觉，有损自己的形象。

案例

Buyer

Hi Ben,

Yes we are doing both category's, do you also LDP 100% poly? I remember you told me you can make LDP, is that still so?

Are you working with anyone in New York?

Regards,
Maurice Cohen

Seller

Dear Maurice,

Yes I can make LDP. I'm not working with anybody in NY. I hope you could be my first honorable customer in NY.

You can give me your target price and qty, and I'll make my best to meet it.

Best regards,
Ben

点评：客户问询供应商有没有和纽约其他客户做过业务，其内心是希望供应商做过的，这样对纽约客户的一般要求就比较熟悉，利于双方操作。这个供应商非常会说话，虽然之前没有和其他纽约客户做过业务，但是希望此客户能成为他在纽约的第一位尊贵客户，使客户产生一种优越感，从而希望和该供应商进行合作。

所以很多时候，卖家不是推销产品，而是推销感情和关怀。有时感情上的需要比生理上的需要来得更强烈更细致。这方面，可以从当今社会向老年人推荐保健品和保健器材的人员或公司学习，也可以从中学习到感情营销的重要性和有效性。

案例

某保健器材公司的推销员小张："王奶奶，您好，我来看看您。"

王奶奶："是小张啊，来吧，屋里坐，这么热的天，你还来看我，辛苦你了。"

小张："没事，奶奶，我路过水果店的时候，看见西瓜挺不错，就顺便带了一个给您尝尝。"

王奶奶："哎哟，来陪奶奶聊聊天，我就很高兴啦，怎么还破费买西瓜呢？"

小张："您住5楼，又有些关节炎，下趟楼不方便。上次见您喜欢吃西瓜，就带个上来。我腿脚好，不碍事。"

王奶奶："谢谢啦！瞧你累得满头大汗的，赶紧喝点饮料消消暑。"

小张："谢谢奶奶！对了，奶奶，这两天您的血压还算稳定吧？"

王奶奶："这两天天热，我感觉有些晕，有可能血压有点高。家里倒是有血压计，我也懒得量。"

小张："那正好，我来给您量一下……哟，奶奶，您的血压有点高了，低压100，高压150了。"

王奶奶："难怪，这两天是有点不舒服，我还以为是天热心烦呢。那我吃点降压药。"

小张："嗯，降压药要天天吃，适时调整。另外，我们公司有个王牌产品，××理疗仪，对于像您这样有高血压的老年朋友有很好的效果，几大功能，按摩、磁疗、舒通经络等可以同时进行，每天只要90分钟，就能有效地缓解您的头晕、无力、关节疼痛等症状。"

王奶奶："真有这么好？"

小张："没错。而且您想想，您的两个儿子都在国外，您如果有个头疼脑热的话，他们得从国外请假还要坐飞机回来，多麻烦啊。您的身体保养好，您儿子心里踏实，那就是对您儿子的事业和家庭最大的支持。您说是不是这个理儿？"

王奶奶："你说得挺对，不过我有时身体感觉还行。"

小张："您上了年纪，肯定身体有时好有时有点小毛病。再说，身体好的话，我们更要好好保持啊，健康以预防为主，真有病就麻烦了。"

王奶奶："还真是这个理儿。那这个理疗仪很贵吧？"

小张："不贵，总价7300元，每天只要20块钱，相当于爷爷一包烟钱。您想，抽烟对健康不好，但是这些钱攒下来买理疗仪，可是正经事，对您和您家里都是有很大好处的。"

王奶奶："嗯，行，那我就买一台试试吧。"

点评：大家可以好好地学习小张的沟通技巧。一开始提供小服务，比如买西瓜，谈天气。然后自然地转入对身体和健康的关心，帮忙量血压。推销理疗仪，不是只就产品而论产品，而是从对儿子的支持这点入手，打动老人的心。身体不好，需要理疗仪治疗；身体好，更需要理疗仪保健！两方面话都说全了，不论什么情况买这个理疗仪都是最佳选择。最后，价格，直接分解到每天20块钱，一包烟钱，还和香烟做对比，这是可以健康的好事正事！这种水平的推销，有几个能拒绝？

赞美对方，会使对方心里开心一阵，而要让对方真正地发自内心的愉悦，则要看服务有没有做到极致。无论销售方式是实体还是线上，为客户服务到极致，这类企业永远都不会被淘汰。

案例

这家位于日本东京都涩谷区，名叫Casita的西餐厅，从2001年开业至今从不主动做广告，单靠口口相传就能天天客流爆满，往往还需要提前一个月预订。不少进店消费的顾客均表示"被Casita感动到哭"。口味好就不用说了，关键是他们的服务真正"恐怖至极"。

服务的第一要素是什么？尊重！第一次进店的闺蜜聚餐，分分钟被献上印有各自名字的餐巾，女生天性喜欢惊喜，自然感动不已。绅士地为离店顾客穿外衣算是小服务了，气温骤降，细心、提前、不着痕迹地为女同胞准备好"暖宝宝"，再写上一句感恩的话，简直不能太贴心。

这些只是Casita极致服务案例的冰山一角。Casita的服务理念与系统才更具价值。假如你要打电话预订餐位，要做好和接话员聊上几分钟的准备。因为声音动听的接话员问起问题来，"连警察都怕"，基本信息、爱好、为什么预订、宠物等各方面均涵盖。他们的数据库大概管理着15万人的详细信息。

每天下午2点，经理会召集所有人进行当天到店的顾客信息分享，分工合作，让每一位顾客满意。一般来说，餐厅服务员做好点餐、上菜、收拾桌椅等工作就差不多了。但Casita的服务员还要会缝纫！缝有顾客名字的餐巾都是他们自己做出来的。

不过也有顾客认为，Casita 的服务太过热情了。而店长也道出了 Casita 坚持极致服务的原因：希望顾客“要是有重要晚餐，一定要去 Casita!”

求婚这么重要的事，有不少男士就选择在 Casita! 41 岁的木山在 Casita 全体成员的帮助下，完成了浪漫感人的求婚，并最终抱得美人归。店长专门接待，为木山出谋划策。木山女朋友喜欢狗狗，Casita 为她特制了一杯卡哇伊的小狗脸的花式咖啡。她喜欢看夜景，Casita 便专门空出店里欣赏夜景最佳的位置，撒上粉色花瓣。紧张无比的木山求婚成功，顿时楼下 13 名 Casita 的店员高举祝福牌，让木山都惊喜无限！最后，他们还列队欢迎、安排专车送这对情侣离开！

如此用心服务，价格却又很“亲民”。作为一家高级西餐厅，Casita 消费一次约 1.5 万日元（约合 RMB990 元），在高收入、高消费的日本，这个价位不贵。2011 年 Casita 营收便达到 15 亿日元（约合 RMB1.2 亿元），而且十多年来生意一年比一年好！

如此火爆，老板高桥自然不用花一分钱广告费，反而引来各大媒体的报道，并将 Casita 誉为“让人流泪的奇迹餐厅”。同时，众多服务型企业争相跑来“取经”。即使培训费高达 30 万日元/人（约 RMB2.4 万元），还是每年有 70 家以上的企业申请来培训！

二、高姿态：反击，遇强则强，针锋相对

虽然我们以礼待人，希望能友好地解决问题，但是谈判的前提就是双方有一定的冲突和矛盾。所以谈判中互相交锋，激烈争论，剑拔弩张是很有可能的，有时甚至是谈判进一步深入必经之路。

谈判高手会在谈判时不遗余力地展示自己的魄力、决断和威慑力。尤其是实力较强的谈判一方，往往先声夺人，希望充分运用自己的优势，把对方挤压到最低限度。

遇到这种对手，有以下两种反击方法。

（一）遇强则强，针锋相对

强势谈判者的表现，通常是严峻的面部表情和不容置疑的语言。语言方面，多用肯定句和简短的句式，没有和对手商量的习惯。有时会重复说过的观点和语句，加强印象，让对方有种无法辩驳、只能顺从的感觉。

面对这种强势人物，不管是真的强势还是表面的，可以针锋相对，遇强则强。

首先，紧盯对方的眼睛。强势谈判者一般喜欢瞪着双眼，炯炯有神地看着你的眼睛。这时切不可示弱，你也要一直盯着他，直到他的视线离开为止。

否则，对方会认为我们胆怯，或者有什么秘密不肯说，继续谈判时会变本加厉。我们东方人一般说话不喜欢看着别人的眼睛，认为不礼貌，然而西方人恰恰相反，认为说话没有眼神交流是不坦诚的。

其次，声音和语调要和对方保持一致。有些强势人物嗓门大，声音高，他们喜欢用大音量输出他们的观点，并且认为这样对方才能听清才能服从。这时如果我们小声小气，就会显得底气不足，低三下四。有些强势人物，不喜欢讲话声音大，而是喜欢语调平稳，声音适中，甚至有时故意压低声音，造成紧张的氛围。这时如果我们大声说话，会被认为是掩饰自己的紧张情绪，所以必须调整到与其一样的音量，让其失去优势。

如果对方是在摆事实讲道理，那我们可以据理力争。谈判本就是双方协商，对方肯定也有需要我方帮助解决的事情。因此，尽管有时一方实力强，占据主动，另一方也无须害怕，抓住自己的有利条件，强硬对待，坚持不让，压制对方的嚣张气焰。

如果对方是在胡搅蛮缠，我们可以毫不客气地给予反击。这个时候，无须礼貌，无须刻板地遵循什么原则，也不要怕激怒对手，应随机应变，打断对方的无理取闹。

我们在与别人争论谈判的时候，不能一味忍让。别人如果确定你不敢反击，就会越来越强硬，这样的话，你就会处于被动。所以，适当地进行强硬的反击是必要的，这样做有助于消除对方的优越心理，将双方拉回到同一高度，这样才能慢慢地夺回谈判的主动权。

案例

Buyer

Dear Ben,

ITS sent me Final Inspection Report of your jacket style #120095 for ZARA. It's not so good. Some dirty stains, and some total length is 1cm.

It's bad! You know, if ZARA knows this, we will face great problem.

I think you must give me 10% discount.

Regards,
Dutta

Seller

Dear Dutta,

According to inspection report, there're only very few stains, and it's within AQL inspection requirement. Regarding length, it's only 1cm shorter. You know, this won't affect sales at all.

Pls kindly don't ask for discount. As you can see, we already make great effort to keep timely delivery. Actually we paid extra salary to workers for overtime work. Hope you can understand. Thank you.

Best regards,
Ben

Buyer

Dear Ben,

No. It's not the way! Your jackets are not good quality, so we need discount. Our price is for first-class goods!

Regards,
Dutta

Seller

Dear Dutta,

Sorry but I cannot agree. Generally goods meet your requirement. We can ask ZARA to inspect the whole bulk again.

Best regards,
Ben

点评：这批夹克是最终销售给ZARA的。此客户只是中间商。在货物没有明显问题的情况下，此客户便任意开口要求打折。面对此客户，第一次可以解释，第二次可以强硬起来。之所以说让最终客户来重新验货，是认定中间商不会自找麻烦的。

（二）以退为进，以柔克刚

在谈判的过程中，遇到强硬的对手，有时可以强硬地应对。但有些时候，尤其是在实力还不够，还需要有求于对方的情况下，一味地硬碰硬，会使双方矛盾激烈化，冲突不断升级，严重的时候会让谈判陷入僵局，无法解决问题、达成一致。毕竟，硬碰硬也好，软对硬也好，只是一种手段，目的是要继续谈判下去，达到收益最大化。这个时候，不妨以退为进，以柔克刚，换种思路和办法，迂回前进。

面对咄咄逼人的谈判对手，我们需要做的是不要被对方的气势所吓倒，内心明了这是对方在吓唬人，心里保持镇静。这时，可以告诫自己，我们是在谈判，不是在战场上。具体的策略就是以静制动，以逸待劳。同时，做好持久战的准备，用平缓镇静的态度和表达，逐步让对方意识到我们没被吓倒，只能认真地谈。这样，就能把谈判拖入我们的节奏，挫伤对方的锐气。

我们可以沉着冷静地说："请不要冲动，请先坐下来，我们看看这里是不是有双方误会的地方。"或者平静地说："对不起，我不太明白您的意思，您能不能重复一下？"对方经常重复自己的话，会发现第二遍讲同样的话，气势大不如第一遍。慢慢地，对方的气势也就没那么高涨了。大家知道，一鼓作气，再而衰，三而竭。这时，谈判氛围将比一开始缓和很多。我们可以逐步地提出我们的观点和理由，而对方也能认真地倾听我方提出的具体问题。

其实，这里面的关键是要有韧性，能持久作战。或者简单地说，就是一个字——磨。

在谈判中，若我们摆出一副很有韧性、不急不躁、沉着冷静的样子，即使再强硬的对手，也会知道我们是不好对付的。这样对手心急但无法爆发，恼怒而无法宣泄，反而乱了自己的阵脚。

回答对方的问题，需要掌握一定的技巧。就像我们熟知少林武术以阳刚威猛为主，太极拳却是以静制动、以柔克刚。针对强硬对手提出的问题，可采取以下技巧：

（1）不需要回答整个问题，可以有选择性地回答问题的某一部分或某一方面；

（2）可以顾左右而言他，逃避这个问题；

（3）直接岔开话题。

拒绝对方时，也要讲究策略。要选择恰当的语言和恰当的时间，巧妙地表达不接受的意思，而且还能留有余地，不把话说绝。

（1）反问法。比如，可以反问对方，行业内通常惯例是什么做法，这个产品的最低成本是多少。

（2）托辞法。找个理由或借口，既表达了拒绝，也保留了情面。

（3）前提法。设置条件，让对方只有满足某条件时，才能答应他的要求。当然这个前提条件，务必要很难达到才行。

（4）推理法。直接按照对方的要求，推理给对方看，通常对方过分的要求，往往会推导出一系列荒谬、完全不现实的结论，从而加以否定。

(5) 直截了当法。直截了当地说“我们真的做不到”，当然面带苦笑的效果最好。

案例

买家：“你们店这个品牌的洗衣机，有没有3000元左右的？”

客服东东：“有呢，您看这几款，都是这个价位的。”

买家：“这些都是滚筒的，我要波轮的。”

客服东东：“亲，现在滚筒洗衣机比较流行呢！”

买家：“我就喜欢波轮的，难道你要强迫我买滚筒的？”

客服东东：“不是呢，我们这儿也有波轮的，您能喜欢就是我最大的荣幸。您看看这款，波轮结构，噪声小，用水少，洗衣干净！”

买家：“这个不错，我喜欢。”

[错误回答]

买家：“你们店这款面包机还能再便宜些么？”

客服小玉：“亲，这个不能再便宜了，不然就亏本了。”

买家：“一口价，去掉个零头，500元。”

客服小玉：“不行啊。”

买家：“500元少一分都不行？”

客服小玉：“真心不行呢。”

买家：“那就拜拜吧！”

案例

买家：“你们家这个款式的抽油烟机效果怎么样？”

客服西西：“亲，这款抽油烟机效果很好的，保证您家厨房一点油烟味都没有！”

买家：“我们家可是新房子呢，装修花了30万元，你这个油烟机效果不好的话，可是会影响家里的装修效果的！”

客服西西：“亲，您一看就是成功人士，追求高端的生活品质。您放心，这款抽油烟机不管外形还是功能都非常‘高大上’，放到您家里绝对和装修风格相得益彰，能更好地提升您的生活品质！”

买家："这话我爱听，那就买这款吧！"

客服西西："好的。亲，绝对不会让您失望的。"

[错误回答]

买家："不知道你们店这款洗面奶适不适合我的皮肤呢，我的皮肤可是很白很嫩的，一般的洗面奶会对皮肤造成损伤的。"

客服水林："好吧，还是您的皮肤金贵！"

买家："你这话说的，怎么觉得有挖苦的意思呢？"

客服水林："没，开个玩笑而已。"

买家：……

三、让步与妥协，让步一定要有回报

（一）让步与妥协

谈判是双边的活动，谈判的重要特征，甚至必备要素，就是互相妥协和让步。

在商务谈判中，没有一味强硬到底的一方，否则谈判根本无法进行下去。让步是用最小的代价，换取最大的利益的一种策略，或者说是用次佳选择代替最佳选择的做法。

当然，有的时候，对方侵犯了我们的底线或原则性问题。在这种情况下，无须让步，严重时甚至可以拍案而起，愤然离场，立即中断谈判。若在原则性问题上模棱两可，优柔寡断，则必将陷入极端被动的局面。

在原则性问题趋同的情况下，我们要仔细分析我方和对方的各个细节，该强硬的时候强硬，该让步的时候也要适当地做出让步。让步不一定是消极的，它可以转换大家的思路和思考问题的角度，影响对方的情绪，引导谈判不断深入，可以说是一种积极的迂回策略。

如何巧妙地让步和妥协呢？

1. 逐步退让

逐步退让的节奏，可以自己把控，可以是每次均匀让步，也可以递增让步。一般推荐使用递减式让步，或者不定式让步，这样不容易让对方摸出规律，而且对方会感觉不容易使我方退步。

2. 以退为进

谈判的双方，各自有需求。其实很多时候，双方的需求是不重合的，也就是说，双方不是零和博弈，完全可以各取所需。我方不妨答应对方一些小小的要求，不用太大的花费和代价，就能满足对方。之后，提出我方其他的要求，对方在刚刚得到满足的愉悦心理下，会很乐意地也做出一些让步。

案例

在一家国有老厂，有一个车间的工作作风很差，管理松懈，人员懒散。公司领导层商量之后，从现有人员中提拔了一位能力强的员工做车间主任，希望他能加强管理，整顿工作作风。

这个夏天，厂里安排部分车间平整操场，该车间也在列。开始平整操场了，这个车间的工人大多数躲在阴凉处，只有少数几个工人在劳动。无论怎么督促，都不能奏效。

这位新上任的车间主任看到这种情况，心中有了主意，就对工人们说："我知道你们并不是不愿意干活，而是因为天太热了。"

工人们谁也不愿意承认自己懒惰，就异口同声地说："是啊，确实是因为天太热了。"

车间主任接着说："既然如此，那么我们就等太阳落山以后再劳动。现在大家就先在阴凉的地方休息休息。我马上买些冷饮来给大家消消暑。"

工人们听他这么一说，都来了兴致，气氛也没那么沉闷了。有的开始闲聊，有的扇扇子。

车间主任叫了几个刚才劳动的工人，一起去买来一些冷饮和矿泉水送给大家。

工人们又说又吃地玩着，等喝完冷饮后，一方面吃人家的嘴软，不干活不好意思，另一方面想到迟早要干，等到太阳下山还是要干，还要晚下班，不如早干完算了。于是，他们个个主动地拿起工具，一鼓作气，很快就把分配给他们的操场地块平整完了。这时，太阳还没落山，车间主任一声令下：下班！大家高高兴兴地提前下班了。

3. 软硬兼施

一方面，可以答应对方的对自己不太有利的要求，或者是向对方提供优惠条件，但是另一方面，这个让步也不是随随便便做出的，如果对方不同意，我们也有后备手段。

案例

Seller

Dear Ilan,

As we discussed before, you said you will open L/C for balance amount. You didn't tell this to Zehava?

Best regards,

Ben

Buyer

Dear Ben

You have big mistake!

We agree on (T/T) 45 days!

We are not opening LC after we pay a deposit.

This is a management policy term.

Please be aware that the coats look very wrinkled.

Please check all production because we are not going to iron it here again.

Regards,

Ilan

Seller

Dear Ilan,

My goods has been shipped to you in Sep. Could you pls kindly arrange payment as agreed? Thank you.

Best regards,

Ben

Seller

Dear Ilan,

Any reply?

Best regards,

Ben

Buyer

Hi Ben

As you can understand, the coats were very late in shipment. (You did not start production of fabric almost one year!)

We lose lots of sells during September and October.

We need to ask you for 30% compensation for the original price.

Please confirm so we can go ahead for payment.

Regards,

Ilan

Seller

Hi Ilan,

I'm surprised to hear below. You're very clear why last year the production cannot be started—your staffs change frequently, and always didn't have effective communication with us.

So many key points of order cannot be confirmed. It's not our fault at all. Actually we already paid the bulk fabric, which is much higher than your deposit. So we already bear the bank interest for one year!

This year I came to Ningbo and discussed with you face to face. You said let's finished this, and I trust you. So I made bulk production and shipped out goods in Sep, as per your signed contract.

So my company is responsible. And I believe you are also a decent company with good credit. Please don't do this. It's really not necessary to damage your good reputation in China for such small amount.

Pls kindly make full payment. Thank you.

Best regards,

Ben

Seller

Dear Ilan,

Pls kindly reply?

Best regards,

Ben

Seller

Hi Ilan,

Each shipment from my company is protected by SINOSURE. According to my company policy, if your payment didn't come within this week, we'll ask for claim from SINOSURE.

In that case you'll be in the black list of SINOSURE, which will greatly restrict your business in China.

It's not necessary so pls arrange payment.

Best regards,

Ben

Buyer

Dear Ben,

Please be advised that Mr. Ilan is out of the office (business trip) .

But, although he is externally disappointed from your order 's performance, he released the application.

For payment …

I'll keep you posted re bank swift hopefully next week, upon receipt from the bank.

Kindly keep us posted re shipping information/docs copies (e-mail) and original docs by courier, once available/ASAP.

Regards,
Zehava

点评：这个客户一开始先不同意做信用证付款，为之后拒付留下伏笔。然后在货没有问题之后，直接开口要30%的折扣。中途还故意不回邮件，让卖家催促好几次，给卖家造成压力，想在心理上占据主动。在卖家义正词严地指出，问题完全在买家自己内部时，又开始故意躲闪。

卖家在多次晓之以理，动之以情之后，无奈之下只好使用撒手锏——我方已经在中国出口信用保险公司（简称中信保，英文 SINOSURE）对这票货物进行了投保。如果客户蛮不讲理甚至耍无赖不想付钱，他就会上中信保公司的黑名单。一旦上了黑名单，整个中国的供应商都会知道，这家外国公司有过不良记录，那么大家都会掂量掂量，要么不和这个客户做生意，要么采用最保险的付款方式，比如100%发货前电汇（T/T）。如果以后还想在中国继续采购的话，一般客户是不会愿意上黑名单的。

在这种情况下，客户才不得不老实地付了全款，卖家避免了一场损失。可见，任何没有约束的让步，只会膨胀对方的不良企图。

（二）让步一定要有回报

让步一定要有回报，这是很重要的黄金法则。在谈判过程中，无论让步有多小，只要我们第一次做出了一些哪怕形式上的让步，我们也一定要学会向对方索取回报。

这是为什么呢？因为索取回报，可以使你的让步显得更有价值。回报可大可小，主要是要让对方觉得，我们做出这个让步是对方在谈判中好不容易争取来的。对自己付出努力得到的东西，人们会很珍惜，甚至很有成就感和自豪感。而且对方也会觉得双方是在双赢，也对我方表现了诚意和尊重。

这样做，还有一个好处，那就是可以防止对方得寸进尺，不断蚕食。一旦对手认为我方很好说话，有求必应，通常人的心里就会滋生出额外的欲望。

索取回报一般务虚不务实。最好是不要提出具体的要求，因为提出具体的要求，会让对方感觉很不舒服，而且不一定会答应。可以较笼统地说："如果我们为您做了这个，您可以为我们做些什么呢？"或者"如果我们为您做了这个，您可以在哪方面给我们提供帮助？"这样，对方会或多或少提出一些回报，有时或只是一些客套话。当然有必要的话，可以提出具体的要求，具体情况灵活运用。

案例

Buyer

Dear Tony,

As you know I have a meeting with my customer on 8th of March.

It can't be later as the day after they will leave for a business trip.

Do you think you will be able to send on time these samples:

VELPORTRO and VEDERER and also SMUS19J1 and SMUS19J2?

Please confirm.

Best regards,

Elizabeth

Seller

Dear Elizabeth,

We're rushing the samples. But as you know, China has G20 Summit in Hangzhou this week. So many fabric mills are closed these days.

If we have to catch your meeting date, workers have to work overtime at night. It's not only much extra cost. Most workers in China is not used to work overtime anymore.

Best regards,

Tony

Buyer

Dear Tony,

Yes I know now workers don't work as hard as 10 years ago. But I really need these samples in my hand on time. Otherwise all our effort will be useless!

Please do me a big favour. Pls persuade workers, even just a few workers, to help us to finish samples on time.

When will you send these 4 styles? Please give me a date.

Best regards,

Elizabeth

Seller

Dear Elizabeth,

We're trying to figure out ways.

If we can rush samples out on time, can you also make some help for us?

Best regards,

Tony

Buyer

Dear Tony,

If I can get samples on time before my meeting, I'd like to pay the workers' labour cost by 2 times!

Also the courier sent to me, you can mark "freight collect".

Also before to send them, can you send me good pictures from front and back?

Best regards,

Elizabeth

跨境电商谈判技巧

Seller

Dear Elizabeth,

Thank you for help. We're making best. Will let you get samples on time. Will send pictures to you once finished.

Best regards,

Tony

知识考查与技能训练

本章习题请扫码获得。

第三章　跨境电商的报价及谈判技巧

【学习目标】

本章旨在让学习者了解跨境电商常用的国际贸易术语，以及报价的构成和计算公式。完成本章的学习，学习者应了解什么是国际贸易术语和付款方式，学会如何计算价格和退税金额等，并学会如何应对客户或供应商的价格谈判技巧。

【本章重点】

本章的学习重点是常用的国际贸易术语和付款方式，外销价格的计算公式，常用的几种报价方式，跨境电商中关于价格的谈判技巧。

第一节 报价的基础知识一：贸易术语

一、贸易术语的概念及作用

（一）贸易术语的概念

贸易术语（Trade Terms），又称为贸易条件或价格术语（Price Terms），是在长期的国际贸易实践中产生的，用来表示成交价格的构成和交货条件，确定买卖双方的风险、责任、费用划分等问题的专门用语。

在跨境贸易中采用某种贸易术语，主要是为了确定交货条件，明确买卖双方在交接货物方面彼此承担的责任、费用和风险的划分。例如，按装运港船上交货条件（FOB）成交和按目的港船上交货条件（DES）成交比较，由于交货条件不同，买卖双方承担的责任、费用和风险就有很大的区别。同时，贸易术语也可以用来表示成交商品的价格构成因素，特别是货价中所包含的从属费用。由于其价格的构成因素不同，所以成交价格有所区别。

不同的贸易术语表明买卖双方各自承担不同的责任、费用和风险，而责任、费用和风险的大小又影响着成交商品的价格。一般来说，凡使用出口国国内交货的各种贸易术语，如工厂交货（EXW）和装运港船边交货（FAS）等，卖方承担的责任、费用和风险比较小，因此商品的售价较低；反之，凡使用进口国国内交货的各种贸易术语，如目的港码头交货（DEQ）和完税后交货（DDP）等，卖方承担的责任、费用和风险则比较大，这些因素必然要反映到成交商品的价格上。所以，在进口国国内交货的价格比较高，有时甚至高很多。

由此可见，贸易术语具有两重性，即一方面表示交货条件，另一方面表示成交价格的构成因素。这两者是紧密相关的。

（二）贸易术语的作用

1. 有利于买卖双方洽商交易和订立合同

由于每种贸易术语都有其特定的含义，所以买卖双方只要商定按何种贸易术语成交，即可明确彼此在交接货物中所应承担的责任、费用和风险。这就简化了交易手续，缩短了洽商交易的时间，从而有利于买卖双方快速达成交易和订立合同。

2. 有利于买卖双方核算价格和成本

由于贸易术语表示价格构成因素，所以买卖双方确定成交价格时，必然要考虑采用的贸易术语中包含哪些从属费用，这就有利于买卖双方进行比价和加强成本核算。

3. 有利于买卖双方解决履约当中的争议

买卖双方签订合同时，如对合同条款考虑欠周，使某些事项规定不明确或不完备，致使履约当中产生的争议不能依据合同的规定来解决，在此情况下，可以援引有关贸易术语的一般解释来处理。因此，贸易术语的一般解释已经成为国际惯例，是普遍遵循的一种类似行为规范的准则。

二、《国际贸易术语解释通则》及贸易术语

1936年，国际商会为统一各种贸易术语的不同解释，制定了《国际贸易术语解释通则》（International Rules for the Interpretation of Trade Terms），命名为《1936年国际贸易术语解释通则》（《INCOTERMS 1936》）。此后，为适应国际贸易实践发展的需要，国际商会先后于1953年、1967年、1976年、1980年和1990年对通则进行多次修订和补充。

21世纪初，国际商会广泛征求了世界各国从事国际贸易的各方面人士和有关专家的意见，通过调查、研究和讨论，对实施60多年的通则进行了全面的回顾和总结。为使贸易术语更进一步适应世界上无关税区的发展、交易中使用电子信息的增多及运输方式的变化，国际商会再次对通则进行修订，于1999年9月公布《2000年国际贸易术语解释通则》，简称《INCOTERMS 2000》（以下简称《2000年通则》），并于2000年1月1日起生效。《2000年通则》的公布和实施，使通则更适应当代国际贸易的实践，这不仅有利于国际贸易的发展和国际贸易法律法规的完善，而且起到承上启下、继往开来的作用。

2010年9月27日，国际商会公布《2010年国际贸易术语解释通则》（《INCOTERMS 2010》，以下简称《2010通则》），于2011年1月1日开始全球实施。《2010年通则》是国际商会根据国际货物贸易的发展，对《2000年通则》进行的修订。《2010年通则》较《2000年通则》更准确地规定了各方承担货物运输风险和费用的责任条款，使船舶管理公司更易于理解货物买卖双方支付各种费用时的角色，有助于避免经常出现的码头处理费（THC）纠纷。此外，《2010年通则》亦增加大量的指导性贸易解释和图示，以及电子交易程序的适用方式，适用于国际贸易惯例的新的发展阶段。

虽然《2010年通则》于2011年1月1日正式生效，但并非《2000年通

则》就自动作废。因国际贸易惯例本身不是法律，对国际贸易当事人不产生必然的强制性约束力，国际贸易惯例在适用的时间效力上并不存在“新法取代旧法”的说法，即《2010年通则》实施后并非《2000年通则》就自动废止。当事人在订立贸易合同时仍然可以选择适用《2000年通则》，甚至《1990年通则》。在实际操作中，很多交易的双方以《2000年通则》为默认的贸易术语准则，故本教材将详解《2000年通则》和《2010年通则》中的贸易术语，以及《2010年通则》中的主要变化。

（一）《2000年通则》中的贸易术语

在《2000年通则》中，根据卖方承担义务的不同，通常将13种贸易术语划分为以下4组。

1. E组（起运）

本组仅包括EXW（工厂交货）一种贸易术语。当卖方在其所在地或其他指定的地点（如工厂、工场或仓库等）将货物交给买方处置时，即完成交货，卖方不负责办理货物出口的清关手续或将货物装上任何运输工具。按EXW这种贸易术语，卖方承担的责任最小。

2. F组（主要运费未付）

本组包括FCA（货交承运人）、FAS（转运港船边交货）和FOB（转运港船上交货）3种贸易术语。在采用装运地或装运港交货条件成交而主要运费未付的情况下，要求卖方将货物交至买方指定的承运人时，应采用F组术语。按F组术语签订的谈判合同属于装运合同。

在F组术语中，FOB术语的风险划分与C组中的CFR和CIF术语是相同的，均以装运港船舷为界。“船舷为界”是一种历史遗留的规则，由于其界限分明，易于理解和接受，故一直在沿用。《2000年通则》对FOB、CFR和CIF术语仍规定买卖双方承担货物灭失或损坏的一切风险，以货物在指定的装运港越过船舷为界。但同时又规定，如合同当事人无意采用越过船舷交货，可相应地采用FCA、CPT和CIP术语。

3. C组（主要运费已付）

本组包括CFR（成本加运费）、CIF（成本、保险费加运费）、CPT（运费付至目的地）、CIP（运费/保险费付至目的地）等4种贸易术语。在采用装运地或装运港交货而主要运费已付的情况下，则采用C组贸易术语。按此类术语成交，卖方必须订立运输合同，并支付运费，但对货物发生灭失或损坏的风险以及货物发运后发生事件所产生的费用，卖方不承担责任。C组术语包括两个“分界点”，即风险划分点与费用划分点是分离的。按C组术语签订的谈判合同属于装运合同。

4. D 组（到达）

本组包括 DAF（边境交货）、DES（目的港船上交货）、DEQ（目的港码头交货）、DDU（未完税交货）、DDP（完税后交货）等 5 种贸易术语。采用 D 组术语，卖方应负责将货物运至边境或目的港（PORT）或进口国国内约定目的地（PLACE）或地点（POINT），并承担货物运至该地以前的全部风险和费用。按 D 组术语订立的谈判合同属于到货合同。

表 3-1 《2000 年通则》中的贸易术语

E 组（GROUP E）	
起运（Departure）	
EXW（Ex Works）	工厂交货
F 组（GROUP F）	
主要运费未付（Main Carriage Unpaid）	
（1）FCA（Free Carrier）	货交承运人
（2）FAS（Free Alongside Ship）	装运港船边交货
（3）FOB（Free on Board）	装运港船上交货
C 组（GROUP C）	
主要运费已付（Main Carriage Paid）	
（1）CFR（Cost and Freight）	成本加运费
（2）CIF（Cost，Insurance and Freight）	成本，保险费加运费
（3）CPT（Carriage Paid To）	运费付至目的地
（4）CIP（Carriage and Insurance Paid To）	运费/保险费付至目的地
D 组（GROUP D）	
到达（Arrival）	
（1）DAF（Delivered at Frontier）	边境交货
（2）DES（Delivered Ex Ship）	目的港船上交货
（3）DEQ（Delivered Ex Quay）	目的港码头交货
（4）DDU（Delivered Duty Unpaid）	未完税交货
（5）DDP（Delivered Duty Paid）	完税后交货

（二）《2010 年通则》中主要的最新变化

1. 贸易术语由原来的 E、F、C、D 四组分为适用两类，即适用于各种运输方式和适用于水运。

2. 贸易术语的数量由原来的 13 种变为 11 种。删除《2000 年通则》中 D

组中的4个贸易术语，即DDU（Delivered Duty Unpaid）、DAF（Delivered at Frontier）、DES（Delivered Ex Ship）、DEQ（Delivered Ex Quay），只保留《2000年通则》中的D组中的DDP（Delivered Duty Paid），新增两种D组贸易术语，即DAT（Delivered at Terminal）与DAP（Delivered at Place）。

3. E组、F组、C组的贸易术语基本没有变化。

4. 新贸易术语中取消了“船舷”的概念，卖方承担货物装上船为止的一切风险，买方承担货物自装运港装上船之后的一切风险。

5. 在FAS、FOB等术语中加入在货物运输期间被多次买卖（连环贸易）的责任义务的划分。

6. 赋予电子单据与书面单据同样的效力，增加对出口国（地区）安检的义务分配，要求双方明确交货位置，将承运人定义为缔约承运人。

7. 新通则不仅适用国际销售合同，也适用国内销售合同。

三、对主要贸易术语的解释

（一）对FOB术语的解释

FOB术语的原文为Free on Board（...named port of shipment），中译名为装运港船上交货。此术语是指卖方在约定的装运港将货物交到买方指定的船上。

按照《2000年通则》的规定，此术语只适用于海运和内河航运。但是，在海运和内河航运中，如合同当事人不采用越过船舷交货，则使用FCA术语更为适宜。

1. 买卖双方基本义务的划分

按照国际商会对FOB术语的解释，买卖双方各自承担的基本义务，概括起来，可作如下划分。

（1）卖方的义务。

①在合同规定的时间或期限内，在装运港按照习惯方式将货物交到买方指定的船上，并及时通知买方。

②自负风险和费用，取得出口许可证或其他官方批准证件。在需要办理海关手续时，办理货物出口所需的一切海关手续。

③负担货物在装运港越过船舷为止的一切费用和风险。

④自付费用提供证明货物已交至船上的通常单据。如果买卖双方约定采用电子通信，则所有单据均可被具有同等效力的电子数据交换（EDI）信息所代替。

（2）买方的义务。

①自负风险和费用取得进口许可证或其他官方批准的证件。在需要办理

海关手续时，办理货物进口，以及必要时经由其他国家（地区）过境的一切海关手续，并支付有关费用及过境费。

②负责租船或订舱，支付运费，并给予卖方关于船名、装船地点和要求交货时间的充分的通知。

③负担货物在装运港越过船舷后的一切费用和风险。

④接受卖方提供的有关单据，受领货物，并按合同的规定支付货款。

2. FOB 的变形

在按 FOB 条件成交时，卖方要负责支付货物装上船之前的一切费用。但由于该术语历史较悠久，各个国家和地区在使用时对于“装箱”的概念没有统一明确的解释，在装船作业的过程中涉及的各项具体费用，如将货物运至船边的费用、吊装上船的费用、理舱和平舱的费用等，究竟由谁负担，各国（地区）的惯例或习惯做法也不完全一致。为了说明装船费用的负担问题，双方往往在 FOB 术语后加列附加条件，便形成 FOB 的变形，主要包括：

（1）FOB Liner Terms（FOB 班轮条件）；

（2）FOB Under Tackle（FOB 吊钩下交货）；

（3）FOB Stowed（FOB 理舱费在内）；

（4）FOB Trimmed（FOB 平舱费在内）；

（5）FOBST（FOB Stowed and Trimmed 理舱费和平舱费在内）。

（二）对 CFR 术语的解释

CFR 术语的原文为 Cost and Freight（...named port of destination），中译名为成本加运费（……指定目的港）。此术语是指卖方必须负担货物运至约定目的港所需的成本和运费。这里所指的成本相当于 FOB 价，故 CFR 术语的基本含义是在 FOB 价的基础上加上装运港至目的港的通常运费。

《2000 年通则》指出，CFR 是全球广泛接受的“成本加运费”术语的唯一的标准代码，不应再使用 C&F（或 C and F，C+F）这种传统的术语。

在《2000 年通则》中，明确规定 CFR 术语只能适用于海运和内河航运。如合同当事人不采用越过船舷交货，则应使用 CPT 术语。

1. 买卖双方基本义务的划分

按 CFR 术语，在货价构成因素中包括自装运港至目的港的通常运费。也就是说，主要运费已付，故卖方需负责签订运输合同和安排运送货物。但由于 CFR 术语同 FOB 术语一样，也属于装运港交货，货物风险的划分也以装运港船舷为界，故货物中途灭失或损坏的风险以及货物装船后中途发生事件产生的任何额外费用，概由买方承担。

（1）卖方的义务。

①自负风险和费用，取得出口许可证或其他官方批准的证件，在需要办理海关手续时，办理货物出口所需的一切海关手续。

②签订从指定装运港承运货物运往指定目的港的运输合同；在买卖合同规定的时间和港口，将货物装上船并支付至目的港的运费；装船后及时通知买方。

③承担货物在装运港越过船舷为止的一切风险。

④自付费用，且及时地向买方提供为买方在目的港提货所用的通常的运输单据，如买卖双方约定采用电子通信，则所有单据均可被同等效力的电子数据交换（EDI）信息所代替。

（2）买方的义务。

①自负风险和费用，取得进口许可证或其他官方批准的证件，在需要办理海关手续时，办理货物进口以及必要时经由其他国家（地区）过境的一切海关手续，并支付有关费用及过境费。

②承担货物在装运港越过船舷以后的一切风险。

③接受卖方提供的有关单据，受领货物，并按合同的规定支付货款。

④支付除通常运费以外的有关货物在运输途中所产生的各项费用，以及包括驳运费和码头费在内的卸货费。

2. 使用 CFR 术语的注意事项

（1）卖方应及时发出装船通知。

按 CFR 条件成交时，由卖方安排运输，由买方办理货运保险。如卖方不及时发出装船通知，买方就无法及时地办理货运保险，甚至有可能出现漏保货运险的情况。因此，卖方装船后务必及时向买方发出装船通知。否则，卖方应承担货物在运输途中的风险和损失。

（2）按 CFR 进口应慎重行事。

在进口业务中，按 CFR 条件成交时，鉴于由外商安排装运，由我方负责保险，故应选择资信好的国外买家成交，并对船舶提出适当的要求，以防外商与船方勾结，出具假提单，租用不适航的船舶，或伪造品质证书与产地证明。若出现这类情况，会使我方蒙受不应有的损失。

3. CFR 的变形

大宗商品按 CFR 条件成交，容易在卸货费问题上引起争议。大宗商品通常采用租船运输，而在不少场合，船方按不负担装卸费条件出租船舶，故卸货费究竟由何方负担，买卖双方应在合同中订明。为了明确责任和避免引起纠纷，买卖双方商订合同时，可在 CFR 术语后加列表明卸货费由谁负担的具体条件：

（1）CFR Liner Terms（CFR 班轮条件）；

（2）CFR Landed（CFR 卸到岸上）；

（3）CFR Ex Tackle（CFR 吊钩下交货）；

（4）CFR Ex Ship's Hold（CFR 舱底交货）。

（三）对 CIF 术语的解释

CIF 术语的原文为 Cost, Insurance and Freight（...named port of destinaion），中译名为成本、保险费加运费（…… 指定目的港）。按《2000 年通则》的规定，CIF 术语只能适用于海运和内河航运。如合同双方不采用越过船舷交货，则使用 CIP 术语更为适宜。

1. 买卖双方基本义务的划分

按 CIF 术语成交，是指卖方必须在合同规定的日期或期限内在装运港将货物交至运往指定目的港的船上，负担货物越过船舷为止的一切费用和货物灭失或损坏的风险，负责租船或订舱，支付从装运港到目的港的正常运费，并负责办理货运保险，支付保险费。由此可以看出，CIF 术语除具有 CFR 术语相同的义务外，卖方还应负责办理货运保险和支付保险费。

2. 使用 CIF 术语的注意事项

（1）CIF 合同属于"装运合同"。

在 CIF 术语下，卖方在装运港将货物装上船，即完成了交货义务。因此，采用 CIF 术语订立的合同属于"装运合同"。但是，由于在 CIF 术语后所注明的是目的港（例如，"CIF 纽约"）以及在我国曾将 CIF 术语译作"到岸价"，所以 CIF 合同的法律性质常被误解为"到货合同"。为此，必须明确指出，CIF 以及 C 组中的其他术语（CFR、CPT、CIP）与 F 组术语（FCA、FAS、FOB）一样，卖方在装运地完成交货义务，采用这些术语订立的买卖合同均属"装运合同"性质。此类合同的卖方在按照合同的规定在装运地将货物交付装运后，对货物可能发生的任何风险不再承担责任。

（2）卖方办理保险的责任。

在 CIF 合同中，卖方是为了买方的利益办理货运保险的，因为此项保险主要是为了保障货物装船后在运输途中的风险。《2000 年通则》对卖方的保险责任规定：如无相反的明示协议，卖方只需按《协会货物保险条款》或其他类似的保险条款中最低责任的保险险别投保。如买方有要求，并由买方负担费用，卖方应在可能的情况下投保战争、罢工、暴动和民变险。最低保险金额应为合同规定的价款加 10%，并以合同货币投保。有关保险责任的起讫期限必须与货物运输相符合，并必须至迟自买方需负担货物灭失或损坏的风险时（即自货物在装运港越过船舷时）起对买方的保障生效。该保险责任的期限必须展延至货物到达约定的目的港为止。在实际业务中，为了明确责任，我外贸企业在与国外买家洽谈交易采用 CIF 术语时，一般应在合同中具体规定保险金额、保险险别和适用的保险条款。而目前，中国保险条款和国际上使用较多的伦敦保险业协会货物险条款均列有保险公司的保险责任的起讫期限。

（3）象征性交货问题。

从交货方式来看，CIF 是典型的象征性交货（Symbolic Delivery）。所谓象征性交货，是针对实际交货（Physical Delivery）而言。前者指卖方只要按期在约定地点完成装运，并向买方提交合同规定的包括物权凭证在内的有关单证，就算完成了交货义务，而无须保证到货。后者则是指卖方要在规定的时间和地点，将符合合同规定的货物提交给买方或其指定人，而不能以交单代替交货。

在象征性交货方式下，卖方是凭单交货，买方是凭单付款，只要卖方如期地向买方提交了合同规定的全套合格单据（名称、内容和份数相符的单据），即使货物在运输途中损坏或灭失，买方也必须履行付款义务。反之，如果卖方提交的单据不符合要求，即使货物完好无损地运达目的地，买方仍有权拒付货款。由此可见，CIF 交易实际上是一种单据的买卖。所以，装运单据在 CIF 交易中具有特别重要的意义。

但是，必须指出，按 CIF 术语成交，卖方履行其交单义务，只是得到买方付款的前提条件，除此之外，他还必须履行交货义务。如果卖方提交的货物不符合要求，买方即使已经付款，仍然可以根据合同的规定向卖方提出索赔。

3. CIF 的变形

在国际贸易中，大宗商品通常洽租不定期船运输，在多数情况下，船公司承运大宗货物，一般是不负担装卸费的。因此，在 CIF 条件下，买卖双方容易在卸货费由何方负担的问题上引起争议。为了明确责任，买卖双方应在合同中就卸货费由谁负担的问题做出明确具体的规定。

如买方不愿负担卸货费，在商订合同时，可要求在 CIF 后加列“Liner Terms”（班轮条件）或“Landed”（卸到岸上）或“Under Ship's Tackle”（船舶吊钩下交货）字样。

如卖方不愿负担卸货费，在商订合同时，可要求在 CIF 后加列“Ex Ship's Hold”（舱底交货）字样。

（四）对 FCA 术语的解释

FCA 术语的原文为 Free Carrier（...named place），中译名为货交承运人

(……指定地点)。此术语是指卖方在指定地点将货物交给买方承运人，当卖方将货物交承运人照管，并办理了出口结关手续，就算履行了其交货义务。《2000年通则》指出，交货地点的选择对于在该地点装货和卸货的义务会产生不同的影响。如卖方在其所在地交货，卖方应负责装货，如卖方在任何其他地点交货，卖方不负责卸货。

FCA术语适用于各种运输方式，包括多式联运。

为便于使用FCA术语，《2000年通则》还对“承运人”的含义做了解释。承运人是指在运输合同中，通过铁路、公路、空运、海运、内河运输或上述运输的联合运输方式承担履行运输或承担办理运输业务的任何人。可见，FCA术语的适用范围很广，在国际贸易中将发挥越来越大的作用。

1. 买卖双方基本义务的划分

(1) 卖方的义务。

①自负风险和费用，取得出口许可证或其他官方批准证件，在需要办理海关手续时，办理货物出口所需的一切海关手续。

②在合同规定的时间、地点，将符合合同规定的货物置于买方指定的承运人的控制之下，并及时通知买方。

③承担将货物交给承运人之时起的一切费用和风险。

④自负费用向买方提供交货的通常单据，如买卖双方约定采用电子通信，则所有单据均可被具有同等效力的电子数据交换（EDI）信息所代替。

(2) 买方的义务。

①自负风险和费用，取得进口许可证或其他官方证件，在需要办理海关手续时，办理货物进口和从其他国家（地区）过境的一切海关手续，并支付有关费用及过境费。

②签订从指定地点承运货物的合同，支付有关的运费，并将承运人的名称及有关情况及时通知卖方。

③承担货物交给承运人之后所发生的一切费用和风险。

④根据买卖合同的规定受领货物并支付货款。

2. 使用FCA术语的注意事项

(1) 关于交货问题。

《2000年通则》规定，在FCA术语下，卖方交货地点，如指定地点是在卖方所在地，则当货物被装上买方指定的承运人或代表买方的其他人提供的运输工具时，交货即算完成；如指定的地点是任何其他地点，当货物在卖方运输工具上，尚未卸货而交给买方指定或卖方选定的承运人处置时，交货即算完成。如指定地点没有约定具体交货地点，只有几个交货地点可供选择，卖方可以选择最适合的交货地点。

（2）关于运输合同。

《2000 年通则》中的 FCA 术语，应由买方自付费用订立从指定地点承运货物的运输合同，并指定承运人，卖方并无订立运输合同的义务。但《2000 年通则》又规定，当卖方被要求协助与承运人订立合同时，只要买方承担费用和风险，卖方也可以办理。当然，卖方也可以拒绝订立运输合同，如若拒绝，则应立即通知买方，以便买方另作安排。

（五）对 CPT 术语的解释

CPT 术语的原文为 Carriage Paid to（…named place of destination），中译名为运费付至指定目的地。按 CPT 术语成交，卖方应向其指定的承运人交货，支付将货物运至目的地的运费，办理出口清关手续。买方承担交货之后的一切风险和其他费用。CPT 术语适用于各种运输方式，包括多式联运。

1. 买卖双方基本义务的划分

（1）卖方的义务。

①自负风险和费用，取得出口许可证或其他官方批准证件，在需要办理海关手续时，办理货物出口所需的一切海关手续。

②订立将货物运往指定目的地的运输合同，并支付有关运费。在合同规定的时间、地点，将合同规定的货物交给承运人，并及时通知买方。

③承担将货物交给承运人之时起的一切风险。

④自付费用向买方提供交货的通常单据，如买卖双方约定采用电子通信，则所有单据均可被同等效力的电子数据交换（EDI）信息所代替。

（2）买方的义务。

①自负风险和费用，取得进口许可证或其他官方证件，在需要办理海关手续时，办理货物进口所需的海关手续，支付有关关税及从其他国家（地区）过境的费用。

②承担自货物在约定交货地点交给承运人之后的风险。

③接受卖方提供的有关单据，受领货物，并按合同的规定支付货款。

④支付除通常运费之外的有关货物在运输途中所产生的各项费用和卸货费。

2. 使用 CPT 术语的注意事项

（1）风险划分的界限问题。

按照 CPT 术语成交，虽然卖方要负责订立从起运地到指定目的地的运输契约，并支付运费，但是卖方承担的风险并没有延伸至目的地。按照《2000 年通则》的解释，货物自交货地点至目的地的运输途中的风险由买方承担，卖方只承担货物交给承运人控制之前的风险。在多式联运情况下，卖方承担的风险自货物交给第一承运人控制时即转移给买方。

(2) 责任和费用的划分问题。

采用 CPT 术语时，买卖双方要在合同中规定装运期和目的地，以便于卖方选定承运人，自费订立运输合同，将货物运往指定的目的地。卖方将货物交给承运人之后，应向买方发出货已交付的通知，以便于买方在目的地受领货物。如果双方未能确定目的地买方受领货物的具体地点，卖方可以在目的地选择最适合其要求的地点。

按 CPT 术语成交，卖方只是承担从交货地点到指定目的地的正常运费。正常运费之外的其他有关费用，一般由买方负担。货物的装卸费可以包括在运费中，统一由卖方负担，也可以由双方在合同中另行规定。

3. CPT 与 CFR 的异同点

CPT 与 CFR 同属 C 组术语，按这两种术语成交，卖方承担的风险均是在交货地点随着交货义务的完成而转移，卖方都要负责安排自交货地至目的地的运输事项，并承担其费用。此外，按这两种术语订立的合同，都属于装运合同，卖方只需保证按时交货。

CPT 与 CFR 的主要区别在于适用的运输方式不同，交货地点和风险划分界限也不相同。CFR 适用于水上运输方式，交货地点在装运港，风险划分以船舷为界；CPT 适用于各种运输方式，交货地点因运输方式的不同由双方约定，风险划分以货交承运人为界。除此之外，卖方承担的责任、费用、需提交的单据等方面也有区别。

(六) 对 CIP 术语的解释

CIP 术语的原文为 Carriage and Insurance Paid to (...named place of destination)，中译名为运费、保险费付至指定目的地。按《2000 年通则》的规定，CIP 术语适用于各种运输方式，包括多式联运。

1. 买卖双方基本义务的划分

按 CIP 术语成交，卖方除负有与 CPT 术语相同的义务外，还须办理货物在运输途中应由买方承担的货物灭失或损坏风险的海运保险，即卖方除应订立运输合同和支付通常的运费，还应负责订立保险合同并支付保险费。卖方将货物交给指定的承运人，即完成交货。

2. 使用 CIP 术语的注意事项

(1) 风险和保险问题。

按 CIP 术语成交的合同，卖方要负责办理货运保险，并支付保险费，但货物从交货地点运往目的地的运输途中的风险由买方承担。所以，卖方的投保仍属于代办性质。根据《2000年通则》的解释，一般情况下，卖方要按双方协商确定的险别投保，而如果双方未在合同中规定应投保的险别，则由卖方按惯例投保最低的险别，保险金额一般是在合同价格的基础上加成10%。

（2）应合理确定价格。

与FCA相比，CIP条件下卖方要承担较多的责任和费用。需负责办理从交货地至目的地的运输，承担有关运费；办理货运保险，并支付保险费。这些均反映在货价之中。所以，卖方对外报价时，要认真核算成本和价格。在核算时，应考虑运输距离、保险险别、各种运输方式和各类保险的收费情况，并要预计运价和保险费的变动趋势等方面的问题。

3. CIP与CIF的区别

CIP与CIF有相似之处，它们的价格构成中包括了通常的运费和约定的保险费，而且按这两种术语成交的合同均属于装运合同。但CIP和CIF术语在交货地点、风险划分界限以及卖方承担的责任和费用方面又有其明显的区别。产生这些差别的主要原因是两者适用的运输方式不同。CIF适用于水上运输，交货地点在装运港，风险划分以装运港船舷为界，卖方负责租船订舱、支付从装运港到目的港的运费，并且办理水上运输保险，支付保险费。而CIP术语则适用于各种运输方式，交货地点要根据运输方式的不同由双方约定，风险是在承运人控制货物时转移。卖方要负责办理从交货地点到指定目的地的全程运输，而不仅仅是水上运输。卖方办理的保险，不仅仅是水上运输险，还包括各种运输险。

（七）FCA、CPT、CIP与FOB、CFR、CIF的比较

综上所述，FCA、CPT和CIP这3种术语与FOB、CFR和CIF这3种术语，买卖双方责任划分的基本原则是相同的，其差别主要表现在以下方面：

1. 适用的运输方式不同

FOB、CFR、CIF这3种术语仅适用于海运和内河运输，其承运人一般只限于船公司；而FCA、CPT、CIP这3种术语适用各种运输方式，包括多式联运，其承运人可以是船公司、铁路局、航空公司，也可以是安排多式联运的联合运输经营人。

2. 交货和风险转移的地点不同

FOB、CFR、CIF的交货地点均为装运港船舷，风险均以在装运港越过船舷时从卖方转移至买方。而FCA、CPT、CIP的交货地点，需视不同的运输方式和不同的约定而定，它可以是在卖方处所由承运人提供的运输工具上，也可以是在铁路、公路、航空、内河、海洋运输承运人或多式联运承运人的运输站或其他收货点。货物灭失或损坏的风险，则于卖方将货物交由承运人保管时，即自卖方转移至买方。

3. 装卸费用负担不同

按FOB、CFR、CIF术语，卖方承担货物在装运港越过船舷为止的一切费用。但由于货物装船是一个连续作业，各港口的习惯做法又不尽一致，所以，在使用程租船运输的FOB合同中，应明确装船费用由何方负担，在CFR和CIF合同中，则应明确卸货费用由何方负担。而在FCA、CPT、CIP术语下，如涉及海洋运输，并使用程租船装运，卖方将货物交给承运人时所支付的运费（CPT、CIP术语），或由买方支付的运费（FCA术语），已包含了承运人接管货物后在装运港的装船费用和目的港的卸货费用。这样，在FCA合同中的装船费用的负担和在CPT、CIP合同中的卸货费用的负担问题就不再存在。

4. 运输单据不同

在FOB、CFR、CIF术语下，卖方一般应向买方提交已装船清洁提单。而在FCA、CPT、CIP术语下，卖方提交的运输单据则视不同的运输方式而定。如在海运和内河运输方式下，卖方应提供可转让的提单，有时也可提供不可转让的海运单和内河运单。如在铁路、公路、航空运输或多式联运方式，则应分别提供铁路运单、公路运单、航空运单或多式联运单据。

四、对其他贸易术语的解释

（一）对EXW术语的解释

根据《2000年通则》的规定，E组中唯一的术语是EXW，其中译名为工厂交货（……指定地点），原文为Ex Works（...named place）。工厂交货，是指卖方在其所在地（如工场、工厂或仓库等）将备妥的货物交付买方，以履行其交货义务。按EXW术语成交，卖方既不承担将货物装上买方备妥的运输工具，也不负责办理货物出口结关手续，除另有约定外，买方应承担自卖方的所在地受领货物的全部费用和风险。因此，EXW术语是卖方承担责任、费用和风险最小的一种贸易术语。

EXW术语，本属按国内贸易的办法进行交货，但也可用于国际贸易，特别是在陆地接壤国家（地区）之间应用得比较普遍。EXW的适用范围很广，适用于各种运输方式。

使用EXW术语时，如双方同意，在起运时卖方负责装载货物并承担装载货物的全部费用和风险，则应在合同中订明。如买方不能直接或间接地办理出口手续，不应使用该术语，而应使用FCA术语。

（二）对FAS术语的解释

FAS术语的中译名为装运港船边交货（……指定装运港），其原文为Free

Alongside Ship（...named port of shipment）。装运港船边交货，是指卖方将货物送到指定的装运港船边，即履行其交货义务。买卖双方负担的风险和费用均以船边为界。该术语仅适用于海运或内河运输。

关于办理出口清关手续，《2000 年通则》与《1990 年通则》的规定相反，有了实质性的变化，即应由卖方自负费用和风险，取得出口许可或其他官方证件，在需要办理海关手续时，办理货物出口的一切海关手续，并交纳关税及其他费用。但《2000 年通则》又规定，如双方当事人希望由买方办理出口清关手续，应在合同中订明。

（三）对 DAT 术语的解释

DAT（Delivered at Terminal）术语的中译名为目的地或目的港集散站交货。该术语类似于 DEQ 术语，指卖方在指定的目的地卸货后将货物交给买方处置即完成交货，术语所指的目的地包括港口。卖方应承担将货物运至指定的目的地的一切风险和费用（除进口费用外）。DAT 术语适用于任何运输方式或多式联运。

（四）对 DAP 术语的解释

DAP（Delivered at Place）术语的中译名为目的地交货。该术语类似于 DAF、DES 和 DDU 术语，指卖方在指定的目的地交货，只需做好卸货准备无须卸货，即完成交货。术语所指的到达车辆包括船舶，目的地包括港口。卖方应承担将货物运至指定目的地的一切风险和费用。

（五）对 DDP 术语的解释

DDP 术语的中译名为完税后交货（……指定目的地），其原文为 Delivered Duty Paid（...named place of destination）。按此术语成交，卖方应在规定的期限内，在指定的目的地将在运输工具上尚未卸下的货物交给买方，即完成交货。卖方须承担将货物运至目的地的一切风险和费用，办理进口清关手续，交纳任何进口"税费"，包括办理一切海关手续，交纳海关手续费、关税及其他费用的责任和风险。所以，DDP 术语是卖方承担责任最大的一种术语。

DDP 术语适用于所有运输方式。

《2000 年通则》还规定，办理进口清关手续时，卖方也可要求买方予以协助，但费用和风险仍由卖方负担。买方应给予卖方协助，取得进口所需的进口许可证或其他官方证件。如双方当事人希望将进口时所要支付的一些费用（如增值税 VAT），从卖方的义务中排除，应在合同中订明。如果当事人希望买方承担货物进口的风险和费用，则应使用 DDU 术语。

（六）对 LDP 术语的解释

《国际贸易术语解释通则》中并没有 LDP 这个术语。但是，在对美国订单的出口业务的实际操作中，很多美国买家要求使用 LDP 术语。所以在此对 LDP 做简单的介绍。

LDP，英文原文为 Landed Duty Paid，与 DDP 一样，是由卖方缴纳进口税后将货物交到买方指定的地点，卖方自负风险及费用，包括进口税捐、海关验关费用，以及因货物进口并交付买方而须支付的任何其他捐税或费用。

早些年，我国服装出口到美国，是需要配额的。由于服装出口配额每年有固定数量，在“僧多粥少”的情况下，通过第三国中转（例如，新加坡），然后再运到美国，用来摆脱配额限制。当然具体操作起来比较烦琐，不单是产品上面不能有 MADE IN CHINA 的主唛，还需要有牢靠的国外关系。否则，货到新加坡重新报关出货是很烦琐的，一旦出事也没人帮你处理。从 2005 年 1 月 1 日起，世界贸易组织成员之间的纺织品与服装贸易取消配额限制，进入自由贸易时代，这就使得服装出口美国不需要再经过第三国中转了。

近年来，中美服装贸易，美国的买方（采购商）已不单单满足于 DDP 术语，他们希望我国国内的供应商（工厂或贸易公司）能提供 LDP 服务。也就是在不签发报关委托书（POA）的情况下，由卖方（供应商）进行美国的清关缴税。买方（采购商）为了避免以后的一些麻烦，希望由卖方（供应商）不单单只提供清关行，还要提供进口公司来帮助货物的进口清关。这就是 LDP 和 DDP 的本质区别。DDP 需要买方（采购商）签署 POA，然后再由清关公司代为清关，而 LDP 则不需要买方（采购商）签署 POA，由卖方（供应商）提供进口公司来进行进口清关。

案例

深圳一企业向香港出口一批旅游鞋，贸易条件为 EXW 深圳，交货期为 2009 年 3 月。3 月，港商派来卡车装运旅游鞋，但由于深圳出口企业坚持要求港商负责装车费，双方发生争议。

问题：分析 EXW 术语下究竟应由何方负责装车？

点评：EXW 术语下，仅要求卖方在其所在地（工厂或仓库等）将备妥的货物交给买方处置，就履行了交货义务。特别是卖方不承担将货物装上买方备妥的运输车辆或办理出口结关手续的责任。因此，买方应该承担装车费。

第二节 报价的基础知识二：付款方式

在跨境电商交易中，按买卖合同或约定支付货款是买方的基本义务，按时收取货款是卖方的主要权利。货款的收付直接影响买卖双方资金的周转和融通，以及各种金融风险和费用的承担。货款的结算主要涉及支付工具、付款时间、付款地点及支付方式等问题，买卖双方必须对此达成一致的意见，并在合同或约定中做出明确的规定。

一、支付工具

跨境电商货款的收付，较少采用现金结算，大多使用非现金结算，即使用代替现金作为流通手段和支付手段的信贷工具来结算国际间的债权债务。票据是国际通行的结算和信贷工具，是可以流通转让的债权凭证。跨境交易中使用的票据主要有汇票、本票和支票，其中以汇票为主。

近年来，随着全球跨境电子商务的蓬勃发展，涌现了很多新兴的电子支付工具或电子货币。

（一）汇票（Bill of Exchange，Draft）

1. 汇票的含义

1995 年 5 月 10 日，我国公布《中华人民共和国票据法》（以下简称《票据法》），自 1996 年 1 月 1 日起施行。其中，第十九条规定：汇票是出票人签发的，委托付款人在见票时或者在指定日期无条件支付确定的金额给收款人或者持票人的票据。

各国的票据法对汇票内容的规定不同，一般应包括下列基本内容：应载明“汇票”字样，无条件支付命令，一定的金额，付款期限，付款地点，受票人（Drawee，又称付款人 Payer，即接受支付命令付款的人在跨境电商进出口业务中，通常是进口人或其指定的银行），受款人（Payee 受领汇票所规定金额的人，在跨境电商进出口业务中，通常是出口人或其指定的银行），出票日期，出票地点，出票人签字等。

在实际业务中，汇票通常需列明付款日期、付款地点和出票地点等内容。对此，我国《票据法》第二十三条也做了具体规定：汇票上记载付款日期、付款地、出票地等事项的，应当清楚、明确。汇票上未记载付款日期的，为见票即付。汇票上未记载付款地的，付款人的营业场所、住所或者经常居住地为付款地。汇票上未记载出票地的，出票人的营业场所、住所或者经常居住地为出票地。

上述基本内容，一般为汇票的要项，但并不是汇票的全部内容。按照各国票据法的规定，汇票的要项必须齐全，否则受票人有权拒付。

除上述必备项目外，汇票还可以记载一些票据法允许的其他内容，例如，利息和利率、禁止转让、汇票编号、出票条款等。

2. 汇票的种类

从不同的角度，汇票可分为不同的类型。

（1）按照出票人的不同，汇票分为银行汇票和商业汇票。

①银行汇票（Banker's Draft），是指出票人是银行，受票人也是银行的汇票。

②商业汇票（Commercial Draft），是指出票人是商号或个人，付款人可以是商号、个人，也可以是银行的汇票。

（2）按照有无随附商业单据，汇票可分为光票和跟单汇票。

①光票（Clean Bill），是指不附带商业单据的汇票。银行汇票多是光票。

②跟单汇票（Documentary Bill），是指附带有商业单据的汇票。商业汇票一般为跟单汇票。

（3）按照付款时间的不同，汇票分为即期汇票和远期汇票。

①即期汇票（Sight Draft），是指在提示或见票时立即付款的汇票。

②远期汇票（Time Bill or Usance Bill），是指在一定期限内或特定日期付款的汇票。

远期汇票的付款时间，有以下几种：

——见票后若干天付款（At ×× days after sight）；

——出票后若干天付款（At ×× days after date）；

——提单签发日后若干天付款（At ×× days after date of Bill of Lading）；

——指定日期付款（Fixed date）。

一张汇票往往可以同时具备几种性质，例如，一张商业汇票同时又可以是即期的跟单汇票；一张远期的商业跟单汇票，同时又是银行承兑汇票。

3. 汇票的使用

汇票的使用有出票、提示、承兑、付款等。如需转让，通常经过背书转让。汇票遭到拒付时，还涉及做成拒绝证书和行使追索等法律权利。

（1）出票（Issue）。

出票是指出票人在汇票上填写付款人、付款金额、付款日期和地点，以及受款人等项目，经签字交给受票人的行为。在出票时，对受款人通常有3

种写法。

①限制性抬头。例如，“仅付××公司”（Pay ×× Co. only）或“付××公司，不准流通”（Pay ×× Co. not negotiable），这种抬头的汇票不能流通转让，只限××公司收取货款。

②指示性抬头。例如，“付××公司或指定人”（Pay ×× Co. or order，Pay to the order of ×× Co.），这种抬头的汇票，除××公司可以收取票款外，也可以经过背书转让给第三者。

③持票人或来人抬头。例如，“付给来人”或“付给持票人”（Pay Holder），这种抬头的汇票，无须由持票人背书，仅凭交付汇票即可转让。

按照我国《票据法》必须记载收款人名称的规定，凡签发持票人或来人抬头的汇票无效。在涉外票据中，一般也不使用持票人或来人抬头。

（2）提示（Presentation）。

提示是指持票人将汇票提交付款人要求承兑或付款的行为。付款人见到汇票，称为见票（Sight）。提示可以分为两种：

①付款提示。持票人向付款人提交汇票、要求付款的行为。

②承兑提示。如系远期汇票，持票人向付款人提交汇票，付款人见票后办理承兑手续，到期时付款的行为。

远期汇票的提示承兑和即期汇票的提示付款均应在法定期限内进行，对此，各国的票据法规定不一。按照我国《票据法》的规定，即期和见票后定期付款汇票自出票日后1个月；定日付款或出票后定期付款汇票应在到期日前向付款人提示承兑；已经承兑的远期汇票的提示付款期限为自到期日起10日内。

（3）承兑（Acceptance）。

承兑是指付款人对远期汇票表示承担到期付款责任的行为。付款人在汇票上写明“承兑”字样，注明承兑日期，并由付款人签字，交还持票人。付款人对汇票做出承兑，即成为承兑人。承兑人负有在远期汇票到期时付款的责任。我国《票据法》第四十四条规定：付款人承兑汇票后，应当承担到期付款的责任。因此，汇票一经承兑，付款人就成为汇票的承兑人（Acceptor），并成为汇票的主债务人，而出票人便成为汇票的从债务人（或称次债务人）。

（4）付款（Payment）。

对即期汇票，在持票人提示汇票时，付款人即应付款；对远期汇票，付款人经过承兑后，在汇票到期日付款。付款后，汇票上的一切债务即告终止。

（5）背书（Endorsement）。

在国际市场上，汇票又是一种流通工具（Negotiable Instrument），可以在票据市场上流通转让。背书是转让汇票权利的一种法定手续，就是由汇票持有人在汇票背面记载有关事项并经签章，或再加上受让人（被背书人 Endorsee）的名字，并将汇票交给受让人的行为。经背书后，汇票的收款权利便转移给受让人。汇票可以经过背书，不断地被转让下去。对于受让人来说，所有在他以前的背书人（Endorser）以及原出票人都是他的“前手”；而对出让人来说，所有在他让与以后的受让人都是他的“后手”，前手对后手负有担保汇票必然会被承兑或付款的责任。

在国际市场上，一张远期汇票的持有人如想在付款人付款前取得票款，可以经过背书转让汇票，即将汇票进行贴现。贴现（Discount）是指远期汇票承兑后，尚未到期，由银行或贴现公司从票面金额中扣减按一定的贴现率计算而得的贴现息后，将余款付给持票人的行为。

（6）拒付（Dishonour）。

持票人提示汇票要求承兑时，遭到拒绝承兑（Dishonour by non-acceptance），或者持票人提示汇票要求付款时，遭到拒绝付款（Dishonour by non-payment），均称拒付，也称退票。

除了拒绝承兑和拒绝付款外，付款人拒不见票、死亡或宣告破产，以致付款事实上已不可能时，也称拒付。

如汇票在合理时间内提示，遭到拒绝承兑，或者在到期日提示，遭到拒绝付款，对持票人立即产生追索权，持票人有权向背书人和出票人追索票款。按照有些国家的法律，持票人为了行使追索权应及时做出拒付证书（Protest）。所谓追索权（Right or Recourse），是指汇票遭到拒付，持票人对其前手（背书人、出票人）有请求其偿还汇票金额及费用的权利。拒付证书是由付款地的法定公证人（Notary Public）或其他依法有权做出证书的机构，如法院、银行、公会、邮局等，做出证明拒付事实的文件，是持票人凭以向其“前手”进行追索的法律依据。如拒付的汇票已经承兑，出票人可凭此向法院起诉，要求承兑汇票的承兑人付款。

按照我国《票据法》的规定，持票人行使追索权时，应当提供被拒绝承兑或者被拒绝付款的有关证明。又规定，持票人提示承兑或提示付款被拒绝的，承兑人或付款人必须出具拒绝证明，或者出具退票理由书。否则，应当承担由此产生的民事责任，持票人可以依法取得其他有关证明。

此外，汇票的出票人或背书人为了避免承担被追索的责任，可在出票时或背书时加注“不受追索”（Without Recourse）字样。凡加注“不受追索”字样的汇票，在市场上难以流通。

（二）本票（Promissory Note）

1. 本票的含义

根据我国《票据法》第七十三条的规定，本票是出票人签发的，承诺自己在见票时无条件支付确定的金额给收款人或者持票人的票据。第七十四条又规定，本票的出票人必须具有支付本票金额的可靠资金来源，并保证支付。

本票是一个人向另一个人签发的，保证于见票时或定期或在可以确定的将来的时间，对某人或其指定人或持票人支付一定金额的无条件的书面承诺。简言之，本票是出票人对受款人承诺无条件支付一定金额的票据。

各国的票据法对本票内容的规定各不相同。根据我国《票据法》的规定，本票必须记载下列事项：表明“本票”字样、无条件的支付承诺、确定的金额、收款人的名称、出票日期、出票人签字。本票上未记载规定事项之一的，本票无效。

2. 本票的种类

本票可分为商业本票和银行本票。由工商企业或个人签发的称为商业本票或一般本票；由银行签发的称为银行本票。商业本票又可按付款时间分为即期本票和远期本票两种。即期本票是见票即付的本票，而远期本票则是承诺于未来某一规定的或可以确定的日期支付票款的本票。银行本票则都是即期的。根据我国《票据法》第七十八条的规定，我国允许开立自出票日起，付款期限不超过 2 个月的银行本票。

根据我国《票据法》的规定，银行本票仅限于由中国人民银行审定的银行或其他金融机构签发。

3. 本票与汇票的区别

作为支付工具，本票与汇票都属于票据的范畴，但两者又有所不同，其主要区别有：

（1）本票的票面有两个当事人，即出票人和收款人；而汇票则有 3 个当事人，即出票人、付款人和收款人。

（2）本票的出票人即是付款人，远期本票无须办理承兑手续；而远期汇票则要办理承兑手续。

（3）本票在任何情况下，出票人都是绝对的主债务人，一旦拒付，持票人可以立即要求法院裁定，命令出票人付款；而汇票的出票人在承兑前是主债务人，在承兑后，承兑人是主债务人，出票人则处于从债务人的地位。

（三）支票（Cheque，Check）

1. 支票的含义

根据我国《票据法》第八十一条的规定，支票是出票人签发的，委托办理支票存款业务的银行或者其他金融机构在见票时无条件支付确定的金额给收款人或持票人的票据。

支票是以银行为付款人的即期汇票，即存款人对银行的无条件支付一定金额的委托或命令。出票人在支票上签发一定的金额，要求受票的银行于见票时立即支付一定金额给特定人或持票人。

出票人在签发支票后，应负票据上的责任和法律上的责任。前者是指出票人对收款人担保支票的付款；后者是指出票人签发支票时，应在付款银行存有不低于票面金额的现款。如存款不足，支票持有人在向付款银行提示支票要求付款时，就会遭到拒付，这种支票叫做空头支票。开出空头支票的出票人要负法律上的责任。

根据我国《票据法》的规定，出票人必须按照签发的支票金额承担保证向该持票人付款的责任。出票人在付款人处的存款足以支付支票金额时，付款人应当在当时足额付款。又规定，支票的出票人所签发的支票金额不得超过其付款时在付款人处实有的存款金额。出票人签发的支票金额超过其付款时在付款人处实有的存款金额，为空头支票。禁止签发空头支票。

支票必须记载下列事项：表明“支票”字样、无条件的支付委托、确定的金额、付款人名称、出票日期、出票人签字。支票上未记载规定事项之一的，支票无效。

2. 支票的种类

按照我国《票据法》，支票可分为现金支票和转账支票两种。用以支取现金或是转账，均应分别在支票正面注明。现金支票只能用于支取现金；转账支票只能用于通过银行或其他金融机构转账结算。但在有些国家（地区），支取现金或转账，通常可由持票人或收款人自主选择。但一经画线就只能通过银行转账，而不能直接支取现金。因此，就有“画线支票”和“未画线支票”之分。画线支票通常在其左上角画上两道平行线。视需要，支票既可由出票人画线，也可由收款人或代收银行画线。对于未画线支票，收款人既可通过自己的往来银行代向付款银行收款，存入自己的账户，也可径自到付款银行提取现金。但如是画线支票，或者原是未画线支票，经自己加上画线后，收款人就只能通过往来银行代为收款入账。

按各国票据法，支票可由付款银行加“保付”（Certified to Pay）字样并签字而成为保付支票。付款银行保付后就必须付款，支票经保付后身价提高，有利于流通。

3. 支票的使用

支票的使用有一定的有效期，由于支票是代替现金的即期支付工具，所以有效期较短。根据我国《票据法》的规定，支票的持票人应当自出票日起10 日内提示付款；异地使用的支票，其提示付款的期限由中国人民银行另行规定。超过提示付款期限的，付款人可以不予付款；付款人不予付款的，出票人仍应当对持票人承担票据责任。

4. 支票与汇票、本票的区别

支票与汇票、本票虽均具有票据的一般特性，但也存在明显差别，主要表现在以下方面：

（1）当事人。

汇票和支票均有 3 个基本当事人，即出票人、付款人和收款人；而本票的基本当事人只有两个，即出票人和收款人。本票的付款人即出票人自己。

（2）证券的性质。

汇票与支票均是委托他人付款的证券，故属委托支付证券；而本票是由出票人自己付款的票据，故属自付证券或承诺证券。

（3）到期日。

支票均为见票即付；而汇票和本票除见票即付外，还可做出不同到期日的记载，如定日付款、出票后定期付款和见票后定期付款。在国际货款结算中使用的跟单汇票，还有运输单据出单日期后定期付款的记载。

（4）承兑。

远期汇票需要付款人履行承兑手续。本票由于出票时出票人就负有担保付款的责任，因此无须提示承兑，但见票后定期付款的必须经出票人见票才能确定到期日，因此又有提示见票即“签见”的必要，支票均为即期，故也无须承兑。

（5）出票人与付款人的关系。

汇票的出票人对付款人没有法律上的约束，付款人是否愿意承兑或付款，是付款人自己的独立行为，但一经承兑，承兑人就应承担到期付款的绝对责任。本票的付款人即出票人自己，一经出票，出票人即应承担付款责任；支票的付款人只有在出票人在付款人处有足以支付支票金额存款的条件下才负有付款义务。

（四）电子货币与电子支付

1. 电子货币

电子货币是以金融电子化网络为基础，以商用电子化机具和各类交易卡为媒介，以电子计算机技术和通信技术为手段，以电子数据（二进制数据）形式存储在银行的计算机系统或用户手机中，并通过计算机网络系统或手机以电子信息传递形式实现流通和支付功能的货币。

电子货币具有以下特点：

（1）以电子计算机技术为依托，进行储存、支付和流通；

（2）可广泛应用于生产、交换、分配和消费领域；

（3）融储蓄、信贷和非现金结算等多种功能为一体；

（4）电子货币具有使用简便、安全、迅速、可靠的特征；

（5）初级阶段的电子货币的使用通常以银行卡（磁卡、智能卡）为媒介。电子货币通常在专用网络上传输，通过POS机、ATM机器进行处理。

2. 电子支付

电子支付的主要类型包括：

（1）网上支付。网上支付也称网络支付或线上支付，是电子支付的一种形式。它是以互联网为基础，利用金融机构所支持的某种数字金融工具，在购买者和销售者之间进行金融交换，从而实现从购买者到金融机构、销售者之间的货币支付、现金流转、资金结算、查询统计等过程，由此为电子商务服务和其他服务提供金融支付，包括各个银行的网银。

（2）电子货币。所谓电子货币，是以金融电子化网络为基础，以商用电子化机具和各类交易卡为媒介，以电子计算机技术和通信技术为手段，以电子数据形式存储在银行的计算机系统中，并通过计算机网络系统以电子信息形式传递实现流通和支付功能的货币。比特币（Bit Coin）是最近比较热门的一种。

（3）银行卡。银行卡是指由商业银行向社会公开发行，具有消费信用、转账结算、存取现金等全部或部分功能，作为结算支付工具的各类卡的统称，包括信用卡。

（4）电子支票。所谓电子支票，也称数字支票，是将传统支票的全部内容电子化和数字化，形成标准格式的电子版，借助计算机网络完成其在客户之间、银行与客户之间以及银行与银行之间的传递与处理，从而实现银行客户间的资金支付结算。

（5）网络银行。网络银行包括两层含义：一是机构概念，是指通过信息网络开办业务的网络；二是业务概念，是指银行通过信息网络提供的金融服务，包括传统银行因信息技术应用而带来的新兴业务。

（6）电子支付系统。电子支付系统是电子商务系统的重要组成部分，指消费者、商家和金融机构之间使用安全电子商务手段交换商品或服务，即利用现代化支付手段，将支付信息通过网络安全地传送到银行或相应的处理机构，以实现电子支付的系统。

（7）移动支付。移动支付是指交易双方通过通信设备，采用无线方式所进行的银行转账、缴费和购物等商业交易活动。比如，国内的手机银行和闪付；美国苹果公司的 Apple Pay。

（8）数字证书。数字证书是由权威公正的第三方机构即 CA 中心签发的，以数字证书为核心的加密技术可以对网络上传输的信息进行加密和解密，数字签名和签名验证，确保网上传递信息的机密性、完整性以及交易实体身份的真实性，签名信息的不可否认性，从而保障网络应用的安全。

（9）第三方支付的概念。第三方支付平台是指由非银行的第三方机构投资运营的网上支付平台。比如，支付宝、微信支付、阿里巴巴的花呗、京东的白条；国外的贝宝、派安盈（Payonner）等。

因为电子货币的发行机构的资质各不相同，信用也大相径庭，所以必须考虑货币价值问题。此外，要注意保密，为防止不怀好意的黑客侵入手机和计算机，必须选用安全的软件或手机 APP，密码设置最好综合选用字母、数字、文字等。

二、汇付与托收

汇付和托收均是由买卖双方根据贸易合同互相提供信用，故属于商业信用。其支付方式从资金的流向与支付工具的传递方向，可以分为顺汇和逆汇两种。顺汇是指资金的流动方向与支付工具的传递方向相同，汇付方式采用的是顺汇方法。逆汇是指资金的流转方向与支付工具的传递方向相反，托收方式收取货款采用的是逆汇方法。

（一）汇付（Remittance）

1. 汇付的含义及其当事人

汇付，又称汇款，指付款人主动通过银行或其他途径将款项汇交收款人。跨境贸易货款的收付如采用汇付，一般是由买方按合同约定的条件（如收到单据或货物）和时间，将货款通过银行，汇交给卖方。

在汇付业务中，通常有 4 个关系人。

（1）汇款人（Remitter）。

汇款人是指汇出款项的人，在跨境电商的进出口交易中，汇款人通常是进口人。

（2）收款人（Payee，Beneficiary）。

收款人是指收取款项的人，在跨境电商的进出口交易中收款人通常是出口人。

(3) 汇出行 (Remitting Bank)。

汇出行是指受汇款人的委托汇出款项的银行，通常是在进口地的银行。

(4) 汇入行 (Paying Bank)。

汇入行是指受汇出行委托解付汇款的银行，因此，又称解付行，在跨境贸易中，通常是出口地的银行。

汇款人在委托汇出行办理汇款时，需出具汇款申请书。此项申请书被称作是汇款人和汇出行之间的一种契约。汇出行一经接受申请就有义务按照汇款申请书的指示通知汇入行。汇出行与汇入行之间，事先订有代理合同，在代理合同规定的范围内，汇入行对汇出行承担解付汇款的义务。

2. 汇付的种类

汇付方式可分为信汇、电汇和票汇 3 种。

(1) 信汇 (Mail Transfer，简称 M/T)。

信汇是指汇出行应汇款人的申请，将信汇付款委托书寄给汇入行，授权解付一定的金额给收款人的一种汇款方式。

信汇方式的优点是费用较为低廉，但收款人收到汇款的时间较迟。

(2) 电汇 (Telegraphic Transfer，简称 T/T)。

电汇是指汇出行应汇款人的申请，通过拍发电报或电传等电信手段将电汇付款委托书给汇入行，指示解付一定的金额给收款人的一种汇款方式。

电汇方式的优点是收款人可迅速收到汇款，但费用比信汇的要略高。

(3) 票汇 (Remittance by Banker's Demand Draft，简称 D/D)。

票汇是指汇出行应汇款人的申请，代汇款人开立以其分行或代理行为解付行的银行即期汇票 (Banker's Demand Draft)，支付一定的金额给收款人的一种汇款方式。

票汇与电汇、信汇的不同之处在于，票汇的汇入行无须通知收款人取款，而由收款人持票登门取款，这种汇票除有限制转让和流通的规定外，经收款人背书，可以转让流通，而电汇、信汇的收款人则不能将收款权转让。

3. 汇付方式的性质及其在国际贸易中的使用

在国际贸易中使用汇付方式结算货款，银行只提供服务，因此，使用汇付方式完全取决于买卖双方的信任。卖方交货后或交出单据后，买方是否按时付款，则取决于买方的信用。据此，汇付方式的性质属于商业信用。

在国际贸易中，汇付方式通常用于预付货款 (Payment in Advance)、订货付现 (Cash with Order) 和赊销 (Open Account) 等业务。采用预付货款和订货付现，对卖方来说，就是先收款后交货，资金不受积压，对卖方最为有利；反之，采用赊销贸易时，对卖方来说，就是先交货后收款，卖方不仅要占压资金而且还要承担买方不付款的风险，因此，对卖方不利，而对买方最为有利。此外，汇付方式还用于支付订金、分期付款、货款尾数及佣金等费用的支付。

在这 3 种汇付方式中，目前国际上最常用的是电汇（T/T）。

（二）托收（Collection）

1. 托收的含义

国际商会制定的《托收统一规则》对托收做了如下定义：托收是指由接到托收指示的银行根据所收到的指示处理金融单据和/或商业单据以便取得付款或承兑，或凭付款或承兑交出商业单据，或凭其他条款或条件交出单据。

金融单据（Financial Documents）是指汇票、本票、支票、付款收据或其他用于取得付款或款项的凭证。

商业单据（Commercial Documents）是指发票、运输单据、物权单据或其他类似单据，或者除金融单据以外的其他单据。

托收方式一般通过银行办理，所以又叫银行托收。银行托收的基本做法：出口人根据买卖合同先行发运货物，然后开立汇票（或不开汇票）连同商业单据，向出口地银行提出托收申请，委托出口地银行（托收行）通过其在进口地的代理行或往来银行（代收行）向进口人收取货款。

2. 托收方式的当事人

托收方式的当事人主要有：

（1）委托人（Principal）。

委托人是指委托银行办理托收业务的买家，通常是出口人。

（2）托收银行（Remitting Bank）。

托收银行又称委托行，是受委托人的委托，办理托收业务的银行，一般为出口地银行。

（3）代收银行（Collecting Bank）。

代收银行是指除委托行以外参与办理托收业务的任何银行，一般为进口地银行。

（4）提示行（Presenting Bank）。

提示行是指向付款人提示单据的银行。提示银行可以是代收银行委托与付款人有往来账户关系的银行，也可以由代收银行自己兼任提示银行。

（5）付款人（Payer）。

付款人是指根据托收指示做出付款的人，通常为进口人。

在托收业务中，如发生拒付，委托人可指定付款地的代理人代为料理货物存仓、转售、运回等事宜，这个代理人叫做“需要时的代理”。委托人如指定需要时的代理人，必须在托收委托书上写明此项代理的权限。如无此注明，银行将不受此需要时的代理的任何指示。

按照一般国家的银行做法，委托人在委托银行办理托收时，须附具一份托收委托书，在委托书中明确提出各种指示。银行接受委托后，则按照委托书的指示内容办理托收。

3. 托收的种类

托收分为光票托收和跟单托收。光票托收是指金融单据不附有商业单据的托收，即仅把金融单据委托银行代为收款。跟单托收是指金融单据附有商业单据或不附有金融单据的商业单据的托收，跨境贸易中货款的收取大多采用跟单托收。在跟单托收的情况下，根据交单条件的不同，又可分为付款交单和承兑交单两种。

（1）付款交单（Documents against Payment，简称 D/P）。

付款交单是指出口人的交单是以进口人的付款为条件的，即出口人发货后，取得装运单据，委托银行办理托收，并在托收委托书中指示银行，只有在进口人付清货款后，才能把商业单据交给进口人。

按付款时间的不同，付款交单又分为即期付款交单和远期付款交单。

①即期付款交单（Documents against Payment at sight，简称 D/P at sight），是指出口人发货后开具即期汇票连同商业单据，通过银行向进口人提示，进口人见票后立即付款，进口人在付清货款后向银行领取商业单据。

②远期付款交单（Documents against Payment after sight，简称 D/P after sight），是指出口人发货后开具远期汇票连同商业单据，通过银行向进口人提示，进口人审核无误后即在汇票上进行承兑，于汇票到期日付清货款后再领取商业单据。

不论是即期付款交单还是远期付款交单，进口商必须在付清货款之后，才能取得单据，提取或转售货物。在远期付款交单条件下，如果付款日期和实际到货日期基本一致，仍不失为对买方的一种资金融通，进口人可以不必在到货之前提前付款。但如果付款日期晚于到货日期，买方为了抓住有利条件，不失时机地转售货物，可以采取两种做法。一种做法是在付款到期日之前提前付款赎单，扣除提前付款日至原付款到期日之间的利息，作为买方享受的一种提前付款的现金折扣。另一种做法，也是欧美国家银行的通常业务，即代收行对于资信较好的进口人，允许进口人凭信托收据（Trust Receipt）借取货运单据，先行提货。所谓信托收据，就是进口人借单时提供的一种信用担保书面文件，用来表示愿意以代收行的受托人身份代为提货、报关、存仓、保险、出售，并承认货物所有权仍属于银行。货物售出后所得的货款，应于汇票到期时交予银行。这是代收行自己向进口人提供的信用便利，而与出口人无关。因此，如代收行借出单据后，到期不能收到货款，则代收行应对委托人负全部责任。但如系出口人指示代收行借单，就由出口人主动授权银行凭信托收据借单给进口人，即所谓“远期付款交单凭信托收据借单”（D/P·T/R），那么进口人在承兑汇票后可以凭信托收据先行借单提货。日后如果进口人在汇票到期时拒付，则与银行无关，应由出口人自己承担风险。这种做法的性质与承兑交单差不多，因此，使用时必须从严掌握。

（2）承兑交单（Documents against Acceptance，简称 D/A）。

承兑交单是指出口人的交单以进口人在汇票上承兑为条件，即出口人在装运货物后开具远期汇票，连同商业单据，通过银行向进口人提示，进口人承兑汇票后，代收银行即将商业单据交给进口人，在汇票到期时，才履行付款义务。承兑交单方式只适用于远期汇票的托收。承兑交单是进口人只要在汇票上办理承兑之后，即可取得商业单据，凭此提取货物。也就是说，出口人先交出商业单据，其收款的保障依赖进口人的信用，一旦进口人到期不付款，出口人便会遭受货物与货款全部落空的损失。因此，出口人对这种方式，一般采取很慎重的态度。

4. 托收的性质及其利弊

托收的性质为商业信用。银行办理托收业务时，只是按委托人的指示办事，并无承担付款人必然付款的义务。如进口人破产或丧失清偿债务的能力，出口人则可能收不回或晚收到货款。在进口人拒不付款赎单后，除非事先约定，银行没有义务代为保管货物。如货物已到达，将会发生在进口地办理提货、交纳进口关税、存仓、保险、转售以至被低价拍卖或被运回国内的损失。在承兑交单条件下，进口人只要在汇票上办理承兑手续，即可取得商业单据，凭此提取货物；出口人收款的保障就是进口人的信用，一旦进口人到期不付款，出口人便会遭受货款全部落空的损失。所以，承兑交单比付款交单的风险更大。跟单托收对出口人虽有一定的风险，但对进口人却很有利，不但可免去申请开立信用证的手续，不必预付银行押金，减少费用支出，而且有利于资金融通和周转。由于托收对进口商有利，所以在出口业务中采用托收，有利于调动进口商采购货物的积极性，从而有利于促进成交和扩大出口，故许多出口人把采用托收作为推销库存货和加强对外竞销的手段。

5. 国际商会《托收统一规则》

为统一托收业务的做法，减少托收业务各有关当事人可能产生的矛盾和纠纷，1958 年国际商会草拟《商业单据托收统一规则》（Uniform Rules for

Collection of Commercial Paper）（国际商会第 192 号出版物），并建议各国银行采用。此后，经过多次的修订，1978 年改称《托收统一规则》。20 世纪 90 年代，国际经济贸易有了很大的发展和变化。1995 年，国际商会对《托收统一规则》再次修订，公布新的修订本，即国际商会第 522 号出版物（*Uniform Rules for Collection*，ICC Publication No. 522），简称《URC522》），自 1996 年 1 月 1 日起实施。

《URC522》包括 7 部分，共 26 条，其主要内容及新增条款如下：

（1）托收指示中须注明该项托收应按照《URC522》办理。第 4 条规定：所有送往托收的单据必须附有一项托收指示，注明该项托收将遵循《托收统一规则》第 522 号文件并且列出完整和明确的指示。银行只准允根据该托收指示中的命令和本规则。

（2）不提倡 D/P 远期。根据第 7 条的规定，托收不应含有远期汇票而又同时规定商业单据要在付款后才交付。如果托收包含有远期付款的汇票，托收指示书应注明商业单据是凭承兑交单（D/A）交付款人而不是凭付款交单（D/P）交付款人。如果无此项注明，商业单据仅能凭付款交单，代收行对因迟交单据产生的任何后果不负责任。

（3）银行及其指定人不应为收货人，银行只处理单据而不处理货物或代表货物的合同。银行对跟单托收项下的货物没有义务采取任何行动，包括对货物的仓储和投保。

（4）银行必须核实其所收到的单据与托收指示所列的内容表面是否相符，若发现单据缺少，银行有义务用电信或其他快捷方式通知发出托收指示的一方。除此之外，银行没有进一步审核单据的义务。

（5）托收如被拒绝付款或拒绝承兑，提示行应向托收行发出拒付通知，托收行在收到此项通知后，必须对单据的处理给予相应的指示。提示行如在发生拒绝付款或拒绝承兑通知后 60 天内仍未收到此项指示，可将单据退回托收银行，不再负任何责任。

《托收统一规则》自公布实施以来，被各国银行所采用，已成为托收业务的国际惯例。

6. 使用托收方式应注意的问题

为了加强对外竞销能力和扩大出口，在我国出口业务中，针对不同商品、不同贸易对象和不同国家与地区的贸易习惯做法，适当采用托收方式是必要的，如运用得当也是有利的。为了有效地利用托收方式，必须注意下列事项：

（1）调查和考虑进口人的资信情况和经营作风，成交金额应妥善掌握，不宜超过其信用额度。

（2）了解进口国（地区）的贸易管制和外汇管制条例，以免货到目的地后，由于不准进口或收不到外汇而造成损失。

（3）了解进口国（地区）的商业惯例，以免由于当地习惯做法影响收汇的安全迅速。

（4）出口合同应争取按 CIF 或 CIP 条件成交，由出口人办理货运保险，或投保出口信用险。在不采取 CIF 或 CIP 条件时，应投保卖方利益险。

（5）对托收方式的交易，要建立健全的管理制度，定期检查，及时催收清理，发现问题应迅速采取措施，以避免或减少可能发生的损失。

7. 合同中的托收条款

（1）即期付款交单。

"买方应凭卖方开具的即期跟单汇票于见票时立即付款，付款后交单。"

（Upon first presentation the Buyers shall pay against documentary draft drawn by the Sellers at sight. The shipping documents are to be delivered against payment only.）

（2）远期付款交单。

"买方对卖方开具的见票后××天付款的跟单汇票，于第一次提示时即予以承兑，并应于汇票到期日即予付款，付款后交单。"

（The Buyers shall duly accept the documentary draft drawn by the Sellers at ×× days sight upon first presentation and make payment on its maturity. The shipping documents are to be delivered against payment only.）

（3）承兑交单。

"买方对卖方开具的见票后××天付款的跟单汇票，于第一次提示时即予以承兑，并应于汇票到期日付款，承兑后交单。"

（The Buyers shall duly accept the documentary draft drawn by the Sellers at ×× days sight upon first presentation and make payment on its maturity. The shipping documents are to be delivered against acceptance.）

三、信用证付款

信用证（Letter of Credit，简称 L/C）支付方式是随着国际贸易的发展，在银行与金融机构参与国际贸易结算的过程中逐步形成的。

（一）信用证的含义及其当事人

1. 信用证的含义

根据国际商会《跟单信用证统一惯例》的解释，信用证是指由银行（开证行）依照买家（申请人）的要求和指示或者自己主动，在符合信用证条款的条件下，凭规定单据：

——向第三者（受益人）或其指定的人进行付款，或承兑和（或）支付受益人开立的汇票，或

——授权另一银行进行该项付款，或承兑和支付汇票，或

——授权另一银行议付。

简言之，信用证是一种银行开立的有条件的承诺付款的书面文件。

2. 信用证的当事人

信用证的当事人主要有：

（1）开证申请人（Applicant）。

开证申请人是指向银行申请开立信用证的人，即进口人或实际买方，在信用证中又称开证人（Opener）。如由银行自己主动开立信用证，此种信用证所涉及的当事人中，则没有开证申请人。

（2）开证银行（Opening Bank，Issuing Bank）。

开证银行是指接受开证申请人的委托，开立信用证的银行，它承担保证付款的责任。开证行一般是进口人所在地的银行。

（3）通知银行（Advising Bank，Notifying Bank）。

通知银行是指受开证行的委托，将信用证转交出口人的银行。它只证明信用证的真实性，并不承担其他义务。通知银行是出口人所在地的银行。

（4）受益人（Beneficiary）。

受益人是指信用证上所指定的有权使用该证的人，即出口人或实际供货人。

（5）议付银行（Negotiating Bank）。

议付银行是指愿意买入受益人交来的跟单汇票的银行。议付银行可以是指定的银行，也可以是非指定的银行，由信用证的条款来规定。

（6）付款银行（Paying Bank，Drawee Bank）。

付款银行是信用证上指定付款的银行。在多数情况下，付款银行就是开证行，也可以是开证行指定的另一家银行，根据信用证条款的规定来决定。

（二）信用证方式的一般收付程序

采用信用证方式结算货款，从进口人向银行申请开出信用证，一直到开证行付款后又向进口人收回垫款，其中经过多道环节，并需要办理各种手续。由于信用证的种类不同，信用证条款有着不同的规定，这些环节和手续也是有简有繁。其基本收付程序如下：

1. 进出口人在买卖合同中规定使用信用证方式支付。

2. 进口人向当地银行提出申请，填写开证申请书，依照合同填写各项规

定和要求，并交纳押金或提供其他保证，请银行（开证行）开证。

3. 开证行根据申请书的内容，向出口人（受益人）开出信用证，并寄交出口人所在地分行或代理行（统称通知行）。

4. 通知行核对印鉴无误后，将信用证交出口人。

5. 出口人审核信用证与合同相符后，按信用证规定装运货物，并备齐各项货运单据，开出汇票，在信用证的有效期内，送请当地银行（议付行）议付。议付行按信用证条款审核单据无误后，按照汇票金额扣除利息，把货款垫付给出口人。

6. 议付行将汇票和货运单据寄开证行（或其指定的付款行）索偿。

7. 开证行（或其指定的付款行）核对单据无误后，付款给议付行。

8. 开证行通知进口人付款赎单。

（三）信用证的主要内容

信用证虽然没有统一的格式，但其基本项目是相同的，主要包括：

1. 对信用证本身的说明。如信用证的种类、性质、有效期和到期地点等。

2. 对货物的要求。如货物的名称、品种、规格、数量、包装、金额、价格等。

3. 对运输的要求。装运的最后期限、起运地和目的地、运输方式、可否分批装运和可否中途转运等。

4. 对单据的要求。单据主要分为 3 类：（1）货物单据（以发票为中心，包括装箱单、重量单、产地证、商检证明书等）；（2）运输单据（如提单，这是代表货物所有权的凭证）；（3）保险单据（保险单）。除上述 3 类单据外，还可能有其他单证，如寄样证明、装船通知电报副本等。

5. 特殊要求。根据进口国（地区）政治经济贸易情况的变化或每一笔具体业务的需要，可以做出不同的规定，如要求通知行加保兑；限制由某银行议付；待具备规定的条件，信用证方始生效等。

6. 开证行对受益人及汇票持有人保证付款的责任条款，根据国际商会《跟单信用证统一惯例》开立的文句，开证行签字和密押等。

（四）信用证支付方式的特点与作用

1. 信用证支付方式的特点

根据《跟单信用证统一惯例》（国际商会第 500 号出版物，简称《UCP500》[①]），信用证支付方式有以下 3 个特点：

---

① 2006 年，国际商会对《跟单信用证统一惯例》再次修订，形成《跟单信用证统一惯例（2006 年修订）》（国际商会第 600 号出版物，简称《UCP600》）。

（1）信用证是一种银行信用。

信用证支付方式是一种银行信用，由开证行以自己的信用做出付款的保证。在信用证付款的条件下，银行处于第一付款人的地位。《UCP500》规定，信用证是一项约定，按此约定，根据规定的单据在符合信用证条件的情况下，开证银行向受益人或其指定人进行付款、承兑或议付。信用证开出后，便构成开证行的确实承诺。可见，信用证开出后，开证银行是第一付款人。在信用证业务中，开证银行对受益人的责任是一种独立的责任。

（2）信用证是一种自足的文件。

信用证的开立以买卖合同作为依据，但信用证一经开出，就成为独立于买卖合同以外的另一种契约，不受买卖合同的约束。《UCP500》规定，信用证与其可能依据的买卖合同或其他合同，是相互独立的交易。即使信用证中提及该合同，银行也与该合同无关，且不受其约束，因此，信用证是独立于有关合同以外的契约，是一种自足的文件。银行的付款、承兑并支付汇票及/或履行信用证项下其他义务的承诺，不受申请人与开证行之间或与受益人之间在已有关系下产生的索赔或抗辩的约束。开证行和参与信用证业务的其他银行只按照信用证的规定办理信用证业务。

（3）信用证是一种单据的买卖。

在信用证方式之下，实行的是凭单付款的原则。《UCP500》规定：在信用证业务中，各有关方面处理的是单据，而不是与单据有关的货物、服务及/或其他行为。所以，信用证业务是一种纯粹的单据业务。在信用证业务中，只要受益人或其指定人提交的单据符合信用证规定，开证行就应承担付款或承兑并支付的责任。反之，单据与信用证规定不符，银行有权拒绝付款。但应指出，按照《UCP500》的规定，银行虽有义务"合理小心地审核一切单据"，但这种审核，只是用以确定单据表面上是否符合信用证条款，开证银行只根据表面上符合信用证条款的单据付款。因此，"银行对任何单据的形式、完整性、准确性、真实性，以及伪造或法律效力，或单据上规定的或附加的一般和/或特殊条件，概不负责"。所以在信用证条件下，实行所谓"严格符合的原则"。"严格符合的原则"不仅要做到"单证一致"，即受益人提交的单据表面上与信用证规定的条款一致，还要做到"单单一致"，即受益人提交的各种单据之间表面应一致。

2. 信用证支付方式的作用

采用信用证支付方式，给进出口双方及银行都带来一定的好处。信用证在国际贸易结算中的作用，主要表现在以下方面。

（1）对出口商的作用。

①保证出口商凭单取得货款。

信用证支付的原则是单证严格相符，出口商交货后提交的单据，只要做到与信用证规定相符，“单证一致，单单一致”，银行就保证支付货款。在信用证支付方式下，出口商交货后不必担心进口商到时不付款，因为是由银行承担付款责任，这种银行信用要比商业信用可靠。因此，信用证支付为出口商收取货款提供了较为安全的保障。

②可以取得资金融通。

出口商在交货前，可凭进口商开来的信用证作抵押，向出口地银行借取打包贷款（Packing Credit），用以收购、加工、生产出口货物和打包装船；或出口商在收到信用证后，按规定办理货物出运，并提交汇票和信用证规定的各种单据，作押汇取得货款。这是出口地银行对出口商提供的资金融通，从而有利于资金周转、扩大出口。

（2）对进口商的作用。

①保证按时、按质、按量收到货物。

进口商申请开证时可以通过控制信用证条款来约束出口商交货的时间、交货的品质和数量，如在信用证中规定最迟的装运期限，以及要求出口商提交由信誉良好的公证机构出具的品质、数量或重量证明书等，保证进口商收货的时间和按质按量收到货物。

②提供资金融通。

进口商在申请开证时，通常要交纳一定的押金，如开证行对进口商比较信任，认为资信较好，进口商就可少交或免交部分押金，因而在没有过早、过多地占用资金的情况下就履行了开证的义务。如果用远期信用证时，进口商还可以凭信托收据（Trust Receipt）向银行借单，先行提货、转售，到期再付款，这就为进口商提供了资金融通的便利。

（3）对银行的作用。

开证行接受进口商的开证申请，即承担开立信用证和付款的责任，这是银行以自己的信用做出的保证，以银行信用代替了进口商的商业信用。所以，进口商在申请开证时要向银行交付一定的押金或担保品，为银行利用资金提供便利。此外，在信用证业务中，银行每提供一项服务均可取得各种收益，如开证费、通知费、议付费、保兑费、修改费等。因此，承办信用证业务是各银行的业务项目之一。在国际贸易结算中，信誉良好、作风正派的银行以及高质量的服务又促进了信用证业务的发展。

（五）信用证的种类

根据其性质、期限、流通方式等不同标准，信用证可分为不同的种类。

1. 跟单信用证和光票信用证

以信用证项下的汇票是否附有货运单据为划分标准，信用证可分为跟单信用证和光票信用证。

（1）跟单信用证（Documentary L/C）。

跟单信用证是开证行凭跟单汇票或仅凭单据付款的信用证。单据是指代表货物或证明货物已交运的单据，前者指提单，后者指铁路运单、航空运单、邮包收据等。跨境国际贸易所使用的信用证大部分是跟单信用证。

（2）光票信用证（Clean L/C）。

光票信用证是指开证行凭不附单据的汇票付款的信用证。有的信用证要求汇票附有非货运单据，如发票、垫款清单等，也属光票信用证。在采用信用证方式预付货款时，通常采取光票信用证。

2. 不可撤销信用证和可撤销信用证

以开证行所负的责任为标准，信用证可以分为不可撤销信用证和可撤销信用证。

（1）不可撤销信用证（Irrevocable L/C）。

不可撤销信用证是指信用证一经开出，在有效期内，未经受益人及有关当事人的同意，开证行不得片面修改和撤销，只要受益人提供的单据符合信用证的规定，开证行必须履行付款义务。这种信用证对受益人较有保障，在国际贸易中，使用最为广泛。凡是不可撤销信用证，在信用证中应注明“不可撤销”（Irrevocable）字样，并载有开证行保证付款的文字。

（2）可撤销信用证（Revocable L/C）。

可撤销信用证是指开证行对所开的信用证不必征得受益人或有关当事人的同意有权随时撤销或修改的信用证。凡是可撤销信用证，应在信用证上注明“可撤销”字样。这种信用证对出口人极为不利，因此出口人一般不接受这种信用证。需要指出的是，开证银行撤销或修改可撤销信用证的权利，并非漫无限制。按照《UCP500》的规定，只要受益人按照信用证条款规定已得到了议付、承兑或延期付款保证，该信用证即不能被撤销或修改。也就是说，只要可撤销信用证已先被受益人利用，则开证银行撤销或修改通知即不发生效力。鉴于国际上开立的信用证，绝大部分是不可撤销的，因此，在《UCP500》中规定，如信用证中未注明“不可撤销”或“可撤销”的字样，应视为不可撤销信用证。

3. 保兑信用证和不保兑信用证

按有另一银行加以保证兑付，信用证可分为保兑的信用证和不保兑的信用证。

(1) 保兑信用证 (Confirmed L/C)。

保兑信用证是指开证行开出的信用证，由另一银行保证对符合信用证条款规定的单据履行付款义务。对信用证加保兑的银行，叫做保兑行 (Confirming Bank)。

按照《UCP600》的规定，信用证一经保兑，即构成保兑行在开证行以外的一项确定承诺，保兑行与开证行一样承担付款责任，保兑行是以独立的“本人” (Principal) 身份对受益人独立负责，并对受益人负首先付款责任。保兑行付款后对受益人或其他前手无追索权。

信用证的“不可撤销”是指开证行对信用证的付款责任。“保兑”则是指开证行以外的银行对信用证的付款责任。不可撤销的保兑的信用证，则意味着该信用证不但有开证行不可撤销的付款保证，而且还有保兑行的兑付保证。两者的付款人均负有第一性的付款责任。所以，这种有双重保证的信用证对出口商最为有利。保兑行的付款责任，是以规定的单据在到期日或以前向保兑行提交并符合信用证的条款为条件的。保兑行通常是通知行，有时也可以是出口地的其他银行或第三国（地区）银行。保兑的手续一般是由保兑银行在信用证上加列保兑文字。

(2) 不保兑信用证 (Unconfirmed L/C)。

不保兑信用证是指开证银行开出的信用证没有经另一家银行保兑。当开证银行资信好和成交金额不大时，一般均使用这种不保兑的信用证。

4. 即期付款信用证、延期付款信用证、承兑信用证和议付信用证

按付款方式的不同，信用证可分为即期付款信用证、延期付款信用证、承兑信用证和议付信用证。《UCP600》中明确指出：一切信用证都必须清楚地表明该证适用于即期付款、延期付款、承兑或议付。

(1) 即期付款信用证 (Sight Payment L/C)。

即期付款信用证是指采用即期兑现方式的信用证，证中通常注明“付款兑现” (Available by Payment) 字样。即期付款信用证一般不要求受益人开立汇票。即期付款信用证的付款行可以是开证行，也可以是出口地的通知行或指定的第三国（地区）银行。如开证行自身是付款行，开证行应履行即期付款的承诺；如由通知行或第三国（地区）银行任付款行，开证行应保证该款的即期照付。付款行一经付款，对受益人均无追索权。以出口地银行为付款人的即期付款信用证的交单到期地点在出口地，便于受益人交单取款，可以及时地取得资金。所以，这种信用证对受益人最为有利。而付款行为开证行本身或第三国（地区）银行，交单到期地点通常规定在付款行所在地，受益人要承担单据在邮寄过程中遗失或延误的风险。

（2）延期付款信用证（Deferred Payment L/C）。

延期付款信用证是指开证行在信用证中规定货物装船后若干天付款，或开证行收单后若干天付款的信用证。延期付款信用证不要求出口商开立汇票，所以出口商不能利用贴现市场资金，只能自行垫款或向银行借款。在出口业务中，若使用这种信用证，货价应比银行承兑远期信用证高一些，以拉平利息率与贴现率之间的差额。对成交金额较大、付款期限较长的资本货物的交易，常要与政府的出口信贷结合起来使用。对于延期付款信用证，开证行必须在信用证条款可以确定的日期进行付款或保证该款的照付。

（3）承兑信用证（Acceptance L/C）。

承兑信用证是指要使用汇票的远期信用证，汇票的付款人在收到符合信用证规定的汇票和单据时，先在汇票上履行承兑手续，待汇票到期日再行付款。

按照《UCP600》的规定，开立信用证时不应以申请人作为汇票的付款人。承兑信用证的汇票付款人可以是开证行或其他指定的银行，不论由谁承兑，开证行均负责该汇票的承兑及到期付款。因规定以开证行或其他银行为汇票付款人，故这种信用证又被称为银行承兑信用证（Bankers Acceptance L/C）。这种信用证的汇票，由于承兑人是银行，较易到贴现市场去转让，所以对受益人就比较有利。承兑信用证一般适用于远期付款的交易。

（4）议付信用证（Negotiation L/C）。

议付信用证是指开证行允许受益人向某一指定银行或任何银行交单议付的信用证。

议付是指由议付行对汇票和（或）单据付出对价。只审单据而不支付对价，不能构成议付。

议付信用证又可分为公开议付信用证和限制议付信用证。

①公开议付信用证（Open Negotiation L/C），又称自由议付信用证（Freely Negotiation L/C），是开证行对愿意办理议付的任何银行做公开议付邀请和普遍付款承诺的信用证，即指任何银行均可按信用证条款自由议付的信用证。

②限制议付信用证（Restricted Negotiation L/C），是指开放银行指定某一银行或开证行本身进行议付的信用证。在限制议付信用证中，通常有下列限制议付文字：本证限××银行议付（Negotiation under this credit are restricted to ×× Bank.）。

公开议付信用证和限制议付信用证的到期地点都在议付行所在地。这种信用证经议付后，如因故不能向开证行索得票款，议付行有权对受益人行使追索权。

“议付”是指被授权议付的银行对汇票及/或单据付出对价的行为，而“付款”则是开证行或其指定的代付行向信用证受益人或其代理人进行付款或支付其出具的汇票的行为。“议付”与“付款”的主要区别之一，还在于议付行如因开证行无力偿付等原因而未能收回款项时，可向受益人追索，而开证行、保兑行或指定付款行一经付款就无权向受款人及其前手进行追索。

5. 可转让信用证和不可转让信用证

根据受益人对信用证的权利可否转让，信用证分为可转让信用证和不可转让信用证。

（1）可转让信用证（Transferable Credit）。

可转让信用证是指信用证的受益人（第一受益人）可以要求授权付款、承担延期付款责任、承兑或议付的银行（统称“转让银行”），或当信用证是自由议付时，可以要求信用证中特别授权的转让银行，将信用证全部或部分转让给一个或数个受益人（第二受益人）使用的信用证。

根据《UCP500》的规定，唯有开证行在信用证中明确注明“可转让”(Transferable)，信用证方可转让。如信用证注明“可分割（Divisible）”“可分开（Fractionable）”“可让渡（Assignable）”和“可转移（Transmissible）”等文字，并没有使信用证可以转让，如使用这类文字，银行可以不予理会。

可转让信用证只能转让一次，即只能由第一受益人转让给第二受益人，第二受益人不得要求将信用证转让给其后的第三受益人。但是，再转让给第一受益人，不属于被禁止转让的范畴。如果信用证不禁止分批装运，在总和不超过信用证金额的前提下，可分别按若干部分办理转让，该项转让的总和将被认为只构成信用证的一次转让。

信用证只能按原证的规定条款转让，但信用证金额、商品的单价、到期日、交单日及最迟装运日期可以减少或缩短，保险加保比例可以增加。信用证申请人可以变动。信用证在转让后，第一受益人有权以自身的发票（和汇票）替换第二受益人的发票（和汇票），其金额不得超过信用证规定的原金额，如信用证规定了单价，应按原单价开立。在替换发票（和汇票）时，第一受益人可在信用证项下取得自身发票和第二受益人发票之间的差额。

在实际业务中，要求开立可转让信用证的第一受益人，通常是中间商。为了赚取差额利润，中间商可将信用证转让给实际供货人，由供货人办理出运手续。但信用证的转让并不等于买卖合同的转让，如第二受益人不能按时交货或单据有问题，第一受益人（即原出口人）仍要负买卖合同中的卖方责任。

（2）不可转让信用证（Non-transferable Credit）。

不可转让信用证是指受益人不能将信用证的权利转让给他人的信用证。凡信用证中未注明“可转让”者，就是不可转让信用证。

6. 转开信用证（Back to Back Credit）

转开信用证又称对背信用证，是指受益人要求原证的通知行或其他银行以原证为基础，另开出一张内容相似的新信用证。转开信用证的受益人可以是国外的，也可以是国内的，转开信用证的开证银行只能根据不可撤销信用证来开立。

转开信用证的开立通常是中间商转售他人货物，从中图利，或两国不能直接办理进出口贸易时，通过第三者以此种方法来进行贸易。这种贸易是由三方即出口商、中间商、进口商签订两份买卖合同。按照中间商与进口商签订的第一份合同开出的信用证称为原信用证（Original Credit）；按照中间商与出口商签订的第二份合同开出的第二张信用证，称为转开信用证，也称从属信用证（Subsidiary Credit）。原信用证的受益人就是转开信用证的开证申请人；原信用证的通知行，往往是转开信用证的开证行。新证开出后，原证仍然有效。

转开信用证的内容除开证人、受益人、金额、单价、装运期限、有效期限等可有变动外，其他条款一般与原证的相同。原信用证价格高于转开信用证的价格，高低的差额就是中间商赚取的利润或佣金。关于装运期限，转开信用证的装运期应早于原信用证的规定。转开信用证的受益人按规定履行交单，开证行对受益人付款后，便立即要求原证的受益人提供符合原证条款的商业发票和汇票，以便调换转开信用证受益人提供的商业发票及汇票，然后附上货运单据寄往原证的开证行收汇。

（六）国际商会《跟单信用证统一惯例》

随着跨境国际贸易的发展，信用证方式逐渐成为跨境国际贸易中通常使用的一种支付方式。但是，由于对跟单信用证有关当事人的权利、责任、付款的定义和术语在国际上缺乏统一的解释和公认的准则，各国银行根据各自的习惯和利益自行规定办事。所以，信用证各有关当事人之间的争议和纠纷经常发生，特别是在爆发经济危机、市场不景气的时候，进口商和开证银行往往挑剔单据上某些内容不符要求，借口提出异议，拖延甚至拒绝付款，以致引起司法诉讼。国际商会为了减少因解释不同而引起的争端，调和各有关当事人之间的矛盾，于 1930 年拟订《商业跟单信用证统一惯例》（Uniform Customs and Practice for Commercial Documentary Credit），并于 1933 年正式公布，建议各国银行采用，以后随着跨境国际贸易变化，国际商会于 1951 年、1962 年、1974 年和 1983 年先后对此惯例进行修订。

随着国际运输工具和运输方式的发展变化，通信工具的电子化、网络化和计算机的广泛使用，跨境国际贸易、运输、保险、单据处理和结算工作也发生了巨大的变化。为了适应时代的发展，国际商会于1993年对《跟单信用证统一惯例》进行修订，称为国际商会第500号出版物（简称《UCP500》），并于1994年1月1日施行。《UCP500》共49条，包括：总则和定义、信用证的形式和通知、责任与义务、单据、杂项规定、可转让信用证和款项让渡等7个部分。

2006年，为了顺应时代变迁和科技发展，国际商会修订并通过了《UCP600》，于2007年7月1日起生效。《UCP600》共39条、比《UCP500》减少10条，但却比《UCP500》更准确清晰，更易读、易掌握、易操作。

国际商会《跟单信用证统一惯例》不是国际性的法律规章，但它已为各国银行普遍接受，成为一种国际惯例。在我国对外出口业务中，如采用信用证支付方式，国外来证绝大多数均加注：除另有规定外，本证根据国际商会《跟单信用证统一惯例（2006年修订）》即国际商会第600号出版物办理。（Except so far as otherwise expressly stated, this credit is subject to Uniform Customs and Practice for Documentary Credits (2006 Revision) International Chamber of Commerce Publication No. 600.）

四、各种支付方式的综合选用

选择和运用各种不同的支付方式，应在贯彻我国跨境贸易方针政策的前提下，从保障外汇资金安全、加速资金周转、扩大贸易往来等因素来考虑。为了适应我国跨境贸易发展的需要，必须在认真研究国际市场各种惯用的支付方式的基础上，灵活地加以运用。

在出口业务中，一般情况下，采用即期信用证，收汇比较迅速、安全。如果需要采用远期信用证，计算价格时，应将利息因素考虑在内。为了促进某些商品出口，可针对有些地区的特点，对某些资信较好的买家，采用付款交单（D/P）作为竞争的手段。但采用承兑交单（D/A）应慎重从事。

在实践中，有时为了促成交易，在双方未能就某一种支付方式达成协议时，也可以采用两种或多种方式结合使用的方式，常见的如下：

（一）信用证与汇付相结合

这种方式是指部分货款用信用证支付，余数用汇付方式结算。例如，对于矿砂等初级产品的交易，双方约定，信用证规定凭装运单据先付发票金额的若干成，余数待货到目的地后，根据检验的结果，按实际品质或重量计出确切的金额，另用汇付方式支付。

(二) 信用证与托收相结合

这种方式是指部分货款用信用证支付，余数用托收方式结算。一般做法是，信用证规定出口人开立两张汇票，属于信用证部分的货款凭光票付款，而全套单据附在托收部分汇票项下，按即期或远期付款交单方式托收。但信用证上必须订明“在发票金额全部付清后才可交单”的条款，以策安全。

(三) 汇付、托收、信用证三者相结合

在成套设备、大型机械产品和交通工具的交易中，因为成交金额较大、产品生产周期较长，一般采取按工程进度和交货进度分若干期付清货款，即分期付款和延期付款的方法，一般采用汇付、托收和信用证相结合的方式。

1. 分期付款（Pay by Instalments）

买卖双方在合同中规定，在产品投产前，买方可采用汇付方式，先交部分货款作为订金，卖方在买方付出订金前，应向买方提供出口许可证影印本和银行开具的保函。除订金外，其余货款，可按不同阶段分期支付，买方开立不可撤销的信用证，即期付款，但最后一笔货款，一般是在交货或卖方承担质量保证期满时付清。货物所有权则在付清最后一笔货款时转移。在分期付款的条件下，货款在交货时付清或基本付清。因此，按分期付款条件所签订的合同是一种即期合同。

2. 延期付款（Deferred Payment）

在成套设备和大宗交易的情况下，由于成交金额较大，买方一时难以付清全部货款，可采用延期付款的办法。其做法是，买卖双方签订合同后，买方一般要预付一小部分货款作为订金。有的合同还规定，按工程进度和交货进度分期支付部分货款，但大部分货款是在交货后若干年内分期摊付，即采用远期信用证支付。延期支付的那部分货款，实际上是一种赊销，等于是卖方向买方提供的商业信贷，因此，买方应承担延期付款的利息。在延期付款的条件下，货物所有权一般在交货时转移。

采用延期付款时，其做法虽与分期付款类似，但两者有所不同，主要区别是：

（1）货款清偿程度不同。采用分期付款时，其货款是在交货时付清或基本付清；而采用延期付款时，大部分货款是在交货后一个相当长的时间内分期摊付。

（2）所有权转移时间不同。采用分期付款时，只要付清最后一笔货款，货物所有权即行转移；而采用延期付款时，货物所有权一般在交货时转移。

（3）支付利息费用不同。采用分期付款，买方没有利用卖方的资金，因而不存在利息问题；而采用延期付款时，由于买方利用卖方的资金，所以买

方需向卖方支付利息。

延期付款是买方利用外资的一种形式，一般货价较高。因此，在延期付款条件签订合同时，应结合利息、费用和价格等因素进行考虑，权衡得失，然后做出适当抉择。

第三节 跨境电商报价的构成及公式

一、跨境电商报价的构成

生产性企业，如工厂的成本包括原材料成本，生产工人工资、奖金及福利，房租费用，各种税收（如房产税、增值税、个人所得税，等等），设备折旧，银行贷款利息，管理费用，燃料与动力费用，包装费，运输费用，等等。

经营性企业，如外贸公司的成本包括员工工资、奖金及福利，房租水电费，银行贷款利息，研发费用，样品费，国际快递费，差旅费，通信费，参展费，商检费，认证费，报关费，港杂费，查验费，保险费，佣金，等等。

不论是 B2B 企业还是 B2C 企业，都需要加上各电商平台的费用。比如，阿里巴巴国际站每年有 39800 万元人民币的基础费用，再加上 RFQ 和 P4P 等的费用。亚马逊的企业卖家的平台费每月 39. 99 美元，还需加上 15%的佣金。此外，亚马逊收款账户，如派安盈（Payoneer）卡等要收取 1%的收款费用，再加上 2%的转账到国内账户的费用，还有各种站内推广活动，如 DOTD（镇店之宝）、LD（秒杀）、BD（划算）等均有相应收费。

二、报价公式

收入+出口退税=成本+费用+利润

$$\text{FOB}=\frac{(\text{产品含税成本}+\text{国内费用}-\text{出口退税额}+\text{利润额})}{\text{汇率}}$$

$$\text{CFR}=\frac{(\text{产品含税成本}+\text{国内费用}-\text{出口退税额}+\text{利润额})}{\text{汇率}}+\text{运费}$$

$$\text{CIF}=\frac{(\text{产品含税成本}+\text{国内费用}-\text{出口退税额}+\text{利润额})}{\text{汇率}}+\text{运费}+\text{保险费}$$

出口退税额=发票上可以退税的金额×出口退税率

发票上可以退税的金额=发票总金额/（1+增值税税率）

根据《财政部、国家税务总局关于调整增值税税率的通知》(财税〔2018〕32号)，自2018年5月1日起，纳税人发生增值税应税销售行为或者进口货物，原适用17%和11%增值税税率的，税率分别调整为16%、10%。原适用17%税率且出口退税为17%的出口货物，出口退税率调整至16%，原适用11%税率且出口退税率为11%的出口货物、跨境应税行为，出口退税率调整至10%。

第四节 跨境电商报价的谈判技巧

一、让对方先表态

在谈判过程中，如果能够让对方首先开口表态，己方就会占有一定的优势。之所以如此，主要有以下原因：(1) 对方的第一次报价可能比己方预期的要高；(2) 可以让己方在和对方展开实质性的交流之前对对方有更多的了解；(3) 可以帮助己方限定对方的价格范围。

如果对方首先报价，己方就可以把对方的价格限定在己方所设定的价格范围内，这样即便双方最终选取了中间价格，己方也可以得到自己想要的价格。可如果己方先表态，对方也可以采用这种方法，最后双方对价格进行折中，最终的价格就会是对方所想要的价格。

对于一位丝毫没有谈判经验的人来说，这听起来可能有些不大对劲。比如，你的邻居有一辆摩托车。这位邻居已经在这里住了3年，你从未见到他骑着这辆摩托车出门。所以你想，如果价格合适的话你可能会考虑把它买下来。当你告诉这位邻居你有意购买他的摩托车时，这人顿时变得贪婪起来："这辆摩托车是全新的。买了3年，我甚至连包装都没撕开。如果你想要的话，1.2万美元，一分钱也不能少。"所以，如果让对方先报价，你就很难达成自己想要的价格，甚至无法限定一个价格范围。如果他想要1.2万美元，而你只愿意付4000美元的话，你必须先让对方将价格降低到4000美元，然后才能谈判。在对方报价之前，你可以通过以下几种方法限定对方的报价范围：

你可以哭穷——"××，我想我根本买不起你的摩托车，可我感觉你好像从来没用过它，所以你干脆处理掉算了。"

你可以使用更高权威策略——"××，我太太要是知道我打算买这辆摩托车的话，非宰了我不可，不过……"

你也可以使用竞争策略——“××，我还看到一辆和你这辆差不多的摩托车，可与那辆摩托车的主人联系之前，我想我还是先问问你的价格。”

通过使用这些方法，你可以在对方开始报价之前就限定他的心理价位。一般来说，你对对方了解得越少，就越应该让对方首先报价。当然，如果双方都认为自己不应该首先报价的话，你不可能永远等下去，但只要情况允许，你就应该想办法让对方先报价。

如果能让对方首先报价，你还可以得到除价格之外的其他收获。有的谈判高手在谈判时会将谈判拖延很长时间。美国电影制片人萨姆·高德温（Sam Goldwyn）曾经想从达尔·扎纳克（Darry Zanuck）那里借调一名签约演员，可由于当时扎纳克正在开会，所以他始终联络不到对方。经过多次尝试接触之后，气急败坏的高德温坚决要求对方的秘书接通扎纳克的电话。当达尔·扎纳克终于接起电话时，先打电话过去的萨姆·高德温反而说：“达尔，我能为你做些什么呢？”

路易斯·克拉维兹（Lewis Kraviz）是亚特兰大的一名执行教练，他经常告诫队员要耐心，知道什么时候该闭嘴。一位刚刚被解雇的年轻球员，在寻找下一份工作时打算将薪资要求降低 2000 美元，降至 2. 8 万美元，但克拉维兹告诫他千万不要首先报价。结果在面试时，面试官开出了 3. 2 万美元的薪资。这位球员高兴得说不出话来，可那位面试官还以为他嫌待遇太低，于是将待遇提高到 3. 4 万美元。“在进行谈判时，首先开口的一方总是会落下风。”这位球员说道。

二、开出比正常高得多的价码

主要的法则之一就是，在开始和对手谈判时，你所开出的条件一定要高出你的期望。谈判的结果完全取决于你能在多大限度上抬高自己的要求。试想一下：

- 去商店购物时，你为什么总是会把价格压到你觉得对方根本不可能接受的地步？
- 当你觉得能分到一间私人办公室就已经不错时，为什么还是会想让你的上司给你专门分配一个套间呢？
- 找工作时，你为什么总是会提出高出自己心理预期的薪资和待遇要求呢？
- 当你对一家餐厅的饭菜感到不满意时，即便你认为对方只要把那道你不满意的菜免单就可以了，可为什么你还是会一开口就要对方全部免单呢？

如果认真考虑过这些问题，相信你就会知道为什么要在谈判时抬高自己的要求了。之所以这么做，最明显的原因是它可以让你有谈判的空间。总而言之，在谈判的开局阶段，你应该把条件抬到最高限度。这是你想达到的最理想的结局，但同时又会让对方感觉是合情合理的。

如果你对对方的情况了解得越少，刚开始谈判时就应该把条件抬得越高，原因有：

（1）你的估计可能是错误的。如果你不是很了解自己的对手，或者并不很了解他的需要，你可能并不知道他完全有可能接受比你预期更优厚的条件。

（2）如果在第一次和对方接触时把条件抬得很高，你就可以在接下来的谈判中做出较大的让步，这样你会显得比较合作。越是了解自己的对手和他的需要，你就越能在随后的谈判中调整自己的条件。

需要提醒的是，在开出条件之后，你一定要让对方感觉到你的条件是可以商量的。如果对方觉得你最初的条件过于出格，而且你的态度是“要么接受，要么走开”，那这场谈判或许根本就不会开始，因为对方很可能会想：看来我们根本没什么好谈的。可如果你让对方感觉你的条件是有弹性的，那即便在开始时报价出格也没关系。

如果你是直接从卖家那里购置房产，你可以告诉对方：“你的报价是 18 万美元，从你的角度来说，这似乎是一个非常合理的价位。可根据我的调查，我感觉自己可以接受的价位应该在 15 万美元左右。”听到此话后，对方很可能会想：“这简直太离谱了。这个价格根本没什么好谈的，可对方看起来也很有诚意，为什么不和对方认真谈谈呢，不妨看看对方能把价格提高到什么程度？”

如果你是在做推销，你可能会告诉对方：“或许在更加准确地了解你的需要之后，我们还可以做一些调整。可就目前的情况而言，从你下的订单数量、要求的包装质量及发货时间来看，我们所能给出的最优价格大约是每件 2. 25 美元。”听到这话后，对方可能会想：“这个价格简直太可笑了，不过似乎还有商量的余地。我不妨花点时间和他谈谈，看看能把价格压到多少。”

除非你已经是一名谈判高手了，否则你很可能经常会感觉这样做有些为难。你真正的最优价格可能比你想象中的要高很多，但由于我们不愿意被对方看成是“有些离谱”，所以我们都不愿意开出可能会让对方直接拒绝的条件。正是出于这种恐惧心理，你很可能会主动地降低最优价格，甚至要远低于对方可以接受的水平。

此外，开出高于你预期的条件可以大大地提高你的产品在对方心目中的价值。如果你是在申请一份工作，当你开出高出自己预期的薪资要求时，你会让对方感觉你很可能是一个有能力的人。如果你是在卖一辆车，当你开出比较高的价格时，对方很可能会觉得这辆车确实值这么多钱。这种策略可以使谈判双方避免陷入僵局。

之所以要在谈判开始时抬高条件，还有一个原因：这是唯一可以让对方在谈判结束时获得胜利感的方式。如果你在一开始就做出最大的让步，对方根本不会在谈判结束时有任何的胜利感，所以通常只有那些没有经验的谈判新手才会在谈判一开始便退到最底线。而真正的谈判高手往往非常清楚，在谈判开始时，一定要开出高于心理预期的条件。

接下来的问题就是：在下定决心开出高于心理预期的条件之后，你应该如何确定所开出的具体条件。要解决这个问题，首先需要清楚地界定自己的目标。通常情况下，你所开出的条件与对方开出的条件应该和双方最终成交的条件保持等距。

举几个简单的例子：

- 汽车经销商报价 1.5 万美元，你想出价 1.3 万美元，这样你第一次的报价可以是 1.1 万美元。
- 你是一名销售人员，买方出价每件 1.6 美元，你希望的价格是 1.7 美元，这时你可以从 1.8 美元开始谈起。这样，即使双方最终各让一半，你也可以达到自己的目的。

当然，并不是每次谈判双方都会各让一半，可在你没有得到更多信息之前，这是一个不错的预设。通常情况下，在双方进行谈判时，不妨假设最终会取中间价格，也就是双方第一次报价的平均价格。如果按照这种思路来谈判，可能你会吃惊地发现这种情况的确经常发生。在很多国家的文化中，取平均值似乎是一种相当公平的做法。

案例

在一次大型国际谈判中界定目标

1982 年，美国政府借给墨西哥政府一笔数额巨大的贷款，双方就回报问题展开了谈判。双方预订的贷款金额大概是 820 亿美元。墨方的首席谈判专家是当时的墨西哥财政部部长吉泽斯·赫佐格（Jesus Herzog），美方的谈判代表是当时美国的财政部部长唐纳德·里根（Donald Regan）以及联邦储备委员会主席保罗·沃尔克（Paul Volcker）。美国人提出了一个非常有创造性的解决方案，要求墨西哥政府提供给美国大量的石油，从而大大增加美国的战略石油储备，赫佐格表示同意。可这并非全部，美方要求墨方付给他们 1 亿美元的谈判经费，这笔钱本来应该是利息，但以谈判经费的名义拨给美方，在政治上会比较容易接受一些。当时的墨西哥总统何塞·洛佩斯·波提洛（Jose Lopez Portillo）听到这个条件之后，简直要发疯了。他说了一些“你告诉里根要他死了这条心吧！我们才不会付给他什么谈判经费呢。”“没门儿，一个子儿都没有”之类的话。就这样，双方的谈判范围被确定下来，美国人报价1亿美元，对方报价是零。猜猜最后的结果如何？没错，美方得到了5000万美元。

通过界定范围，谈判高手就可以保证得到自己想要的东西。而要想界定目标范围，你就要学会让你的对手首先报出自己的条件，这也可以被看成是谈判过程中的一条潜规则。这也是让你占据主动地位的唯一方法。

界定目标的另一好处在于，一旦界定目标范围之后，你就可以清楚地知道自己每次在谈判过程中的让步空间有多大。下面分析前文所举的简单两例中的让步空间。

第一例中，汽车经销商的报价是1.5万美元，你希望达成的价格是1.3万美元，你第一次报出的价格是1.1万美元。这时如果汽车经销商愿意把价格降到1.45万美元，你可以将价格提高到1.15万美元，这仍然没有超出自己的目标范围。如果经销商接下来提价格降到1.42万美元，你也可以把价格再提高300美元，达到1.18万美元。

第二例中，作为一名销售人员，你可以告诉对方，哪怕价格只比1.8美元低一点点，你的公司都会亏本。如果对方把价格提高到1.63美元，你可以把价格降到1.77美元，这时你的目标价格仍然处于双方报价的平均值位置。通过这种方式，你可以逐渐接近自己的目标，而且你心里非常清楚，即便双方最后采用折中价格，你仍然可以达到自己的目标。

但是，界定目标范围也存在着一定的风险。你在做出让步的同时要有适当的变化，否则对方很容易就会发现你的让步模式。

三、不要接受对方的第一次报价

在此，举例说明。比如，你在为一家航空引擎制造商做采购，你准备与一家轴承（引擎中的一个非常重要的零件）制造商的销售代表会面。以前的供应商出了问题，你迫切需要从这家新公司进货，而且这也是市场上唯一一家能够在30天内提供你所需轴承的公司，这样你就不用停止自己的生产线。如果不能及时购买到轴承，你和航空制造商之间的合同就会落空，而这家航空公司的业务占到你公司85%的业务份额。在这种情况下，轴承的价格显然就不是最重要的考虑因素了。可当你的秘书告诉你那位销售代表已经到来时，你还是会告诉自己：“我是一个谈判高手。我试着将价格压到最低，看看结果怎样。”那位销售代表做完演示，并向你保证他的公司可以按照你的要求及时交货。根据他的报价，每个轴承的价格是 500 元。这不禁让你大吃一惊，因为你本来打算出价 600 元，可你还是设法掩饰住了内心的惊喜，并告诉那位销售代表：“我们的价格一直以来都是 375 元。”听到你的报价之后，销售代表回答道：“好的，我们可以。”

这时，你通常可能会有两种反应：一是我本来可以做得更好；二是一定是哪里出了问题。

反应 1：我本来可以做得更好。

有趣的是，你的这种反应并不一定是和价格有关的。你之所以会有这种反应，很可能只是因为对方答应你报价的方式。如果你在买车时报价 3 万元，而对方二话没说，一口就答应下来，你会有怎样的反应呢？如果那位轴承制造公司的销售代表同意 280 元或者 200 元的价格，你难道不会觉得自己本来可以做得更好吗？

案例

“我本来可以做得更好”

数年前，罗杰在华盛顿州伊顿维尔（Eatorville）买了一块 100 公顷的地皮。它位于一个美丽的小镇，在雷尼尔山（Mount Rainier）的西面。卖方要价 18.5 万美元。罗杰仔细分析之后发现，如果可以把那块地的价格砍到 15 万美元，那将是一笔非常好的生意。于是他界定了价格范围，然后请不动产代理商向卖方报价 11.505 美元。（具体的数字通常更有说服力，所以这样的报价通常更容易被对方所接受。）

坦白地讲，按照罗杰当时的想法，对于他这么低的报价，如果对方肯还价，那已经是非常意外了。可让他感到吃惊的是，几天之后，对方就给他寄来了报价单，表示愿意接受他的报价交易条件。他肯定这的确是一笔好买卖。一年之内，他卖掉了其中的 60 公顷，收回了他的所有投资。然后他又卖掉了 20 公顷，价格等于他当初购买 100 公顷土地的全部金额。当原业主接受他的报价时，他本来应该会想：“哇，这可真是太棒了，我不可能把价格降得更低了。”可事实并非如此，他当时的想法却是：“我本来可以做得更好。”

反应 2：一定是哪里出了问题。

在罗杰购买那块地皮时，一听说对方接受了他的报价，他的第二个反应就是：一定是哪里出了问题！我要再仔细检查一下先前的那份报告。如果他们愿意接受一份我认为他们根本不会接受的报价，那一定是发生了什么我没有搞清楚的事情。

如果你的对手答应你的第一次报价，相信你在通常情况下会立刻产生这两种反应。

的确，这虽是非常简单的谈判技巧，但许多人在谈判的过程中很难记住这一条。你可能已经形成思维定式，认为对方会表示拒绝，所以你的直觉认为这种做法其实是非常危险的。拿破仑·波拿巴（Napoleon Bonaparte）曾经说过："对于一位指挥官来说，最不可原谅的行为就是'先入为主'——在没有得到任何反馈之前就假定敌人会采取某种对策。"所以当你预计对方会立刻拒绝你的报价时，对方的反应却很可能会让你大吃一惊。

比如，当你最终鼓起勇气向上司提出加薪要求时，你要求他给你加 15%，可在内心深处，你觉得能加 10% 就已经很幸运。可让你万万想不到的是，你的上司告诉你，由于你的工作表现很好，所以他们愿意给你加薪 15%。这时，你难道会暗自庆幸自己遇到了一家慷慨的公司吗？反而，你或许会想：刚才要是让他加 25%就好了。

再如，你销售一处不动产，开出的价格是 100 万元。一位买家出价 80 万元，你还价 90 万元。按照你的想法，最终的价格设定在 85 万元，可没想到对方居然立刻接受了 90 万元的报价。你难道不会在心里暗想"早知道他这么爽快，我应该报得更高"吗？

所以，谈判高手总是非常谨慎，他们不会立刻接受对方的条件。

拒绝第一次报价可能并不是一件容易的事，尤其是当你和对方谈判了较长的一段时间，正当你准备放弃时，而对方却突然提出报价，这时你可能会迫不及待地接受对方提出的任何条件。发生这种情况，你一定要告诫自己，千万不要立刻答应对方的第一次报价。

四、报价的策略

通常采用的报价策略有以下两种。

1. "西欧式"报价

"西欧式"报价，即先高后低报价模式，首先提出留有较大余地的较高的价格，然后根据对方的具体实力、购买意向、购买数量等实际情况，逐步给予让步，最终达成交易。该模式是通常的报价模式，是绝大多数谈判报价的选择，符合谈判活动的基本规律。

2. "日本式"报价

"日本式"报价，即先低后高报价模式，是一种讲求策略的报价方式。一般做法是，先报出一个较低的价格，以引起买主的兴趣，吸引买家进一步深入谈判，同时，将其他竞争对手排除在此项交易之外。由于这种低价格是有很多附加条件的，如数量、质量、原材料、货期等，买主难以全部满足条件。如果买主要求改变有关条件，则卖家就会相应地提高价格。因此，买卖双方最后成交的价格，往往高于最初报出的价格。

此种报价模式，常用于竞争对手众多、竞争极为激烈的场合，在我国的广交会、华交会等会展上也很常见。

五、报价单与报价方式

（一）报价单的制作

制作报价单，通常需要将所有的价格因素包括在其内容之中，如图 3-1 和图 3-2 所示。

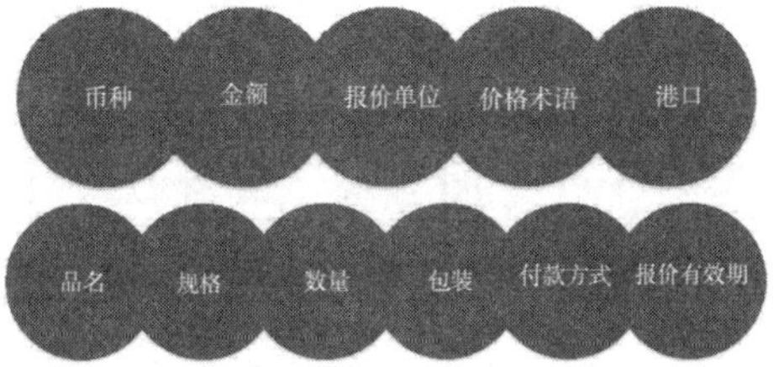

图 3-1　制作报价单应考虑的因素

ShenZhen [illegible] Co., Ltd.

[illegible] Shenzhen, P.R. of China,

PC: [illegible]　Tel: [illegible]　Fax: [illegible]

ITEM #	DESCRIPTION	FINISH TYPE	WEIGHT (g/m2)	SIZE	PACKING Sheets/Pack Bulk Neutral Packing	UNIT PRICE FOB ShenZhen, China (USD/Pack)	CTN MEAST. (456×326×190mm) Packs/CTN	FEATURES
KG-1RC-D	Premium RC (Resin Coated) **GLOSSY** Inkjet Photo Paper	**GLOSSY**	260	A3+ (32.9 X 48.3 cm)	20	7.62	30	**Water Resistant, Instant Dry,** 99%Whiteness, True Photographic Look and Feel
				A3 (29.7 X 42 cm)	20	5.68	33	
				A4 (21 X 29.7 cm)	20	2.98	66	
				4R (4"X 6") or A6	20	0.82	264	
KS-1RC-D	Premium RC (Resin Coated) **SILKY** Inkjet Photo Paper, with "Super Inkjet Paper" Water Mark	**SILKY**	260	A3+ (32.9 X 48.3 cm)	20	7.26	30	**Water Resistant, Instant Dry,** 99%Whiteness, True Photographic Look and Feel
				A3 (29.7 X 42 cm)	20	5.41	33	
				A4 (21 X 29.7 cm)	20	2.84	66	
				4R (4"X 6") or A6	20	0.78	264	

Remarks:

【1】 We can convert special size according to your request. And for the price of A3, it is double of A4's.
The above packing is only bulk clear plastic inner bag
Quality as per seller's sample.

【2】 PACKING: Neutral packing
PAYMENT TERMS : T/T or L/C at sight .On L/C condition,all banking charges outside chinese bank shall be on applicant's account.
MOQ: USD5,000

【3】 Private brand packing cost for sheet products (300gsm Carton Box)
1.For A4 inkjet paper (1x10 sheets/pack with hitch)--------------USD0.19/pc
2.For A4 inkjet paper (1x20 sheets/pack with hitch)--------------USD0.20/pc
3.For A4 inkjet paper (1x100 sheets/pack no hitch)--------------USD0.22/pc
4.For A6 or 4R inkjet paper (1x20 sheets/pack with hitch)--------USD0.14/pc
5.For A6 or 4R inkjet paper (1x50 sheets/pack with hitch)--------USD0.17/pc
6.MOQ(Minimum of Quantity) of Carton Box--------------------2,000pcs/item

【4】 The validity of this quotation is 30 days.
Quality instructions and Testing standards could be future advised.

【5】 Lead Time: 20 Working Days (approx.) upon Receipt of Deposit.

图 3-2　报价单样例

（二）报价方式

1. 对比式

对比式报价适用于多个款式或型号，以及多项指标或要素进行对比。如表 3-2 所示，价格指标可以横向比较，也可以纵向比较。

表 3-2　某上衣各款号、材质对比报价表

STYLE NO.	100% COTTON（USD）	85% COTTON（USD）	50% COTTON（USD）
355106	2. 68	2. 41	2. 20
355107	4. 70	4. 50	4. 10
355108	4. 95	4. 75	4. 33
355109	5. 23	5. 02	4. 60
355110	5. 50	5. 30	4. 90
355111	5. 88	5. 65	5. 25
355112	6. 10	5. 88	5. 48

2. 图文式

图文式是单款货品最常用的报价方式，其优点是清晰明了，所有信息一目了然。通常包括的信息有货物描述、成分、完整的价格（货币+单位+贸易术语）、尺寸或尺码、颜色、包装、件数、生产日期等。附有图片，便于客户了解商品的具体细节，如图 3-3 所示。

STYLE NAME: BARKE	
Description	Men's pant
Price	USD6.50/pc FOB Shanghai
Composition	10% Cotton 10oz Denim
Size	S,M,L
Color	Blue, Khaki
Packing	1 polybag/pc, 20pcs/carton
QTY/20'	6000pcs
QTY/40'	12000pcs
M.O.Q.	2000pcs per color
Lead time	45 days

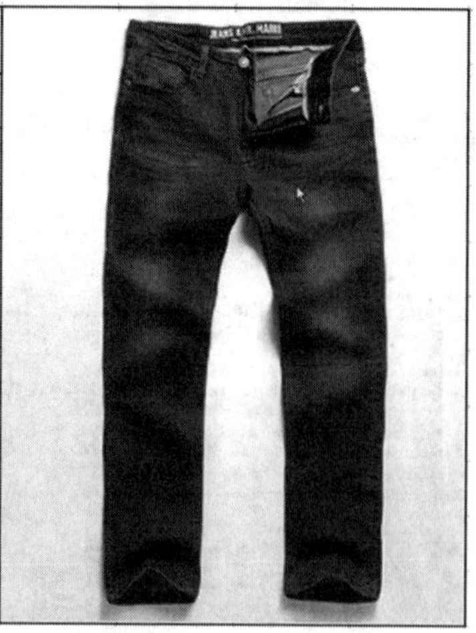

图 3-3　图文式报价样例

注意图 3-3 中常用的英文及缩写：

/pc = per piece，指“每件”；QTY = quantity，指“数量”；20′指 20 尺小柜集装箱，40′指 40 尺大柜集装箱；M. O. Q. = Minimum Order Quantity，指“最小起订量”；Lead time，指“货期”。

3. 分析式

通常，一些非常专业、非常精通的客户，要求卖家将所有环节的价格明细列出来，英文称作 Breakdown。有时客户会将空白表格发给卖家要求填写，上面列明原材料、工费、人员工资、燃料动力、房租水电费、设备折旧、包装运费，甚至是利润。

1 m/c, 20Ne cotton,
Production: 800KG/Day
Gross Profit: ($ 2200 − $ 1400 =) $ 800
Power&Water Consuming: ($ 0.5×360kW =) $ 180
Worker&Manage charges: (4men<) $ 300
Workshop rent: ($200M^2$) $ 200
Net Profit / Day: (≥) $ 120

图 3-4　分析式报价样例

在实际贸易业务操作中，卖家应尽量避免采用这种报价方式，因为这样对卖家的所有成本构成及明细了如指掌，没有任何秘密可言。

如果一定要给客户做分析式报价，卖家可以在掌握总价的基础上，将利润做低，将其他项目的报价做高一些，或者针对客户将某项具体价格做高或做低。

4. 分解式

分解式报价方式，通常用于机械或电子产品。主体产品有一个总体价格，其余零件或配件的价格，可以单独列出，便于客户选择性地购买。

ZTE Mobile Phone Nubia 9000（Net Price）：$300（FOB Shanghai）	
Optional Items' Price：	
1. Charger：	USD5.0
2. Travel Charger：	USD4.0
3. Car Charger：	USD6.0
4. Battery：	USD8.0
5. Leather Pouch：	USD1.5
6. Handsfree Kit：	USD1.5
7. Micro SD 8GB Memory Card：	USD20.0
8. Bluetooth Headset：	USD10.0

图 3-5　分解式报价样例

六、讨价还价的技巧

交易双方对各自的报价有了初步的了解后，便开始讨价还价。卖家将自己的产品和服务表述得完美无缺；买家则是各种理由，挑剔毛病。这里，列举一些常用的讨价还价的技巧。

1. *列举瑕疵法*

这是平时常用的方法。在跨境贸易中，大宗货物基本会由客户验货，因此有时客户会指出验货报告上的一些瑕疵，要求折扣优惠。

2. *成本分析法*

对于专业人士来说，最好的还价方法就是直接分析成本，向对方讲明。供应商和客户，店家和顾客，均可以采用这种方法。供应商和店家，可以粗略地将成本算给客户听，表明这个价格真的很实在，没赚多少钱。客户和顾客可以很内行地将各项成本算给对方听，意思就是你不要忽悠我了。

3. *市场比较法*

俗话说，不怕不识货，就怕货比货。全球经济一体化时代，市场充分竞争，绝大多数商品不会只有一两家供应商做。因此，货比三家可以说是采购必经的程序。

4. *数量关联法*

在跨境电商 B2B 中，数量显然和价格是紧密相连的。比如，大家都清楚，同样一条裤子，购 1000 条的价格是每条 12 美元，如果购 10000 条，价格可以大幅地下降到每条 8 美元，而反过来，如果只有 100 条，那价格也可能会大幅地上升到每条 20 美元。在 B2C 中，这种情况也是屡见不鲜。

5. 预算有限法

“我想买，但是我只有这么多钱了。”“你们公司的货质量不错，款式也很新颖，我们准备下单采购 500 套，但是我们今年预算只剩这么多了，要不你的价格稍微便宜点?”这都是我们经常遇到的情况。买方“哭穷”其实是感兴趣的一种表现，是实际成交的前奏。卖方可以提出其他条件来应对，如提出最低起订量的要求，货期要延长，付款方式要优惠，等等。

6. 多重方案法

多重方案的含义，就是提前准备好，向客户提供至少三种选择方案，而不是只有一种。如果只提供一种方案，客户就会本能地想着还价。而如果从低到高给出三种方案的报价，客户的注意力便会从“我要还价”转移到“哪种方案更合适”上。

多重方案报价的最大好处，就在于将销售方与客户从对立的两方转化到同一阵营中来。当你提供多重选择方案时，客户感觉到自己是在主动地做选择，而不是被动地展开价格拉锯战，因此谈判起来就会更合作。

不过，多重方案报价的方法并非万无一失。客户可能会要求用最低的报价买最高报价的方案，并且诱使你分项列出各项的单价。千万注意不要发生这种情况，这样就给了客户逐项还价的机会。

此外，客户也可能会要求你将第二种方案的价格下调。这种情况下，要学会交换。要么从方案中去掉一些对客户来说不太重要的项目，要么让客户提供一些对你有用的东西作为交换。不论怎样，谈判的原则是：除非有交换，不然不轻易降价。

其实，降价反而会让客户不悦。如果轻易地降低价格，会让客户觉得你的报价有很大的水分，减少对你的信任与尊重。而如果采用交换的方式，你既不会损失自己的利益，又能让客户更加相信你。

案例

表 3–3　法国 TEXWORLD 面料展的装修报价明细表

单位：欧元

项目	A 公司方案	B 公司方案	C 公司方案
地毯	200	180	200
挂架	150	140	145

表3-3 续

项目	A 公司方案	B 公司方案	C 公司方案
隔板	80	95	95
背景图纸	120	150	120
电源插座	50	40	60
桌子和椅子	140	120	150
合计	740	725	770

需要注意的是，讨价还价时不要每次都让步同样的幅度，让客户发现规律，最好是让步幅度逐渐缩减。

知识考查与技能训练

本章习题请扫码获得。

第四章　跨境电商的高级谈判技巧

【学习目标】

本章旨在让学习者了解跨境电商各方面的高级谈判技巧。完成本章的学习，学习者应了解和熟悉跨境电商 B2B 的高级谈判技巧，跨境电商 B2C 的高级谈判技巧，线上谈判与线下谈判的不同方法和技巧。

【本章重点】

本章的学习重点是跨境电商 B2B 和 B2C 的各种高级谈判技巧，线上谈判与线下谈判的不同方法和技巧。本章实践性较强，学习者平时需不断地练习。

第一节 跨境电商 B2B 的高级谈判技巧

本节内容是对跨境国际贸易实战的谈判技巧的总结，并且列举了具有较强的操作性和实践性的案例。

一、逐步深入法

逐步深入法是最常见的技巧。我们面对陌生人，总有个从陌生到熟悉的过程。因此，逐渐深入，不断地加深了解，符合人们认知行为的规律，容易为买家所接受。

对新买家，宜用试探语气。与新客户初次打交道，最好用征询、商量的语气。人与人的交往归根结底是语言或肢体的交流。

此外，没有人不喜欢被赞扬，就算特别板正的人也是。这不是溜须拍马，在现实生活中这是一种人际交往能力的表现。真正的赞扬不是不顾事实地随口乱说，也不是夸大其词地乱拍马屁，而是在了解对方心理需求基础上的一种似有若无的迎合。交流的高层次是知道对方爱好什么，然后投其所好。运用不好有时候反而会适得其反，如果平时没有这种习惯，须谨慎使用，赞扬你能看到的对方的明确优点，不要为了迎合别人而没有底线。

案例

Seller

Dear Mr. Maurice Cohen,

Nice to meet you at magic show! I've come back to China.

As we discussed, I'm listing below topics:

1) You're interested in my jackets two styles TT028 & TT929. Pls kindly see photos as attached.

My original price is USD16-17. What's your target price? We have to change some details.

And I'll send some other suitable jackets to you soon.

2) Your style #3191 & #3190 with bonded mesh fabric: you'll send me fabric

swatch and tech pack for my quotation.
3) Padding vest: your target price is USD4. 70. I'm checking if can meet it.
4) Long complicated coat: my price is USD18. 00. This is really quite low, actually beyond bottom.

Buyer

Hi Ben,
Sorry on the late reply I am out of NY.

1) These are not my style so it's hard for us to give you target, but all our spring jackets, most we paid is $12 LDP. We are looking for style we can sell at $11 for a $19. 99 retail, these styles can be volume.
2) I will try and find more swatch to Fedex you when I am back.
3) This price is LDP our warehouse.
4) This price is not so far, we confirmed $17 LDP, with other factory, but we need same detail, can you LDP?

Seller

Dear Maurice,

Thanks for reply.

Attached pls kindly see some of my other summer jackets. These are close to your target price. Pls check if any interested.
If not suitable for you, could you pls send me some style photos?

Also pls advise your warehouse address, so I can calculate LDP price.

Wait for fabric swatch and tech pack for style #3191 & #3190 (bonded mesh fabric).

Buyer

Hi Ben,
We have a few jackets that we want to make for spring. I'll ask Mike to help with the tech pack asap.

Seller

Dear Maurice,

After checking all aspects, here are my best FOB Shanghai prices:

M3145：$ 10. 55 with #5 zipper，or $ 11. 28 with #8 zipper
M3190：$ 12. 83

Pls kindly check and confirm. Thank you.

Buyer

Hi Ben，
The cost came too high we can try some other items. Thank you.

Seller

Dear Maurice，

Noted. In April you said you have order for the padding vest as attached. But target price is USD4. 70 very low. I checked carefully and best price is USD4. 95.

If binding change PU to be shell fabric，and shell fabric no coating at backside，I can meet your target price USD4. 70.

Pls kindly advise if workable.

Buyer

Hi Ben，
Thank you for the follow up.
My LDP price before CNY，was 4. 5 this year with 330 gsm，600mm PU coating，and PU piping per my new tech pack.
I maybe need some more pcs，maybe just one or 2 containers.
I know now price higher. Maybe I can pay 4. 7 now，but same standard as my vest today.
Ben if you want to work with us prices are very sharp. Keep trying.

Seller

Hi Maurice，

Noted below. Could you send me new vest & tech pack? I'll check correct price for you.

If need lowest price，qty has to be large.

Buyer

We already book many pcs, what is your etd?

Seller

We need 55-60 days if 20000pcs.

Buyer

OK, I'll send you new vest and tech pack. If you can do the price, we will place first order of one container. Thank you.

点评：从此案例，大家不难看出，从一个刚刚认识的买家，逐步深入慢慢引导，我们需要的是耐心和坚持，有针对性地从价格、工艺、数量、运输方式谈到货期等各个方面，用我们专业的服务和态度让买家觉得可靠可以信赖，最终成交。

刚开始可以从客户对我们感兴趣的款式或产品入手，因为这些产品是对买家有吸引力的，所以可以激发他们的回复。然后从多角度围绕产品向客户做详细的解释。如果买家嫌价格高，可以说原材料和零部件都是最好的品质，或者数量大可以降低价格，或者淡季做也可以降低。如果买家嫌款式不流行，那可以在原款式上做一些修改，或者加入一些时尚的元素如印绣花或烫钻，或者提供一些更时髦更流行的类似款式。

如果各方面都谈过了，还是没有吸引住客户，那也不要灰心。好事多磨嘛。可以暂时先停几天或一段时间，冷静一下，重新找找思路。然后按照之前章节讲的跟进客户的办法，跳出此产品，从其他产品，其他项目，和客户重新开展联络，争取新的合作。

二、流程分析法

很多时候买家并不知道生产的流程或者细节，他们也不需要知道，他们更看重的是结果。因此，有些货期买家会按照他们的谈判进度来制订。如果我们的时间来不及，那必须要跟买家解释和说明生产的整体流程和具体环节，让其了解我们也不会耽误，但是客观上需要这些时间。

案例

Buyer

Dear Tony,

Good news ! Today I confirmed order on you as in attachment.

Initially we have confirmed 3000 pcs and finally it is 5000 pcs!

Pls confirm the port of shipment, I suppose it will be Shanghai as usual, please reconfirm.

Regarding payment conditions: we propose 25% in advance, and the rest of the payment when you will send the bill of loading.

Regarding quantity tolerance we accept ±5%. I recommend you to make the exact quantity or 1% to 5% but not less.

Goods have to be ready to ship on 30/04/18. For the moment we don't know yet if we will ask for an external inspection, in this case goods have to be ready one week before.

Thanks to confirm if all is OK for you.

Best regards,

Stephanie

Seller

Dear Stephanie,

Really good news to get order with more quantity.

Yes, from Shanghai port.

We are OK to have 25% deposition advance, 75% at sight of scan of bill of lading. After getting balance 75%, we will send the original bill of lading.

Note the quantity, we will try best to control well and not send less.

For delivery, we need to revise to May 30, as you know we get this order really too late. Now fabric mill is on holiday, they will come back to work on about March 3. After that we need to produce bulk fabric for about 45 days, then send for approval. Then we make PP sample for your approval. And then do the bulk sewing and finishing works. All these takes days. Pls understand and make extension. Thanks!

Pls see attached proforma invoice. Thanks!

Thanks & best regards,

Tony

Buyer

Dear Tony,

Before to reply to you, we had discussed about the latest shipment date we can accept. Here is our situation:

Our own shops and our other clients need to have the jackets in the stores at the latest on 01/07/18.

Time of shipment is one month, goods will arrive in Le Havre port, then will be sent to our warehouse close to our head office and then despatch to all the stores, this operation will take 15 days more.

So the really latest shipment date we can accept is 15/05/18 and not the 30/05/18.

Can you discuss with the fabric mill and ask them to be faster to make the fabric?

Can you find some solution to reduce the time for production.

I really need your help on this matter.

Thanks in advance.

Best regards,

Stephanie

Seller

Dear Stephanie,

OK clear. Will push fabric mill and garment factory to work overtime to meet your delivery on 15/05/18.

Please push your sample approval to be faster than before. Thank you.

Thanks & best regards,

Tony

点评：这是我们用来推迟货期的一种技巧。一般买家都会预留一些时间在手里，我们解释了生产的复杂流程后，会赢得一定的延期。另外也要给买家一些限制，比如买家确认样品必须要比平常快一些。此外，也可以看到，买家也是很聪明的，也解释了他们所需的时间，所以没有完全答应我们的延期时间。

货期的延迟原因有3类。

1. 客户本身的原因：确认样板、细节，付款拖沓导致延误等。

2. 工厂本身的原因：材料供应不及时，工人工资拖欠或招不到人导致生产力降低，内部管理混乱导致排单计划变更，质量不过关导致返工等。

3. 不可抗力因素：自然灾害和天气问题，以及政府监管措施造成的影响等。

供应商自身的问题，在很多工厂和小作坊是很常见的。经常因为赶其他急单大单，把其他的货先放一放。工厂车间安排不当，跟单也有责任。这个原因是无法对客户说得出口的，所谓家丑不可外扬。而且除了自然灾害和天灾人祸以及法定假期这些原因客户会理解之外，工厂自身的原因只会让客户质疑你们的办事能力和生产能力。这时候，要合情合理地说个理由，让客户了解下情况并安抚好客户的情绪。

对于小批量且货期不是拖缓很多天的，可以直接解释为因为交易会或者法定假日，或生产旺季等原因导致的延误。也可以推给天气原因，暴雨或暴风雪等，材料供应不上导致的延误。时间方面可以用工作日，留点空间给自己，以防客户会数着日子不断地催促。比如，"Sorry to inform you that the delivery date will be delayed about one week. Now it is the busy production season because of the fair. We are trying every effort to rush the delivery within 1 week and will keep you updated accordingly."

三、欲擒故纵法

人都有逆反心理。体现在跨境贸易上，很多客户都不喜欢卖家紧盯着问买不买，买多少。就好比我们逛商场最喜欢自己随便看看，讨厌营业员跟在旁边问这问那。明白这个道理后，我们在交易时有时要懂得克制自己的冲动、恐惧和贪婪，客观分析买家的行为和心理，不要一味"热脸贴冷屁股"，或者叫"剃头挑子一头热"。

案例

Buyer

Dear Suppliers,

Pls see attached new coats styles we would like to buy:

6843504—baby boys Sherpa coat

6841001—boys Sherpa coat

6842607—girls jacket—without padding—with rivets & rings on the front

Pls advice price list base on attached files & pictures.

Thanks,

Adi Lev

Seller

Dear Adi,

It's better to give me original sample, so I can check how to modify to make price as low as possible.

Based on 2000pcs for each style, here is my FOB SHA price:

6843504—USD8. 99 No body lining

6841001—USD9. 99 No body lining

6842607—USD11. 20 No body lining

Rivets & rings ONLY on the front, but not back. Chest pkt just with fake pkt flap, but not functional pkt.

Buyer

They are very high for us.

We will get the prices from all our suppliers.

If you can work on the prices again it will be great.

Adi Lev

Buyer

Dear Ben,

We are still wait for the prices for the coats I sent you.

Can you pls send us the prices as soon as possible.

Thanks,

Adi Lev

Seller

Dear Adi,

We got your fabric swatches last week. But your fabric swatch is higher than my sourced quality.

Here is best prices with my suggestion:

6843504—baby boys Sherpa coat: USD7. 70 No body lining. Fabric is my similar Sherpa quality. With 2 emb patches and 4 printings.

6841001—boys Sherpa coat: USD8. 85 No body lining. Fabric is my similar Sherpa quality. With 2 emb patches and 4 printings.

6842607—girls jacket—without padding: USD9. 96 No body lining. Fabric is my similar fine twill quality. Only 16 Rivets & rings on the front and back yokes, but with printing on front and back yoke. Chest pkt just with fake pkt flap, but not functional pkt.

Buyer

Thank you for the prices. But the prices are very high for us.
Is this the best you can offer?
Adi Lev

Buyer

Did you receive my mail?
Adi Lev

Seller

Dear Adi,

I know your competition is hard, but these are my best prices. We also face much pressure in China, like environment protection, worker salary rise, etc.

If qty is big above 10000pcs per style, I can manage to make it lower.

What's your target prices?

Buyer

Dear Ben,
OK pls first develop proto sample for each style. If sample is nice with your suggestions, we can proceed.
Thanks!
Adi Lev

点评：大家可以看到，这个买家虽然是老客户，但是一开始是对所有卖家/供应商发出的询价，是群发的，连每个人的称呼都没有，统称 Dear Suppliers。所以，这是个“血拼”价格的场景。在没有原样的情况下，我们直接就报实在的价格，防止在第一轮比价中就被淘汰。回复以后，买家嫌价格高（估计对所有卖家都是说“你的价格太高”）。在这种情况下，我们的价格不可能是最低，永远都会有公司报出比我们更低的价格，价格战我们是不能轻易打的。因此，我们可以暂时冷处理一下，不急于回复——不用怕丢掉这笔订单，就当价格没竞争过别家，本来就不属于我们的订单。

过了一段时间，买家回来具体找我们谈了，也开始直接称呼我们的名字了，说明他/她已经转了一圈了，也比较了所有卖家的价格，现在是有诚意来进一步谈了。这时可以具体地将工艺、细节、材料再仔细研究一下，能替代的就替代，能便宜的就便宜，有百分之八十的可能性把订单拿下。

当然这个案例里面，也充分运用了修改细节法。

案例

Buyer

Dear Ben,

Hi, my name is Alma, and I am the women's department buyer.

I came back from maternity leave and will replace Chen from now on, so please send all mails to me.

Wish we will have good cooperation together.

Best regards,

Alma

Seller

Dear Alma,

Thank God you came back! Nice to work with you again!

When you were absent, order qty and style changed for several times. Now are you clear of all details of order? Or shall I tell you all details?

Best regards,

Ben

Buyer

Dear Ben,

Find attached mail with details that Chen and Ilan closed with you before:

60456 zipper short coat style unchanged:

· red check fabric 780pcs, OK

· grey check fabric 780pcs, OK

· less thick black fabric 680 pcs—this fabric & color canceled.

Keep only same order of red checks/ grey checks as last season.

FOB Shanghai price is USD13.46, same as before.

60450a style change to be double line button coat +30cm longer:

· blue fabric 550pcs, OK
· heavier black fabric 550 pcs—as we made the body longer.
Total qty 1100pcs.
Price which closed with Chen and Ilan was $13.46.

Please send fitting sample in size for approval urgently.

Seller

Dear Alma,

Sorry we don't agree to bear so much loss.

So pls add qty to use up all fabrics, and 60450a price need to change after +30cm longer.

Best regards,
Ben

Buyer

Hi Ben,
Where have you been for 2.5 months?
You confirmed all details on April 2nd. Now you advice that you are changing our agreements? It is really not the right way to work together.
You still haven't start the production?
Why have you waited until now?

Waiting for your quick reply.
Alma

Buyer

Dear Ben,
We tried to call you, please call us back to Ilan's Mobile: ×××××××××××

Waiting for your urgent call.
Thanks,
Alma

Buyer

Resend!
Dear Ben,
Please reply to us as soon as possible.

Seller

Hi Alma/ Ilan,

This order has been a long and suffering story, and made me very upset and angry. So far it's more than one year!

After I got your deposit, we made all bulk fabric/lining/label/zippers/buttons. But then you change style. And then you (Chen) replied email once a month. And then you reduce qty. And then you change style again.
You keep changing, keep bargaining. This is the way you always do business? You believe you're very smart, right?

I already showed great respect to you, more than enough! I don't want to work with you any longer.

Buyer

Dear Ben,
As for your phone conversation with Ilan this morning, we would like to close all order details.
Please find attached chart, check all details, and advice your comments for what you think is not clear, or need to be change.
Please reply today, so we could close all open issues by the end of the day.
Thanks,
Alma

Seller

Dear Alma,

According to your below order qty, I still have two fabric left: black fabric 760m of 60450, and another black fabric 1004m as attached.

Pls add them to present order so we close this order.

Buyer

Dear Ben,
Confirmed so now order correct qty is:
Style 60450—
· navy 550pcs
· black 930pcs
Style 60456—
· red 780pcs
· grey 780pcs

Style 60450a—
black 590pcs

Delivery 15/09/15.
Please send PI urgently so we could open the Lc+30, and will send you all labels/care labels/barcodes information.

点评: 这也是一个欲擒故纵的案例。这是个做事不靠谱的客户，甚至不讲道理。针对这种客户，无须患得患失，该说就说，该放弃就放弃，把你的愤怒表现出来，客户反而会跟你好好商量。另外，可以告诉客户我们已经在中信保投保了，要是客户蛮不讲理甚至不想付钱，他就会上黑名单。如果以后还想在中国继续采购的话，一般客户都不会愿意上黑名单。

四、修改细节法

很多时候，买家的目标价很低或者有些条件很苛刻，我们想尽所有办法都做不到，怎么办？这个时候要转换思路，通过设置一些条件来达到目标价。最常用的就是修改一些原材料，用便宜一点的材质，或复杂工艺改简单一点，或者零部件去掉少许几个等，以便能降低成本，同时吸引客户。

案例

Seller

Dear Alexandre,
Today I received your color cards from Shanghai office. Totally 13 colors! Most colors has just 400-500 pcs.

This greatly expand the cost of stitching and dyeing. And washing mill charge me as salesman samples.
In this case, I'm afraid I have to add USD2. 80 for each pc. Pls kindly cfm.
Thank you.
Best regards,
Ben

Buyer

Hello Ben,
I don't understand your mail since all pants are garment dyed（成衣染色）.
So there is no problem for stitching since all must be made for garment dyed. You have more than 1000 pieces per model, isn't it?
Then for colors, I did not know about the problem.
We must find a solution since you must know I can not pay more that what we have agreed otherwise the order will be cancelled.
Please advise your solutions.
Waiting for your answer.
Best regards,
Alexandre

Seller

Dear Alexandre,
Yes each model is more than 1000pcs so stitching should be no big problem.
However, 13 colors are too many, and most colors has just 400-500pcs. For such order, washing mills charges me 2-3 times than usual, as their cost and labour is also very high.
Actually, among your 13 colors, some of them are very close to each other, no big difference.
Two years ago when I made pants for you, there're only 5 same colors for all models.
That means I can combine different models but same colors together to garment dyed.
So I suggest we do same this year. Could you pls pick up 5 same colors for all models? Then we can keep previous prices.
Pls kindly check and cfm. Thank you.
Best regards,
Ben

Buyer

Hello Ben,

We need to find solution quick since otherwise I have to move the order.

I can reduce the numbers of colors but not 5.

I can try 7 colors.

Is it workable for you or not?

Waiting for your answer.

Best regards,

Alexandre

点评：客户的订单颜色很多，成本大幅上升，但是客户不同意加价。这样只能建议减少一些颜色，以便能正常操作下去。

除了修改颜色，还可以修改做工细节，比如，可以把五个口袋缩减为四个，可以把脱卸式的帽子改为连体式的帽子（少一根拉链和几个扣子）；可以把原材料改为类似的但价格便宜一点的，比如把全棉印花布改为50%棉50%涤纶的印花布，把100%全铜改为铜锡合金；甚至可以取消一些附件，比如包装袋、吊牌，甚至是赠送的小饰品。

注意修改细节时，必须要保持整个产品的基本外观和功能。如果一味为了便宜，偷梁换柱，偷工减料太厉害的话，将会出严重的质量问题。比如，客户一批裤子订单，价格很低，某供应商实在没办法，到市场上用低价买了一批库存面料，将此批大货完成。谁知这批库存面料因存放时间很长，纤维和纱支强度早已下降得很厉害。消费者穿上裤子后，一蹲下面料就会撕裂，于是纷纷投诉。客户极为愤怒，扣掉全部的货款。

五、一步到位法

在实际谈判中，客户往往喜欢多轮杀价，以达到最佳价格。我们不可被客户牵着鼻子走，该松口的时候松一下，其他时候尽量不让步。此法关键在于不管客户还多少次价，我们只让步一次，其他时候都要想出足够的理由来应对客户。

案例

Chang：How are you, Mr. Yaquib? It' s very nice of you to see us in person.

Yaquib：Hello, Mr. Chang. It's good to see you in China as we 've certainly had a lot of written correspondence in last few months.

Chang: Yeah. And I think through your visit we can settle the price for our Forever Brand Bicycles. However, I wish to point out that due to sharp increase in the cost of steel, we need to adjust our export prices.

Yaquib: Mr. Chang, the prices of your Forever Brand Bicycles quoted in your E-mail of November 19 are 10% higher than those contained in your S/C No. 89/SP-7542 of last year. We can in no way sell your bicycles in our market at your prices. As a matter of fact, bicycle retail prices here show a downward trend. To make the business possible, I would suggest that you allow us a special discount of say, 8%, so as to enable us to continue our business with you.

Chang: Oh sorry. We'll never be able to bring down our price to your level. You know, our price is carefully calculated and the margin of profit is very small.

Yaquib: I think it unwise for either of us to insist on his own price. How about meeting each other in between? I only ask you for 4% discount on your quotation. That' s reasonable, isn't it?

Chang: To tell you plainly, the price we quoted you last is really the lowest and we cannot stand any cuts. Actually, if not an old customer like you, we would not have quote such a low offer in the first place.

Yaquib: I'm glad to hear you say so. To reduce your cost, I'm prepared to increase the quantity of my present order to 2500 sets. This is certainly a big contract, and in view of our friendly relations I feel sure you'll try your best to help me settle the price problem, otherwise my head office will complain about me. That won't be good!

Chang: Mr. Yaquib, you surely have a way of talking me into it. But the best we can do would be a reduction of 2%. That's definitely our rock-bottom.

Yaquib: All right. I accept the 2% discount. Mr. Chang, you're very helpful and I really thank you for your kind cooperation. Now we 've come to an agreement on the price for an order of 2500 sets of Forever Brand Bicycles, to be shipped within 60 days after receipt of Letter of Credit.

Chang: I'm glad we have brought this transaction to a successful conclusion and hope this will be the good start of other business in the future.

Yaquib: Oh yes, Mr. Chang. I appreciate your efforts and cooperation. As a token of our friendship, I'll definitely turn to you for my contracts in the future. By the way, when can I expect to sign the Sales Confirmation?

Chang：I'll get the Sales Confirmation ready tomorrow for your signature. Would it be convenient for you to come again tomorrow morning?

Yaquib：That's fine. See you tomorrow, Mr. Chang.

Chang：Goodbye, Mr. Yaquib. Many thanks for coming to see us. See you tomorrow.

点评：这个案例中，先说原材料价格上涨导致成品价格也要上涨，让客户有心理准备——价格不太容易压下来。然后轻易不松口，等待客户自动降低预期值，并自动让步两次后，我们可以给客户做一次小的让步，此时客户会觉得好不容易说服我们让步了，会很有成就感，可以趁热打铁达成交易。

假如一开始就跟着客户的节奏走，他说8%，你说7%，他再说6%，最后你同意5%，那就让得多了。

有人说，不就2%嘛，值得花这么多工夫跟客户讨价还价吗？不要小看这2%，总量大的时候利润很可观。而且很多毛利率低的行业，平均利润也不过10%。

还有些谈判，其实行业信息非常透明，大家对价格之类的问题都是行家里手，互相都明白对方的底线。在这种情况下，也可以实施一步到位的策略。摒弃暴利思想，直接报一个自己有微利的价格，如果对方有合作诚意，又很熟悉市场，自然知道这个价格没有水分，反而增加了对我们的好感。如果对方对这个价格都嫌高，说明其没有合作诚意，或是已经有了供应商而你只是备选。这样的好处是，节省大家的时间和精力，可以快速决断。

六、避实就虚，声东击西法

这个策略的要点是一开始不暴露真正的底牌，而且顾左右而言他。转移对方的注意力，让对方摸不清楚你真实的底线，在其他问题上耗费不少精力后，再伺机转入正题，或者附加更多的条件，迫使对方接受。这个策略，其实经常逛街买衣服的女士经常会用到。

案例

在商店里，李小姐看中了一条最新款的绿色雪纺连衣裙，款式新颖，颜色高雅。但是她却指着一条短裤问店主："这条短裤挺好看的，要多少钱？"

店主说："哦，这条短裤啊，你有眼光，最新款而且是弹力面料的，只要

128 元。”

李小姐：“面料是不错，很柔软，但是128元也太贵了，38元卖不卖?”

店主：“您开玩笑吧，38元只够付工人的工费。这样，最低98元，我这只有一条了。”李小姐摇摇头，也没有离开，继续在店里转。过了一会儿，她假装不经意地说：“这条连衣裙的绿色很好看啊。”

店主马上接话：“是啊，你试试，很衬你的皮肤。”

李小姐假装随口问问：“这个多少钱啊？其实我想买条短裤的，天热了。”

店主见李小姐确有诚意，心想不能把她放跑了：“你也很有诚意，我一口价直接给你，98元钱你拿走。”

李小姐又假装犹豫了一会儿：“这样吧，80元钱。要不行那就算了。”

店主：“咳，80元就80元吧，大家交个朋友，下次照顾我生意啊。”

案例

Seller

Dear Maurice,

How are you? Hope you're fine.

Last year you said you have order for the padding vest as attached. But target price is USD4.70 very low. I checked carefully and best price is USD4.95.

If binding change PU to be shell fabric, and shell fabric no coating at backside, I can meet your target price USD4.70.

Pls kindly advise if workable.

Best regards,

Ben

Buyer

Hi Ben,

Thank you for the follow up.

My LDP price before CNY, was 4.5 this year with 330 gsm, 600mm PU coating, and PU piping per my new tech pack.

I maybe need some more pcs, maybe just one or 2 containers.

I know now price higher, maybe I can pay 4.7 now, but same standard as my vest today.

Regards,

Maurice

Seller

Hi Maurice,
Thanks for reply.
Noted below. Could you send me new vest & tech pack? I'll check correct price for you.
If need lowest price, qty has to be large.
Best regards,
Ben

Buyer

Hi Ben,
We already book many pcs, what is your etd?
Regards,
Maurice

Seller

Hi Maurice,
We need 65-70 days if 20000 pcs.
Best regards,
Ben

Buyer

Hi Ben,
It's a little long. You know we need fast reaction to the market. People change mind rapidly.
Regards,
Maurice Cohen

Seller

Dear Maurice,
How are you? Now I have more bigger factories, so can do lower price than before, and also LDP.
What style in larger qty are you doing now? Pls kindly show me and probably I can work for you. Thank you.
Best regards,
Ben

Buyer

Hi Ben,

It's good to hear from you. And I am happy you have bigger size factory now.

Big orders are for low value cost item such the vests.

Other pcs are much less PC's, and we do more complicated styles now.

Regards,

Maurice

Seller

Dear Maurice,

OK noted. You know we're also strong at complicated styles.

Can I quote some prices for your complicated styles?

Best regards,

Ben

Buyer

Hi Ben,

What fabric can you make this style in?

What would be the price if we made this garment in fleece, or in Nylon. We just want a ball park price.

Regards,

Maurice

Seller

Dear Maurice,

Usually polyester fabric is good for price. Nylon is higher.

Actually I cannot tell this pc is woven or knitted, just from this picture. Fleece is knitted fabric, but quilted part need woven fabric.

Can you send original sample?

Also what qty would it be? It's for low price large volume, or better style & workmanship?

Best regards,

Ben

Buyer

Hi Ben,

This style can be in 2 ways, 20D shell, or fleece.

We didn't make a TP, or have sample.

Usually we will try you first and ask for samples, or price idea. If the price is great it can be volume.

Do you have your own factory?

We are looking for new resources on fleece knitting fabric.

Regards,

Maurice Cohen

Seller

Hi Maurice,

If this style made by 20D shell Nylon fabric, with fleece lining, with thin padding, it's a padded jacket. Price is about USD15.00.

If made by 300 gsm polyester fleece, no lining or padding, it's single jacket. Price is about USD10.40. I suggest to do this way as much cheaper.

Sure we have our own factories. Besides, we also work with several big fleece knitting factories.

But all these factories are big so need volume order. If large volume, we can get very competitive price.

Best regards,

Ben

Buyer

Hi Ben,

We are working on some new tp, can show you soon, what is your price idea for attach 1020?
Price for fleece you say your price is 10.4 LDP, right? We use to buy many pcs with poly feel and lining but in low prices.
We use to buy many fleece pcs, but now we are more developed in to different fabrics, however we are going to move back to fleece soon.
How about the LDP for the basic 1002 attach?

Regards,
Maurice

Seller

Hi Maurice,

Style 1020 LDP price is about USD33.00.
Style 1002 LDP price is about USD15.20.

Best regards,
Ben

Buyer

Hi Ben,
I hope all is well.

Kindly advise your price on the attach style if it is 20D nylon shell, with printed line, and soft poly 9 ounce. (We will change the metal patch to just simple patch on the left sleeve.)

We can buy about 5 pcs.

Thank you.

Regards,
Maurice

Seller

Hi Maurice,

Well received your tech pack. Thank you.
This style is fake down padded jacket. We do a lot. It's quite like one padded jacket I made for Germany brand Tom Tailor. Pls see attached photo for reference.

Some details in your tech pack will make price high. Can we revise it for lower cost?
1) Lining printing is not cycle. Can we use simpler cycle printing pattern? If printing must be fixed as tech pack, cost is high.
2) Contrast lining in 7 colors, will be expensive as printing mill charge high if not reach MOQ of each color. Can we combine some lining colors, like green lining color for both black and navy body color?
3) Main label is quite big. Can it be smaller?

Pls kindly give me size spec for quotation. Thank you.

Best regards,
Ben

点评：很多外国客户，新一季采购的时候，一开始并没有想好要明确采购的产品式样，所以一边和我们谈，一边也在整理思路，同时也要看看供应商的情况。我们刚开始会觉得客户云里雾里，一会儿问问货期，一会儿问问成分，也时不时地问问价格，但最终要谈的不是最开始的东西。

另外一些客户，也和上面买衣服的李小姐一样，先拿之前做过的货给我们报价，看看我们的价格范围。一些业务新手，往往很认真地计算价格，报一个实在的价格给客户。问题是，这个产品往往是客户长期大宗购买的主打产品，客户对此价格可以说了解得细致入微，每个小环节的成本客户都了如指掌。更关键的是，供应商也是做了很多年，知道每个环节如何最优化，如何成本最低化。经过长期的磨合和生产，早已经把成本压缩到了不可思议的地步。因此，一般新供应商报的价格根本无法竞争。

所以，务必要看清客户是想了解我们的价格水平，还是真的想下这个产品的订单。如果是前者，我们初次的价格一定要比正常报价还要低至少30%。大家不用害怕，这个价格实际操作中做不下来，但是客户也不会就拿这个价格要求你出货。客户只是会觉得你的价格不高，甚至和老供应商比有些优势。这样他后面会抛出真正要做的东西，这时我们再真实地报价，跟客户继续谈。

七、拖延时间法

此法有个前提，就是买家没有时间和机会再去找其他可以替代我们的供应商或卖家。大家要对国外的谈判旺季、节假日，以及分销上柜时间都有很清楚的了解。

案例

Buyer

I'm glad we are likely to conclude the first deal with you soon. We've settled all the questions about price, insurance, packing and shipment. Now what about your terms of payment?

Seller

As you've seen from Proforma Invoice, we require payment by confirmed, irrevocable L/C payable against presentation of shipping documents.

Buyer

Could you make an exception in our case and accept D/P or D/A?

Seller

I'm afraid not. It 's our usual practice to accept payment by L/C only.

Buyer

Frankly, a letter of credit would raise the cost of my imports. When I open a letter of credit with a bank, I'll have to pay a margin. That'll not only tie up my money but also increase my cost.

Seller

Sorry, but I cannot be of any help in this respect. You'd better consult your bank and ask them to reduce the required margin to a minimum.

Buyer

Still, there will be bank charges and fax expenses in opening an L/C. It would help me grealy if you would accept D/P or D/A instead. You can still get money same as L/C. It makes no great difference to you, but it certainly does to me.

Seller

Well, I see your point but you also know an irrevocable L/C gives us the additional protection of the banker's guarantee. That's why we always require L/C for our exports. And the other way round, we also pay by L/C for our imports.

Buyer

As this is the first transaction concluded at a time when the world competition is rather keen, I would suggest that you give me more favourable terms so as to promote trade between our two companies. What about D/A?

Seller

Sorry, D/A really can't be done. Payment by L/C is our usual practice of doing business with all customers for such commodities, especially with our new customers. Besides, our price is very competitive and I don't think you'll have any difficulty in the sales.

Buyer

Is D/P acceptable to you?

Seller

Perhaps we shall see whether we can do D/P terms after we have done more business together. But for the moment, I' m afraid we must insist on our usual payment term.

Buyer

If that 's the case, I have no alternative but to accept your terms of payment. By the way, when must open the L/C if I want the goods to be delivered before Christmas season? You know, Christmas is the selling season at our end.

Seller

A month before date of shipment, as mentioned in our Proforma Invoice.

Buyer

Could you possibly arrange an earlier shipment, as I expect to receive the goods well before Christmas season starts.

Seller

You know, getting the goods ready, making out the documents and booking the shipping space, all these take time. You can't expect us to make shipment in less than a month.

Buyer

All right. I'll have the L/C opened by fax as soon as I get home.

Seller: When will that be?

Buyer

Early next week. Meanwhile, please get everything ready and try to dispatch the goods immediately after you get my L/C.

Seller

You may rest assured of that. We'll book your order nd inquire for the shipping space right away, so that shipment can be effected within two or three weeks after received your L/C.

Buyer

That'll be fine. Thank you for your cooperation.

点评：这个案例中，客户说的关于开信用证要押金、手续费等，都是实情。但是圣诞节快要到了，而且其他事项如价格、保险、包装、运输等已谈好，客户不太可能更换其他供应商，所以坚持不松口，就能达到自己的最佳有利条件。

还有就是国外客户来中国采购的时候，因其行程时间有限，此趟来中国必须完成采购任务，所以我们故意拖延一下他的时间，不答应他的某项条件直到时间差不多了客户要赶飞机走了，这时再谈就容易得多。

如果对方故意拖延时间该如何处理呢?

最佳的方案是在谈判之前设法打消买方的这种策略，迫使买方当即做出决定。比如在正式谈判前你可以询问对方被授权的范围和管理级别、有没有做决定的权力，如果对方权限范围大，那么你要在谈判结束前请他做决定，如果对方没有决定的权力，你可以请买方同级别的负责人谈判。

也可以在谈判前先把压力抛给对方，你可以说：“我会给你一个最优惠的价格，请你今天做个决定吧。”或者说：“如果我今天满足你的要求，你能不能也在今天做决定呢?”通常买方在压力下会改变谈判策略，把精力全部放在交易条件上。

八、卖点引导法

有些客户或买家，想买某一类的商品，但是他们并不知道现在最流行什么，或者哪一款式/型号最好。这个时候，需要我们主动推荐一下，或者介绍商品。不断引导，让客户了解商品信息的同时，也坚定了其购买的信心。

案例

Buyer

Dear Ben,

Here with enclosed please find our attachment for lady's short.

We would like to realize this article in 100% cotton in three colors.

Could you give us your best price, MOQ, and delivery date?

Do you have running order or some articles like this?

Thanks in advance.

Best regards,

Cristina Tschang

Seller

Dear Cristina,

Sorry for late reply as I was out last week. Now I came back.

Yes we make such ladies short for many customers. Attached are latest short style I'm making.

To quote price, pls kindly advise rough qty for each color? Payment is still L/C sight, right?

Best regards,

Ben

Buyer

Dear Ben,

We can be interested in 300 pcs woman's short per color; for three colors and total order of 900 pcs.

Among your attachments we like Rip Curl short, so quote us and in case give us your moq. But if you have already fabric in stock please send us pictures and best quotation.

The important matter is that all fabric is azo-free, formaldehyde free, nickel free, low cadmium, phthalates free, please confirm.

Mrs Lina Sodano will attend Canton's fair, will you be there? In case could you bring some samples?

OK for L/C payment.

Best regards,

Cristina

Seller

Hi Cristina,

300pcs per color is too small. FOB price will be USD12.00.

No I will not go to Canton Fair this time.

Best regards,

Ben

Buyer

Dear Ben,

The price is expensive for us.

So if we increase quantity you could give us better price?
We would like to work with you for women and mens' pants and shorts, but we need competitive prices.
Awaiting your comments.
Best regards,
Cristina

Seller

Dear Cristina,
Are you interested in ladies' coats? Here attached some best seller for other styles.
Best regards,
Ben
Sutex Group
××××, ××× Zhongshan Dong Road, Naning, China ××××××
Tel: +86-××-××××××××, Fax: +86-××-××××××××, Mob: +86-×××××××××××

Buyer

Dear Ben,
Thanks for your E-mail.
We don't like these ladies' coats, but please continue to keep us updated with your best offers.
Thanks and best regards,
Cristina

Seller

Dear Cristina,
Let's still focus on shorts. Attached are two styles: rip curl short and C short 7. Both FOB price will be USD8. 50. Pls kindly check if interested.
If you place 300 pcs for each color, I have to use available fabric color.
Best regards,
Ben

Buyer

Dear Ben,
Thanks for your E-mail.

We may be interested in the enclosed shorts but the price is still very high for us. Please specify which are the colors available, we are interested in two colors that can be blue navy and beige.
Awaiting your comments.
Best regards
Cristina

Seller

Dear Cristina,
What's your target price?
Pls advise your qty first, and then I can check if available fabric is enough.
Thank you.
Best regards,
Ben

Buyer

Dear Ben,
Give me your best price based on 500 pcs per color, for two colors.
Thanks,
Cristina

Seller

Dear Cristina,
Based on 500 pcs per color, FOB Shanghai best price is USD7. 85.
Best regards,
Ben

Buyer

Dear Ben,
This is could be another good possibility to work together.
Our idea is to make both short and long lady's pants with same fabric means:
500 pcs beige short +500 pcs long
500 pcs navy short +500 pcs long

We can add and make also man's short and long styles with this fabric in order to reduce the moq problem but repeat key point are prices.

So Pls double check your best prices firstly.
Thanks and best regards,
Cristina

Seller

Dear Cristina,
Noted your points.
If you order 2000 pcs shorts, and 2000 pcs long pants, then we can meet in requirement.
In that case, best price FOB Shanghai for short is USD7. 12, and long pant is USD8. 86.
Best regards,
Ben

Buyer

Dear Ben,
Confirm me if you can accept:
1000 pcs woman's styles in two colors, means:
500 blue navy short pants +500 pcs blue navy long pants;
+500 pcs beige lady's short +500 pcs beige long.

1000 pcs man's styles in two colors, means:
500 pcs blue navy man's shorts +500 pcs blue navy long pants;
+500 pcs beige man's short +500 pcs beige long pants.

If yes, please send us pictures and styles of long pants both for man and woman.
Please confirm me also that all of them are azo-free, formaldehyde free, nickel free, low cadmium, phthalates free, no silica gel.
Thanks in advance.
Regards,
Cristina

Seller

Dear Cristina,
Yes we can do in this case.
Here attached is pictures and styles for long pants both men and women.
Sure they're azo-free, formaldehyde free, nickel free, low cadmium, phthalates free,

no silica gel.

These are all usual requirements on goods exporting to EU. Sure my garments can meet them.

Best regards,

Ben

Buyer

Dear Ben,

OK then we can go ahead. I'll give your correct order sheet next Monday. Pls check order sheet and send back PI to me immediately.

The two colors will be: navy Pantone 19-4025TPX and beige Pantone 14-1108TPX. All technical details will follow later.

Delivery before CNY.

Thanks,

Cristina

点评：这个案例中，客户一开始数量很小，而且也只有笼统的购买意向，同时还嫌价格高。在这种情况下，我们又推又拉，一方面向其推荐我们做过的款式，让客户知道我们是专业的，可以在我们这里挑选合适的商品，另一方面又表现出因为量小价低不是太感兴趣。这样，客户会自动调整其购买策略，要么加价要么加量，并在我们的商品范围内挑选，最终成交。

这个策略要求我们平时对自己的产品十分熟悉，尤其是自己的产品比别家好在哪儿，哪个特点是目前最流行的或者最先进的。这样向客户推荐，或者引导客户时就有的放矢，就知道该讲什么，把客户引向我们有优势的方面。

一般来说，各行业内的龙头企业的产品，是大多数中小客户模仿的对象。所以还可以把客户引导到其他知名大客户的产品上去。比如做运动装的客户，我们可以先给他看我们做过的款式，如果不感兴趣，就可以把一些耐克或者阿迪达斯的款式推荐给他，说我们也做过类似的款式，如有需要，可以按此开发产品。

九、附加条件法

很多时候，买家会嫌我们价格高，这时我们必须想出种种理由来说服买家。常用的就有数量要达到多少，或者货期必须延长，或者 CIF 改为 FOB 节省运费，等等。

案例

Hall: Mr. Chang, I came here to talk to you about my requirements of bed-sheets. You see, I told you over the phone yesterday that I' m interested in your bed-sheets in various colours and sizes. What I want is a bed-sheet of 100% cotton, and synthetic fibre or blended fibre will have no market at our end.

Chang: I know that, Mr. Hall. Therefore, I' ve specially made out a price-list which covers those items most salable on your market. Here are our price list and catalogues.

Hall: Oh, it's very considerate of you. I'll go over your price-list right now, just to find out what items interest me most.

Chang: Take your time, Mr. Hall.

Hall: It seems to me that Art. No. 5, No. 8 and No. 12 are suitable for our market. But I'm sorry to say that your prices are about 15% higher than those offered by other suppliers. It would be impossible for me to push any sales at such high prices.

Chang: I'm sorry to hear you say that. You're probably aware that the costs of raw materials have gone up tremendously during the recent months. But our prices for bed-sheets basically remain unchanged. I dare say that the prices we offer compare favourably with any quotations you can obtain elsewhere.

Hall: I' m afraid I can't agree with you. Your offers are higher than some of the quotations I' ve received from your competitors in other countries.

Chang: Mr. Hall, you're well experienced in the field of textiles. You should not listen only to the price, but must take the quality into consideration, too. Everyone in the textile trade knows that China's bed-sheets are not only superior in quality but also attractive in designs and colours.

Hall: I agree with what you say, but the price difference should not be so big. I only ask that your prices be comparable to others. That 's reasonable, isn't it?

Chang: Well, to please you as our new client and to start the our cooperation, we may consider making some concessions in our price. But, first of all, you'll have to give us an idea of the quantity you wish to order, so that we can try to adjust our prices accordingly.

Hall：It would be difficult for me to tell you the exact quantity without knowing your price，but I can assure you that our order will be a sizable one if your prices are really attractive. So let 's settle the price first.

Chang：You know，Mr. Hall，our price largely depends upon the size of your order. As I've just said，if your order is large enough，for example，20000 sets，we are ready to reduce our prices by 10%. This will surely be the highest reduction we can afford.

Hall：I see. By the way，what are your terms of payment?

Chang：Generally speaking，we require payment for our exports by confirmed，irrevocable L/C at sight.

Hall：I see. It's acceptable. I'll call my GM today to confirm order qty.

Chang：OK，pls hurry. You know raw material keep rising so my price is just valid in one week. It's to your advantage to settle the order the sooner the better.

点评：这个案例中，卖家一直要求客户下数量大的订单，才给优惠的价格。客户也很聪明，给了量大的承诺，但是没讲具体多少，留有余地。另外，客户说价格高15%，后来卖家同意10%，这是因为直接答应15%，显得原报价虚高，而答应10%既接近客户的要求，又显示卖家尽力了。其中的尺度拿捏得很好，大家可以细心体会。

附加条件是一种体面的让步方式。这其实是一种有前提的交换。一方面，可以答应对方的要求，另一方面，太轻率地答应显得灭了己方的威风，而且实际上利益也的确遭受了损失。这样做既可以满足对方的需求，继续谈判和合作下去，又可以获得实际的好处，还同时照顾了双方的面子，确实是一种好办法，也是实际谈判中经常使用的技巧。

十、破釜沉舟法

有些买家，我们已经反复跟进一两年甚至好几年，定期联络，买家也会在邮件或者即时通信工具中回复，但是始终不下订单。这是为什么？我们觉得很有希望，但是买家总是不痛不痒，我们有劲使不出，觉得很憋屈。这时首先要找到方向，具体办法就是跟买家直截了当，捅破窗户纸，直接问他/她成为他们的供应商到底应该怎么做，或者我们有什么地方还达不到他们的要求。

案例

Seller

Dear Karen,

Happy Chinese New Year! Wish you good health and prosperity in year of Dog! We have came back from holiday and start to work.

As you see, we have contacted for years, but no virtual cooperation till now.

In 2018 I really hope can have chance to manufacture garments/fabrics for you. How should I do to become your supplier? Pls kindly help to clarify. Thank you very much.

If you have any request, pls just ask me.

Buyer

Dear Ben,

Happy New Year!

I'm sorry that you did not succeed to be our supplier yet.

In fact is a little difficult now due that we are not really looking for new garment vendors and as far I remember the kind of garments that your proposal us were too simple and not matching with our collection. In fact we are only giving a chance to that suppliers that can offer us a collection, super nice & fancy. If you have that to offer we can think about. Thanks.

点评：大家可以看到，买家也是有什么说什么，直言不讳。因此，有时不妨开门见山，单刀直入，反而可以打破僵局，了解症结所在。

从买家的回复中，我们可以明白，我们的样衣款式太简单，和买家风格不一致。同时，买家也明确地说要想成为新的供应商，必须要能独立研发设计新的服装系列，而且要款式好看新颖。在这种情况下，我们可以分两种思路回复。

（1）我们公司还没有足够的研发能力，可以保持联系，作为买家的备选，或者介绍其他产品。

案例

Seller

Dear Karen,

Thanks for your reply. Noted your point. Pls keep us as optional supplier, maybe sometime you need new garment vendors.

Besides, we can also offer different fabrics for you, as last time meeting. If your buyer and designer come to Shanghai for fabric sourcing, pls just let us know. We can bring many latest fabrics to show you.

（2）我们公司有专业的设计团队，可以研发新一季的最新服装款式，可以继续深入地和买家联系。

案例

Seller

Dear Karen,

Last time we just bring some of our styles for your reference. Yes actually we have our own design and development teams. We can design and make new garment collections, with fancy fabrics & trims and nice workmanship.

If possible, could you please give me some inspirations or concept? Then we can send design artwork for your checking first. Thank you.

十一、逐个击破法

此技巧主要用于特殊情况，比如一批大货某些方面质量做得不好，客户提出严重或金额较大的索赔时，必须针锋相对，将客户提出的理由逐个驳倒，或者进行合理性解释。这时，也是考验业务员综合能力的时候，一方面要对我们自己做的货物各方面情况都了如指掌，随时能讲出对自己有利的理由，另一方面还要审时度势，推测客户能接受的程度，防止事情越扯越大，客户恼羞成怒拒绝收货。

案例

Buyer

Dear Sherry,

Our QC in China has inspected your bulk jackets and found many problems as below:

1. measure deviation, similar as previous inspection, but because the measurement chart is not enough, our QC will measure again in the 2nd final inspection.
2. body fabric of col. navy and white have two color lots: A, reddish: 5pcs, B, more indigo: 58pcs, the factory reply could not pack them separately.
3. body fabric of col. spring red is different from PP: bulk is darker than PP, 100%.
4. bartark thread color at col. spring red pocket is different from PP: bulk is darker than PP, 100%.
5. front panel is strength up: 3pcs.
6. skipping stitch: 2pcs.
7. restarting thread is not nice: 3pcs.
8. pressing mark at body fabric: 20%.
9. dirt: 4pcs.
10. mess hair at inner face of color white: 2pcs.
11. the factory did not cover hood string and bottom leather plate with copy paper, the factory reply already confirmed with your side.

Pls reply to me quickly how to solve so many problems.

Best regards,
Stefanie

Seller

Dear Stefanie,
Pls see my reply below with underline:
1. measure deviation, similar as previous inspection, but because the measurement chart is not enough, our QC will measure again in the 2nd final inspection.
Sherry: This measurement deviations (upper chest until 0.8cm and upper back until 1cm) I have also found on your original samples. It's not big problem and won't

affect wearing or your sale. Pls kindly accept.

2. body fabric of col. navy and white have two color lots: A, reddish: 5 pcs, B, more indigo: 58 pcs, the factory reply could not pack them separately.

Sherry: This is quite unavoidable. Actually the color difference is very slight, not obvious at all. As it's with wax coating, you can see color looks a little different from different angle. We think this is not big problem.

3. body fabric of col. spring red is different from PP: bulk is darker than PP, 100%.

Sherry: This already show you for approval on PPS. You already approved it.

4. bartark thread color at col. spring red pocket is different from PP: bulk is darker than PP, 100%.

Sherry: This is only a mistake by thread supplier. These two colors are too similar.

5. front panel is strength up: 3pcs.

Sherry: Only 3 pcs, already repaired.

6. skipping stitch: 2pcs.

Sherry: Only 2 pcs, already repaired.

7. restarting thread is not nice: 3pcs.

Sherry: Only 3 pcs, already repaired.

8. pressing mark at body fabric: 20%.

Sherry: Body fabric is wax coated so this is fabric character, could not be avoided.

9. dirt:

Sherry: Only 4 pcs, already washed clean.

10. mess hair at inner face of color white: 2pcs.

Sherry: Only 2 pcs, already picked clean.

11. the factory did not cover hood string and bottom leather plate with copy paper, the factory reply already confirmed with your side.

Sherry: This is not big problem or cause any pressure marks.

Best regards,

Sherry

Buyer

Dear Sherry,

Today I have received the final inspection for the above named style and know that our QC's will make a 2nd final inspection.

There are different defects which were found during the inspection：

Measurement deviations in upper chest and back—we will accept.
"Navy" and " spring red" color are darker than on PPs—we will accept.
The contrast bartack（套结）colour of BC spring red is matching body now/ is wrong—we will accept it.

The QC's have also found 2 different colour tones in both navy and white body colors. The difference is obvious and generally we cannot accept any colour difference because this is a fabric dyed jacket!

I have spoken with our General Manager and based on the situation she can accept the both coloured jackets only under 50% commission!

Now I will wait on the 2nd final inspection report. Jane need to decide if the pressure marks are acceptable or not.

All other found defects like：
panel strength up
skipping stitch
restarting thread
dirt
mess hairs at inner fabric side
—need to be overworked.

Pls confirm back.

Best regards,
Stefanie

Seller

Dear Stefanie,

Morning.
Due to different dyeing lot, colors must show little difference.
And because of the coating, we had tried our best to control the fabric color.
There is only one roll of navy fabric with slightly different color tone.
And we can also ensure color is same in each piece of jacket.
Your QC inspection report also shows it's just 8%, which is only 65 pcs out of totally 826pcs bulk navy.

Sorry, we cannot accept 50% commission.

Best regards,
Sherry

Buyer

Dear Sherry,

This morning I have received the 2nd final inspection of above named style and based on the good result the good can be loaded after packing list is confirmed.

The colour differences which was found on body color "white" and "navy" I can only accept each body color with 20% commission.

Commission means:

You ship the goods of BC "white" and "navy" at first without 50% payment.
You also will not get any shipment approval for this, because of mistake found during the inspection.

After receiving goods in Germany we distribute the goods into the shops, waiting for 3 months outside selling situation.
If we will not get any claim from the shops, or returned goods, we will pay the rest of amount to your side.

If mean time any claim is coming to our side, in discount or returned goods, we will inform your side and deduct this payment w/o any discussion.

We use commission base option only, if the garment quality does not meet our standard and cannot be improved.

Pls find enclosed the commission base agreement and sent me this sheet with company stamp and signature back.

Best regards,
Stefanie

Seller

Dear Ms. Stefanie,

Morning.
For color difference, due to different dyeing lot, it's unavoidable, we had tried our best to control it.

For navy color, your QC inspection report also shows only 65 pcs out of totally 826 pcs navy bulk. And we also ensure color are all same in each piece of jacket. It would not affect sale.
For white color, the fabric comp. is 100% polyester i/o cotton, so color would not fade or turn yellow.
We had agreed on 50% commission for style 160 last season (as said 3 months after shipment then). However we had not received your payment yet. (It's 120 days now), it's difficult for us to accept any commission now.
If you receive any claims in sale later, we would take our responsibilities.
Sorry, we cannot do 50% commission.

Best regards,
Sherry

Buyer

Dear Sherry,

If one jacket in one carton is different in colour than our customer will never claim only this one jacket, they claim the whole lot—this is our problem.

According to our QC's info the difference in colour "navy" is obvious and we have samples for color "white" in hand, where we can also see a colour difference with naked eyes.

We have already accept to remove the stopper because of colour fading problem—this point you have not checked carefully enough—we have often remind your side to check the colour fastness for all accessories, like buttons and zippers, etc.

We have already reached you a helping hand but you also need to overtake a part of responsibility. This is only fair for both of us.

Pls confirm back.

Best regards,
Stefanie

Seller

Dear Ms. Stefanie,

Morning.
Thank you very much for giving us a helping hand on stoppers, we appreciated it so

much.
But for assuming claims, it is unfair for us to take such "responsibilities" in advance.
If any claims in future, we would take our responsibilities without any hesitation.
Thanks for checking.

Best regards,
Sherry

Buyer

Dear Sherry,

The responsibility is of course on your side. You need to control the bulk better.
It is totally unusual that the goods are under such colour differences.

We gave your side already the helping hand, that we did not asked for 100% commission. We just asked for 50% commission.

Kind regards,
Stefanie

Seller

Dear Ms. Stefanie,
Morning.
Thanks for checking.
Yes, so we promise we would take our responsibilities if any claims in future without any hesitation.
As you can see from your QC inspection report, there're only several pieces.
We cannot take such responsibilities in advance all the time.
We really suffer a lot.

In this case, maybe we can deliver this style to you with letter of guarantee.
Please help check. Thank you.

Best regards,
Sherry

Buyer

Dear Sherry,

The letter of guarantee is not enough.

The goods are under your control and under your responsibility.
Even your side did not inform our side before that your side will use 2 different colours!

I will not agree just under guarantee letter.

Kind regards,
Stefanie

Seller

Dear Ms. Stefanie,

Morning.
We made 50% commission for bulk 160 for you last season and haven't received the rest 50% payment till now.
For bulk navy, it's only some slight color difference due to different dyeing lot with some pieces.
We reported everything to our boss and finally he agreed to make 20% commission for color white only for you.
This is the best we can do, please help check. Thank you.

Best regards,
Sherry

Buyer

Dear Sherry,

Pls find enclosed the changed commission base agreement and sent me this sheet with company stamp and signature back.

Best regards,
Stefanie

点评：大家可以看出，这种德国的客户是很苛刻很认真的，虽然价格稍好一些，但是有时要求高得我们实际业务中根本做不到。在这次索赔处理中，完全要靠我们的专业产品知识，把大部分问题淡化，告诉客户不影响穿着或谈判。有些污迹或者线头，只要能再次返工解决的，就返工解决。态度要好，软中带硬，把不利因素降到最低。其中还提到了写个出货保函（Letter of Guarantee)，这也是为了先收全货款，后续有问题再解决。

逐个击破的时候，也要讲究方法。首先把对方提出的全部问题全部看一遍，有了大局的概念，然后逐条分析，这么多条问题，肯定有的是大问题，有的是小问题，有的可以翻修，有的根本无法修改。接着制定策略——可以翻修的跟客户讲清楚，大问题和无法修改的问题要想办法尽量淡化，大事化小，小事化了。最后，如果很难说服客户全部接受，那丢卒保车，选择个别小问题承认一下。

十二、合纵连横法

最后介绍一种所有供应商的最怕遇到的悲惨境遇——竞标式报价。

有些经验的供应商，不管是工厂还是外贸公司，想必都经历过这样的情况：国外某大客户打电话给你，说下周要到上海来几天，约你下周二上午九点到上海洲际大酒店十楼见面洽谈业务并报价。你自然满口答应，心中暗喜，准备多拿些订单。

到了时间，你到酒店一看，形势不好！只见十楼是个大会议室，里面已经来了五六家供应商，东一堆人，西一堆人。过会儿客户出来了，拿了很多款式的衣服，让所有公司都看衣服报价。这摆明就是要大家互相“厮杀”，把价格压到最低啊！

这种情况下，压力是很大的，尤其是还有东南亚等国这样的竞争对手。大家都明白，价格没有最低，只有更低！有些公司看情况不对，摇摇头就走了，还有些公司，准备随便报个低价，根本也不抱希望能接到订单。

这时到底怎么办？只能运用合纵连横法！

你可以找机会和在场所有留下来的供应商沟通一下，先不急着报价，大家商量一下，不要互相“厮杀”，让客户得了最大的便宜，而应该联合起来，共同破解这个难题。可以把客户拿来的衣服大概看一下，按品种分为几类，比如夹克4个款，裤子5个款，毛衣4个款，等等。首先大家沟通好，擅长做夹克的先报夹克的价格，愿意做毛衣的先报毛衣的价格，只能做裤子的就报裤子的价格。当然，这个价格也是市场上正常的价格，不低也不能高。然后大家把衣服换过来报价，在报自己不擅长或者不愿意做的品种时，将价格故意报得高一些，即比第一家的报价要高。

这样最后的结果就是，每一家供应商都可以接到几个款的订单，而且价格还不是最低的。这样既可防止自己一无所获，也让每一家都能有些订单。这的确是破解这种竞标式报价的有力“武器”。

综上，有些交易情况下，可以先用一种技巧，随着谈判的深入，不断变换其他技巧。有时则可以直接综合使用几种技巧，在最短的时间内使买家接受，直接将买家订单拿下。

第二节 跨境电商 B2C 的高级谈判技巧

与 B2B 谈判略有不同，B2C 是零售，针对的是更多的个性买家。这些顾客买的量通常不大，有时频率较高，但是一般下单较急，喜欢有现货，希望付完款，就能拿到货。他们首先考虑的是采购和支付安全，并且讨厌找不到好的卖家或产品，或卖家回复慢，甚至不回复。

一、掌握最佳谈判时间

最新数据显示，全球社交网络的用户数已突破 20 亿，在人们的生活中，每个社交媒体都扮演着不同的角色，所以它们出场的时间顺序自然也有所不同。另外全球每个地区每个时区，人们活跃的时间段也不一样。对于 B2B 卖家或是 B2C 卖家来说，发布内容的目的就是为了吸引这些来自不同平台的受众。

一套有效的外贸社交营销系统，应该集跨境电商 B2B、跨境电商 B2C、网络社交营销于一身，协同实现三大平台协同运行。在此基础上，准确把握每个平台的最佳发布时间，是推动内容影响力和受众参与度的关键性因素。

以下是 Facebook、Twitter、LinkedIn、Pinterest、Instagram、Google+跨境电商社交营销活跃时间表。

1. Facebook

最佳活跃时间段：

13:00：最多分享。

15:00：最多阅读及点赞。

09:00~19:00：在 Fanpage 获得用户反馈。

最佳活跃日：

周四、周五的用户参与比例比其他天多 3.5%。

2. Twitter

最佳活跃时间段：

12:00，13:00，18:00（时区根据目标市场变动）：最多阅读。

17:00：最多分享。

最佳活跃日：

周三、周六、周日为活跃日，能够获得更高的用户参与和点击。

此外，调查显示，Twitter 用户大多习惯在路上、学习和工作中使用 Twitter，并且周末发布内容的用户参与度比在工作日发布的高 17%。

3. LinkedIn

最佳活跃时间段：

早晨、午间及傍晚时间为最佳发布时间（周二上午 10:00~11:00 为黄金时间）。

最佳活跃日：

周二、周三、周四为活跃日。

注意：领英对于 B2B 的伙伴们而言是非常重要的社交媒体，并且领英的用户群体也主要是 B2B 企业，因此，若在工作日时发布，得到较高用户的参与也是不足为奇的。

4. Pinterest

最佳活跃时间段：

20:00~23:00（时区根据目标市场变动）：适合发布时间范围。

21:00：用户活跃高峰期。

最佳活跃日：

周六为活跃日。

注意：各大时尚品牌及各零售店，发布的最佳时间为周五 15:00。

5. Instagram

最佳活跃时间段：

15:00~16:00（时区根据目标市场变动）：最多阅读分享。

最佳活跃日：

一周 7 天几乎都是活跃日，就变化曲线而言，周一最为活跃，周日相对较弱。

6. Google+

最佳活跃时间段：

09:00~11:00：最多阅读分享，特别是周三 9:00。

最佳活跃日：

周一至周五为活跃日，周三最为活跃。

在这些时段有针对性地对目的客户群进行推销和谈判，必定会事半功倍，更容易成交。

二、掌握逆反心理，获得客户的信任

在推销过程中，很多谈判员往往会口若悬河地夸赞自己的产品有多么好，但是现在的消费者非常理性，很难被这种自我推销说服，有时甚至会产生反感。

但如果我们反其道而行之，不说产品有多好，而说自己的产品有哪些缺陷，有哪些不尽如人意的地方。这样做不但不会吓跑客户，反而会引起客户的好感，因为你是实实在在地在为客户着想，客户就会自然而然地对你产生信任。哪怕产品真有一点瑕疵，客户也会认为这是正常的，仍然从你这里购买商品。

案例

卖家："看您很诚心，我也不想瞒您，这套热水器好是好，但它有一个小缺点，就是在您使用时，若关掉热水阀 10 分钟以上，主机就会自动熄火。要想打开热水，必须重新点火。"

顾客："哦，我明白了，它这是为了节约能源。"

卖家："是啊，您真聪明！它就是一个节能装置，同时也是为了安全考虑，我就是怕您嫌麻烦。"

顾客："这个没关系的，一般掌握好时间就可以了，洗澡时也不会关掉那么久的，冻都要冻死了。"

卖家："是啊，我刚才已经介绍过了，这台机器其他方面都很不错的，比如出水量大、节能、数控水温等，就是这个小设计，有些顾客会想不明白。"

顾客："是啊，有些人可能不理解。"

卖家："就是，我这个人喜欢什么事都提前说明，要是等您回去使用后觉得不舒服，再要换啊什么的，大家都不开心，您说对不对？"

顾客："是的，你很坦率呢！"

卖家："谢谢您的夸奖！请问您还有其他问题吗？"

顾客："没问题了，你都解释得很清楚了。"

卖家："好的，那您是付现金还是刷卡呢？"

顾客："现金好了。

在说自己产品的某个缺点时，千万要记住这个缺点不能是太严重而妨碍正常使用的，比如案例中所谓的"缺陷"其实就是一种省电和安全的设计。千万不要将客户最担心的问题直接暴露给客户，比如客户买燃气热水器最担心的是安全问题，而你直接就说"抱歉，我们产品最大的缺点就是不够安全"，客户再理解再认为你是在为他们着想，也断然不会买台有安全隐患的热水器回家。

三、优惠心理

大多数人存在着占便宜的心理，希望自己能够不花一分钱就获得想要的东西，卖家在同买家进行沟通的时候可以根据买家的这种心理有针对性地组织语言，用“免费”“赠送”等吸引人的词语紧紧地抓住买家的眼球，提升自身产品的魅力，力促买家快速下单。

案例

买家：“你们家这个品牌这个型号的油烟机价格上还能再优惠一些吗？”

客服：“亲，这个牌子的油烟机都是全国统一价的，我们自己没有定价权。不过，在我们店买这个牌子的油烟机可以免费获得一套骨瓷餐具，一共6个骨瓷碗，非常精致，绝对超值。”

买家：“真的假的？”

客服：“当然是真的哦，做买卖就讲究一个‘信’字，骨瓷餐具会和油烟机一起送到您的手中，别的店家可是没有这种活动的。”

买家：“是的，看了几家，都没啥活动，那就买你家的这个吧。”

客服：“好的，您在这儿买绝对超值！您一定会满意的。”

很多时候，买家在选购产品的时候，除了关注产品本身之外，还会格外关注购买产品之后电商所赠送的一些小礼物。所以电商在同买家进行沟通的时候，需要紧紧地抓住买家的这种心理，用一些免费的小礼品作为吸引买家的“糖衣”，在很多时候能够成功诱使买家快速下单。客服显然意识到了这一点，用额外的礼物吸引买家做出了下单的决定。

要点一：突出小礼品的价值。

电商在同买家进行沟通的时候，需要将赠品的价值说明白，让买家了解这些赠品并不是可有可无的，而是能够在生活或工作中发挥重要作用的。这样一来，买家就会被这些能够免费获得的小礼品所吸引，甚至会因为想要获得这些小礼品而改变原来所持有的购物态度，“买椟还珠”，从而选择迅速下单。

要点二：强调礼品数量有限，先买先得。

很多时候，即使电商表明购买产品会有相应的小礼物，但是很多买家还是缺乏相应的下单积极性。究其原因，一方面可能是因为产品本身并不适合买家，另一方面也和电商没有规定礼物的赠送数额有关系，什么时候买都有礼物拿，对买家而言就缺少了一种下单的紧迫感。所以电商在同买家沟通的时候，需要强调“赠品数量有限”“送完为止”，让买家产生一种紧迫感，才能激发买家更早下单。

四、从众心理

正所谓“物以类聚，人以群分”，人们在心理上往往会倾向于寻找自己所属的群体，用这个群体的主流思想和行为规范作为自身活动的标准。电商可以在同买家进行交流沟通的过程中，有意识地强调买家所属年龄段群体的主流购物选项，激发买家的从众心理，这对最终获得订单大有帮助。

案例

买家：“你们店运动鞋系列哪款比较适合大学生呢?”

客服：“亲，强烈推荐这款运动鞋，设计得非常时尚、青春，深受大学生群体喜爱呢?”

买家：“是吗? 买这款运动鞋的大学生很多吗?”

客服：“是啊，亲，我们店有统计数据的。这个月我们店卖出去300多双运动鞋，其中这款最畅销呢，购买的人中绝大多数是20岁左右的年轻大学生。不信您问问身边的同学，大家肯定都知道这个品牌款式的鞋子。”

买家：“我刚问了一下，还真是!”

客服：“亲，这个是肯定的。而且，我自己也一直在穿这双鞋呢，效果确实很棒。我可以发个自拍照，您看看。”

买家：“嗯，真的蛮好看的。那我就放心了，这就下单。”

客服：“好的，亲，您下单之后我们会立即发货的。”

群体意识对其中的个体意识通常有着非常精准的影响力。具体到买家个体，相同年龄段群体的购物选择标准和意愿对其选择怎样的产品有着更为精准的影响力。所以电商在同买家进行沟通时，不妨针对买家所处的年龄段，用这个年龄段的主流产品选择标准来激发其从众心理，最终达到影响买家购物决定的效果。客服在同买家沟通中强调了相同年龄段买家群体的主流选择倾向，最终成功地引导买家做出下单决定。

要点一：用相同年龄段买家的主流产品选择标准激发个体买家的从众心理。

电商在同买家进行沟通交流的过程中，在了解买家年龄的基础上，可以通过“这个年龄段的人都喜欢这款产品”之类的语言来引导买家的购物选择，激发买家的从众心理，最终达到坚定买家下单决心的目的。

要点二：用具体数据“说话”。

电商在同买家进行沟通时，为了增强自身观点的真实性，可以列举具体的数据来进行论证，以此来坚定买家的下单决心。比如，电商可以向买家展示后台数据，用具体的产品销售数据直观地佐证自身的观点；再比如，引用一些新闻报道数据，使买家更放心。要知道数据在人们的心目中更客观、更可信，数据的出现往往会增强买家的从众心理，使其缩短观望时间，快速做出购买决定。

要点三：让买家自己去观察发现。

电商自己说是一回事，买家发自内心地相信又是另一回事。俗话说，眼见为实。为了能够让买家更加确信，电商不如让买家观察一下周围亲友、同事，甚至路人，让其自发地得出相应的结论，最终引导买家在从众心理的作用下购买产品。比如，电商可以说：“您可以看看周围的人，是不是和您年龄差不多的人大多数了解这个品牌，使用这款产品？”这样的话语就可以引导买家，使其自发地强化从众心理，做出符合主流选购倾向的购买决定。

第三节 线上谈判与线下谈判的差别

一、线下谈判面对面可以看到肢体语言与表情

（一）透过肢体语言看穿他人的隐蔽情绪

人的一切行为都是心理的映射。

在日常生活中，我们每个人都会有一些潜藏在心底的真实想法不想被别人知道。但是，无意间做出的小动作往往会暴露我们的真实心理。根据现代心理学的研究可知，了解一个人的真实性情，可以观察他在不经意间所做的小动作。这是因为小动作实际上是一种肢体语言密码，它代表的是一个人内心的真实想法。在谈判过程中，谈判对手往往会刻意掩盖自己的真实情绪。但是，大部分人都无法做到在隐藏内心时不留下蛛丝马迹。观察谈判对手身体各部位的小动作，可以洞悉他们在说话时没有透露出来的信息，了解他们的真实想法。

案例

A 方与 B 方进行谈判。在谈判过程中，A 方一直注意观察着对方的表情以探知对方对自己方案的态度。他向对方详细地介绍了自己的方案，其间对方代表一直流露出满意的表情，看起来似乎对这套方案很感兴趣。A 方代表心里很高兴，他觉得这次的谈判应该能够成功，对方看起来十分愿意合作。谈判进行到尾声，B 方的态度一直很好，满意的表情也没有发生过变化。不过，A 方代表同时也注意到了一个小小的细节——对方的脚一直在不停地上下抖动。他心里闪过一丝疑惑，不过并没有多想。最终，B 方向 A 方表示，对于他们的方案很满意，但是需要考虑一下，过两天再给出答复。

谈判结束后，A 方便开始等待对方的回音。但是过了两天，等到的却并不是他期望的消息，对方表示，其他公司还有更好的方案，只能期待下次再进行合作了。A 公司代表很失望，但又觉得百思不得其解，对方明明看起来对自己的方案很感兴趣，为什么又突然不愿意合作了呢？A 方代表回想起 B 方代表在谈判中的小动作，咨询了相关专家，才明白，原来 B 方代表在谈判中所表现出的感兴趣的表情，只是他伪装以后的结果。真正能代表他内心想法的，是他双脚不停抖动的小动作。通常来说，听话者脸上一副感兴趣的样子但是双脚同时不停抖动，这说明听话者对于话题其实并不感兴趣。而 B 方代表在谈判中的小动作，才真正代表其内心的真实想法。

在谈判中，如果我们想了解谈判对手的内心，不能只听对方的话语，还要观察一下对方无意识的小动作，所谓“观其言，察其行”。从头、手到脚，每一个部位的小动作都能够传递信息，只要细心观察，便不难猜透对方的心理。以下是身体各部位小动作所对应的谈判对手的真实心态：

- 用手抓头部，表示对方此时情绪较为混乱；
- 交谈时用手触摸眼睛、嘴唇，表示对方很紧张，或者说明他在撒谎；
- 双臂交叉放在胸前，说明对方感觉到没有安全感；
- 男士用手抓领口，表明他现在情绪很烦躁；
- 在纸上胡乱涂写，说明对方现在很紧张；
- 双脚不停抖动，说明对方没有诚意；
- 身体动作突然放慢，这表示对方很紧张；
- 双腿来回晃动，这是对方没有兴趣的表现；
- 轻轻的、保持一定距离的握手方式，说明对方对谈判的态度很消极；
- 捂住自己的嘴巴，表示对方有可能在撒谎，或是对你所说的不感兴趣；
- 摸自己的鼻子，这是说谎者的表现，通常触摸的时间很短，而且力度很轻；

- 拉扯衣角，说明对方的情绪处于十分紧张的状态，有可能在撒谎；
- 挠脖子，且挠的次数较多，通常在5次左右，表明他在撒谎。

另外，一些对手习惯做的小动作还可以表露出他们的真实性情。喜欢用嘴巴咬住一些小物品的人，如咬住笔头、眼镜腿或其他物品，这样的人性格桀骜不驯，不愿意受束缚，喜欢无拘无束、自由自在的生活状态。当他们做出咬小物品这样的动作时，说明他们此时处于非常恶劣的情绪状态，做这种动作是为了掩饰自己的情绪。所以，遇到这样的情况，最好还是不要打搅他们，否则很可能会导致他们情绪爆发。

有些人，在情绪比较烦躁的时候会出现咬牙切齿的情况。这样的人通常都有些喜怒无常，情绪非常不稳定。他们心胸狭窄，做事很不理性，经常会控制不住自己做出一些会后悔的事来。

生活中我们也会看到一些喜欢不停地摩擦双手的人。这种人内心充满自信，拥有很强的挑战欲望，是典型的冒险性性格。他们通常比较固执，一旦下定决心做什么事，不管遇到什么样的困难和挫折，都会义无反顾地坚持做下去。当他们不停摩擦双手时，表示他们此时的心情很烦躁、郁闷，有解不开的心结正在困扰着他们。

还有一些人，会习惯于用手抓下巴或是抚摸下巴。这种人是很懂得处理人际关系的一类人。他们心机颇深，胸有城府，在为人处世上很有一套，显得世故圆滑。当他们做出抚摸下巴这样的动作时，实际上他们是处于一种情绪波动的状态中。他们在努力克制自己不要冲动，掩饰自己的不满。同时，这种动作也表示他们正在思考，筹谋着下一步的计划。

习惯用手拢头发的人，性格较开朗、乐观。他们有很积极的人生观，遇到事情不会选择逃避而是去主动寻求解决的方法。在生活中遇到苦难和挫折时，他们能在最短的时间内调整好自己，以一颗坦然的心重新开始。当他们在你面前做出这样的动作时，实际上心底里对你的话题已经没有了任何兴趣。他们已经分心开始思考其他问题，只是在漫不经心地应付你。而且，他们会觉得你现在是在打扰他们，所以希望能够尽快结束谈话。

（二）面无表情就是毫无感情吗？

在谈判场上，我们对谈判对手的第一印象就来自于脸。无论对方掩藏得多么好，在有情绪波澜时，总会有一些蛛丝马迹留在他们的脸上，彰显他们的真实心理，这就是表情的力量。我国古代就有“察言观色”的说法，说的就是在与人交往时既要揣摩对方话中之意，也要懂得关注别人的表情来调整自己的行为。在谈判中，如果我们想牢牢将局势掌控在自己手中，取得谈判主动权，了解你的谈判对手是十分有必要的。面部表情往往会泄露很多秘密，所以，在谈判中注意关注对手的表情，将是我们了解对方心理的一把“钥匙”。

有的谈判对手非常喜欢笑，在生活中经常笑的人自然会给人以好感，谈判场上也不例外。这些对手的笑容使他们显得平易近人、友好亲切，能够自然地赢得另一方的信任。但是有的时候，笑容也并不一定表示对方的态度是积极的。如果对方表现出一副故作笑容的模样，那么他往往是为了掩饰自己的不安，实际上内心的态度恰恰相反。推销界就有这样一句话：“如果对方故作笑容满面，这次推销十有八九就不会成功。”这说明笑容并不总是代表欢迎的态度。所以，不要以为谈判对手对你满面笑容就表示他对你的印象很好。只有看出对方是真笑还是故意伪装的假笑，或是应付的皮笑肉不笑，你才能了解到对方真实的态度。而且，从对手笑的方式上，我们也能看出他们的真实性情。

经常悄悄微笑的人，性格比较内向，他们的思维缜密、头脑机警，不会轻易让别人猜出他的所思所想。而能够不加掩饰地捧腹大笑的人，他们的心胸很开阔，为人正直，且乐于助人。笑声爽朗的人则性格坦率真诚，做事很果断，但内心往往没有外表看起来那么坚强。另外，有的人笑起来总会用手掩着嘴巴，这种人通常很害羞，不会随意将心事告诉给别人，对外界有着很强的防卫心理。

一个人有某种表情，说明他脸上的肌肉在发生着变化。如果对面坐着的是一个面无表情的人，一丝变化都找不到，我们又该从何处下手呢？其实，面无表情也是一种特殊的表情。一般人的脸上都会表现出喜怒哀乐，但是这位对手却一丝波澜都没有，无论怎么想都有些奇怪，他是否是因为极力地在隐藏自己的情绪，用一张找不到一点儿表情的假面具来伪装呢？答案正是如此。一个人内心深处如果有了强烈的情绪波动，感到强烈不满或是对对方有敌意，而他们又不愿意让对方看出自己的这种态度，他们就会选择没有表情的面具来防止自己的这种态度显现出来。所以，在谈判场上遇到这样的对手，心里就应该明白，在他那张面无表情的脸下面，很可能藏着一个情绪大动、无法自控的真实面孔。

与面无表情者相反，也有一些对手，表现出来的是比常人更加善变的表情。他们的脸上一会儿显现出兴奋，一会儿是遗憾，倏忽之间又改为了气愤。这样的人往往拥有较丰富的感情，才能在表情上这么多变，他们表情的变化是随着感情的变化而一同改变的。有人会说，同这样的谈判对手打交道一定很容易，因为他们的表情基本上与感情是同步的。只要看看他们的表情，就可以了解到他们现在的情绪。其实不然，像这样面部表情过于丰富的人，往往性格有些自私自利，以自我为中心。他们及时将感情通过表情表现出来，是不自觉地希望通过这种方式来感染他人，让对手顺着自己的心意走，而不是忤逆自己的意见。所以，遇到这样的对手，如果发现他们的表情起了变化，不妨先暂时认同他们的想法，让他们的情感不至于起太大的波澜，以免谈判发生不必要的冲突。等到他们的情绪稳定下来以后，再慢慢进行磋商。

正常人维持一个表情所用的时间一般只有几秒，但是如果你面对的谈判对手正在说谎，他们脸上的表情维持的时间就会长得多。如果一种表情持续的时间达到了5秒到10秒，那么这个表情很有可能就是假的。正如上文提到的，有的人为了掩饰自己的情绪而面无表情，这种面无表情也是一种表情，脸上长时间的维持一种表情正说明这种表情的虚假性。假笑也是如此，如果谈判对手在整个谈判过程中脸上始终都在极力维持着笑容，那么十有八九他们只是在努力地对你假笑。

此外，从五官的细微变化上我们也能猜测出对方的性情和情绪状态。拿鼻子来说，当一个人的鼻孔胀起来时，他通常是在抑制自己的不满情绪。这种不满使他整个人处于一种紧张的状态中，呼吸和心跳加速，导致鼻孔扩大，身子也就相应胀了起来。所以，当你发现谈判对手的鼻孔似乎比之前稍稍大了一些，心里就该明白，很可能他已经对你产生不满，正在抑制自己的情绪。此时你需要找些办法平复一下对方的心情，以免发生冲突。

除鼻子、唇部的动作能够体现出一个人的心态，嘴唇在人的面部位置显著，动作又多，所以能够表现出人内心更加复杂的心理状态。人的嘴唇稍稍往上噘起时，说明他此时内心已经有了某种抵触心理，正在防备着对方。而一个人的嘴巴半张开，呈现出一种向后拉的状态时，说明他对对方说的话很感兴趣，正在认真聆听。在说话或倾听时咬着嘴唇的动作，是一种自我反省的表示，表明这个人的心里正在谴责自己。习惯于将嘴角上翘的人性格随和，容易被别人说服。而喜欢将嘴抿成“一”字的人，性格坚韧，能够坚持到底地完成工作，是极难应对的谈判对手。

总之，通过解读谈判对手的面部表情，我们可以发现很多对谈判有用的信息。一些习惯性的表情让我们可以判断对手的性情、品格，在谈判中随时关注表情也能让我们及时了解对手情绪上的变化，在心理上占据主动位置，最终掌控谈判局势。

（三）与对方的视线交流

在谈判中，我们经常要与对手做视线上的交流。你说话的时候，他目不转睛地看着你，或是看你一眼便匆匆移开自己的目光。他说话的时候，一直与你保持着视线交流，或是从头到尾根本就没将视线放到过你身上。这些都是谈判中会出现的情况。眼睛是心灵的窗户，一个眼神，一道视线，都能够透露出谈判对手的真实心理。视线是跳动的眼神，眼神的波动就是视线的变化。所以，在谈判中，我们一定要时刻关注对方的视线，剖析隐藏在其中的秘密。

案例

一场谈判已经进入最后阶段。A 先生目光凌厉，直视着对手的眼睛。对手 B 先生面对 A 先生迎面射来的视线，只看了一眼，便貌似随意地移开了自己的目光。A 先生的态度看起来很坚定，他说："我们公司是很想与贵公司合作的。但是，贵公司必须保证能在 4 个月内全部交货。"

B 先生听了这话，将视线转回到 A 先生身上，他发现 A 先生仍旧紧紧地盯着自己，B 先生又一次移开了自己的目光。思考了一下，B 先生说："我们也非常希望能同你们合作，但是就我们公司目前的情况来说，在 4 个月内交货是真的有些困难。我希望贵公司可以再考虑一下，在交货时间上我们可以再商量一下。"

在谈话的过程中，B 先生只是偶尔将视线投向 A 先生，但一旦有视线上的交会，B 先生便立即将自己的目光转移。这一切都被 A 先生看在眼里。针对 B 先生方才的请求，A 先生说："贵公司交货的时间与我公司的正常运营是有很大关系的。倘若贵公司能够在规定时间交货，那我们的生产工作将能够正常进行，这次合作会给我们双方都带来极大的益处。但是一旦贵公司不能在 4 个月内交货，我公司就不得不停工等待贵公司的原料，这会给我们的生产带来极大的损失。所以，鉴于我们公司目前的状况，如果贵公司要与我们合作，就必须保证能在 4 个月内交货。"

B 先生听了这话，目光自下方望向 A 先生，与 A 先生的视线交会，这一次，B 先生没有移开自己的视线。他说："我们非常希望能和贵公司合作，只要贵公司能够再多给一些时间，我们一定会加班加点完成。"

A 先生在心里思量着对方公司的底牌。他回想着与 B 先生的谈判过程，他与自己的视线交流总显得不那么自然。首先，当自己直视对方的时候，B 先生并没有回视过来，这说明对方在气场上弱于自己。其次，在谈到交货时间时，B 先生向自己诉苦的过程中总是不愿意与自己有视线交流，不敢直视自己，显得有些心虚。这说明让对方在 4 个月内交货并不是强人所难，只要对方倾尽全力，还是有可能实现的，不像对方所描述的那样绝对无法完成，对方只是想多争取一些时间来交货。最后，B先生的最终表述显得很真诚。他终于愿意直视自己的目光了，这说明在与我方公司合作这一问题上，对方的态度还是很积极的。这样思考过后，A先生得出了结论：B方非常希望能与我方合作，而且在4个月内交货虽然对他们有些难度，但还是可以完成的。

有了这样的结论，接下来A先生拿出了比之前更加强硬的态度和气势，他始终用逼人的视线盯着对方，告诉B先生自己最后的决定是必须在4个月内交货，否则这次合作就免谈。最后，果然如A先生所预料的那样，B先生非常希望能与A先生合作，在A先生的强硬要求下，B先生最终做出了让步，答应了A先生的要求，同意在4个月内向A先生所在的公司交货。

线下谈判中一般都是面对面的谈话，所以视线上的交流不可避免。A先生正是通过观察B先生在谈话中的视线变化，部析出对方的心理，才最终达成了己方的谈判目的。一般来说，在与对方谈话的过程中，时而四目相对，时而转移视线。这是一个基本的变化过程。但是有些谈判对手在这一过程中却显得有些不自然，这时候，我们就应该多注意他们的视线变化，推测一下其中的原因。

在谈判桌上，有的时候我们会遇到这样的对手。他们视线紧迫逼人，紧紧追随着你的一举一动，这样的对手实际上是在强化自己的气势。采取这种策略的人，他们有着很强的自信心，希望能够通过这种表现给别人留下强势、自信的印象。他们在说话的时候，也会紧紧看着对手的眼睛，说出自己的观点，让别人为他们的气势所震慑，服从于他们的观点。遇到这样的对手，如果你不停地闪躲自己的视线，就会显得很心虚。但是如果你也紧紧地回视他，两个人都彼此不转移视线，始终直视着对方，谈判氛围就会陷入一种很尴尬的状态。所以，不妨在初始时与对方直视一段时间，让对方明白你并没有惧怕于他的气场。然后，偶尔与之交会一下视线，停留一段时间，再自然地移开。这样会让对手逐渐感觉到你的镇定自若、不为所动的态度，他们的气场便会渐渐弱下来，采取一种更平和、自然的方式与你交流。

与直视对方的谈判对手相反，有的对手倾向于完全避开对方的视线，始终不用眼睛直视对方。这种人比较自卑，可能在从前的谈判中没有取得过什么好成绩，所以一上谈判场就觉得不自信，不敢面对对手。此外，还有一种情况，就是他很心虚，也许在某个方面欺骗了你。遇到这样的对手，一定要谨慎对待，以防他们在谈判中使诈。需要注意的是，如果他们心里有鬼，那么他们偶尔也会主动与你进行视线交会。因为他们有事情隐瞒，所以需要某种方式来证明自己并不心虚，而偶尔的视线交会，就是他们选择证明自己的方式。

二、线上谈判的特点和技巧

21世纪初，在互联网初期，在线聊天工具刚兴起来的时候，人人热衷于网络聊天，但是都不知道对方是谁。有个笑话说，没人知道对面打字的是一只狗。这也说出了线上沟通的特点：看不到对面的人，看不到其面部表情和肢体语言。如果没有语音的话，更多地要从文字中符号中甚至是图形中，揣摩对方的真实心理，感觉其细微的变化，做出下一步的回复。

（一）线上谈判的特点

线上谈判，不是Face to Face，而是Online to Online，这对我们来讲是好事还是坏事呢？可以说既是好事，也是坏事。线上谈判的主要特点有：

1. 延时性

双方都有充足的准备。文字交流不像讲话一样必须有即时性，打字可以慢慢打，可以有足够的时间慢慢想对策，慢慢酝酿回复的语句。

2. 独一性

面对计算机和手机，我们无法知晓对面是一个人或是几个人，甚至是对方全公司都在做智囊团。我们也可以找需要的人和资料做援助。

3. 平面性

对书面表达能力比对口语要求要高。表达能力不太好，比较内向，或是害怕唇枪舌剑的人，比较适合于线上谈判。没有面对面压力，没有强硬对手的咆哮，人们可以更冷静、更理性。

4. 权威性

书面文字更可信，文字是书面的语言，比较严谨，甚至可以作为法律的依据，因此，任何人在书写或打字时，都会非常仔细。打印出来的文字对人们会产生更大的影响力。大多数人都比较容易相信书面的东西，即便是那些听起来并不可信的东西。

数年前，美国有个真人秀的电视节目，节目组在一个医院附近的马路上立了一块告示牌，上面写道：禁止进入××医院！一个演员穿着一身租来的州警察制服站在这块告示牌旁边。有人前来询向时，他不讲话，就指指那块告示牌。结果却让人大吃一惊！所有人都很快停车，然后说着类似的话："这条路什么时候开始封路的？要封多久？我的妻子还在医院里！"

人们更容易相信那些形成文字的东西，包括演示文件，制作精美的宣传图册，做成表格的报价单，等等。所以，只要情况允许，建议大家尽可能地使用书面文件。打个比方，如果你在线上一直卖一批五金器材。有一天你决定调整价格，这时一定要以书面方式在网站上打出：因为最近国际上钢材涨价，原材料供应商也相应涨价了，因此我们的产品不得不提价10%。这样，顾客心里至少有了个接受涨价的理由。设想一下，如果你只是在和人家沟通的时候，临时说这个必须涨价10%了，顾客会怎么想，是不是在想你这样涨价简直像强盗一样？

案例

买家："你们家的蜂蜜质量如何？"

客服："亲，我们店的蜂蜜都是自产的，采自四川金堂，纯天然，不管是口味还是营养含量，都是顶级的。"

买家："嗯，现在的蜂蜜在质量上都差不多啦。"

客服："亲，您仔细看看我们店蜂蜜外包装的设计，比如这一款，对比一下其他店销售的蜂蜜，您就会发现这种'奶嘴'设计非常人性化，您只要拿起瓶子挤一下就能便捷地品尝到蜂蜜，比那些需要用勺子才能将蜂蜜弄到杯子里去的设计是不是更贴心？从这个细节上就能看出我们是全心全意服务消费者的。我们产品的包装设计是贴心的，质量上也是绝对有保障的！"

买家："经你这么一说，这个设计还真特别，用起来的确很便捷。有这种服务消费者精神的企业做出来的产品也不会差到哪儿去，那好，我就买两瓶吧！"

客服："好的，亲！"

（二）线上谈判的技巧

根据以上特点，可以运用相应的线上谈判技巧。

1. 用生动的语言，尽快在客户心里建立我们自身可以信赖的形象。线上谈判的成本看似没有线下谈判的多，但是却需要花费隐形的成本，那就是双方之间的信任。线下可以通过语言和表情等使双方尽快熟悉起来，但是线上完全靠文字，双方花费在建立信任方面的时间要长得多。

为此，线上谈判首先要在对方看不到我们真人的情况下，尽快树立自己在对方心中的形象。当然这个形象是个认真负责，可以值得信任，可以进一步谈判的形象。没有谁会愿意跟一个不靠谱不着调的人讨论严肃的事情。

具体做法是，尽量在可能多的情况下开诚布公，保持真诚坦率的态度，说明自己的基本需求，表示谈成谈不成都不要紧，买卖不成仁义在，以后还可以做个朋友。这样反而能迅速拉近双方的心理距离，增进双方的互信，加快达成一致的步伐。

2. 从回复速度来看，脱口而出的答案一般是人的真实反应。想一想再回复的真实性差一点。半天才回复的，可能对我们的观点完全不同意。当然要排除对方临时有事离开一阵子的情况。因此，对对方快速回复的答案，我们可以认为其没有多少掩饰，可以作为真实的意思表达而基于此思考我们的对策。

另外，从我方来讲，我方对所有线上收到的问题，均要慎重考虑，不急于马上做出答复。我们可以调整一下坐姿，整理一下桌子上的资料文件，或者站起来抽根香烟喝两口茶，整理一下自己的思路，甚至是让身边的朋友、同事等智囊团充分地讨论，最后选取最佳对策应对。

3. 从句式上来说，用感叹词表示说话人情绪的激动，疑问句表示有疑惑需要解释，反问句则表示语气的强调等。通常情况下我们自己应该都用平和语气的陈述句。当然在某些事项上，可以采用相应的句式和符号，来加重我们的语气，表达我们同意或不同意等态度。

另外，性格比较爽快的人在谈判时，通常会用较短的句式，而且喜欢一次讲一个短句，几个短句连着讲，那我方则可以看情况随之一起爽快利落，或者慢慢拖延。性格比较内敛的人，讲话比较周密完整，没有什么明显漏洞，这时候我方想问题要周到体贴，不可过分炫耀吹嘘。性格比较虚荣的人，说话比较夸大有水分，而且比较专断，这时我们可以多赞美、多顺从，使对方自我感觉良好。

4. 从用词来说，在线谈判，用词一定要推敲，因为对方能和我们接触的唯一途径就是文字。用错一个词，意思表达的效果就会大打折扣。通常情况下，要想表达自己的负面情绪时，可以使用“愤怒”“愤恨”“恼怒”“生气”这类字眼；相反，如果谈判氛围良好，则应该尽量使用一些委婉的用词比如“我担心”“恐怕”“担忧”“可能”。

如果对方强硬，我方也使用针锋相对不甘示弱的话，可以说“我们坚决不同意”“这个绝对不可能”“这个要求太过分了”等斩钉截铁的话，反之，可以留有余地地说“这个要求恕难从命”“贵公司不是在开玩笑吧”“这个已经超出了我们的能力范围”等。

案例

客服：“您好，这款洗衣机您了解差不多了，现在有下单打算么?”

买家：“现在不想下单呢，觉得你家物流太慢，要10天才能到货，等不起!”

客服："亲，这个并不固定呢，您可以选择您中意的物流，您选择，我们出邮资，这样好不好？"

买家："这样还不错呢。"

客服："是呢，亲，物流这方面，您不喜欢我们物流的话，您可以自主选择物流的。我们跟大多数物流公司有合作。"

买家："好的，这样的话我就下单了。"

[错误回答]

客服："您现在想要下单么？"

买家："你们家物流太慢了，产品拿到手要等一周，不想下单了。"

客服："亲，一周时间转眼就过去了，不会太久的。"

买家："还是算了吧！"

知识考查与技能训练

本章习题请扫码获得。

第五章　跨境电商谈判的掌控

【学习目标】

本章旨在让学习者了解掌控跨境电商谈判的各种注意事项。完成本章的学习，学习者应提高自身的语言运用能力，学会如何面对僵局和沉默，了解不同国家和不同地域、不同风俗和文化、不同性格的谈判对手的禁忌。

【本章重点】

本章的学习重点是提高“望”“闻”“问”“切”的语言运用能力，学会面对、破解僵局或者运用沉默。

第一节 语言艺术

语言是沟通的基本工具和途径。在跨境电商贸易中，不论是线上谈判还是线下谈判，均要用语言来陈述、解释、质疑、赞同、否定等。语言可分为口头语言、书面语言和肢体语言。高明的谈判者，能够高超地运用语言艺术，直抵人心，直达本质，具有强大的鼓动性和说服力。俗话说，一句话能说得人笑，一句话也能说得人跳。所以，平时需要有意识地锻炼自身的语言表达能力，可效仿神医扁鹊诊断病情的方法，从“望”“闻”“问”“切”四方面来提高自身的语言运用能力。

一、“望”：观察的艺术

人对外界的信息，90%是由眼睛观察得来的。人际交往中，对他人的言语、表情、手势、动作以及看似不经意的行为有着较为敏锐细致的观察，是掌握对方意图的先决条件。

我们必须要在谈判中察言观色，随机应变。在谈判中，我们常常遇到一些意想不到的情况，需随时应对一些意料之外的信息，敏锐地感知、恰当地处理。比如，对方在和你谈判的时候，突然对方公司有人进来送了张纸条给他。对方虽然仍在和你谈话，却是心不在焉。这时你最明智的方法是打住，直接问：“贵方是不是有什么新的情况？不妨提出来，大家一起谈谈。”

首先要观察人的眼睛。眼睛是心灵的窗户，一个人的情绪状态、阅历、情感几乎均能从眼睛中看出来。眼睛传递的信息相当丰富，透过眼睛可以看到人的内心。正常谈话中视线接触对方脸部的时间占全部谈话时间的30%～60%。低于此数值范围，表示对谈话不感兴趣；超过此数值范围，则说明对对方本人比对谈话更感兴趣。视线躲闪，不敢直视，说明在掩饰躲藏秘密。视线闪烁不定，常常是在撒谎。眨眼多而快速，可能是很感兴趣，也有可能是怯懦或不好意思。

肢体语言也是人们用来表达情绪的常用手段。上肢包括手和上下臂。一般说话的时候，人们喜欢把手指全部打开，并在空中轻轻挥舞，这表明展开论述，没有隐瞒。有时在讲到重点的时候，3个手指会捏在一起，给人一种严谨的印象，比如美国前总统奥巴马演讲时就喜欢用这个手势。更为兴奋或者激昂的时候，人们干脆将手紧紧握成拳头，展示自己的力量。双臂交叉在胸前，表示防卫或傲慢。双手握在一起放置于腹部，是礼貌接待的意思。

下肢包括脚和腿。因为下肢常常隐藏在桌子下面，所以动作不容易被察觉，人们做下肢动作比较放心。因此我们也可以从下肢的细微动作中有效地判断出对方的真实情绪和意图。最常见的就是抖动脚或者腿，这表明不耐烦，不感兴趣，有些急躁，想做点什么打发时间，或者想停止和离开。跷二郎腿，表示悠闲自在，有些藐视对方的意思。用腿和脚打节拍，意味着进入节奏，听歌唱歌时常有此动作。

腰是一个人运动和直立时的中轴。挺直腰板，表明自信自负，充满力量，情绪乐观，有时也表示抗争到底。比如，军人的站立姿势，通常给人以挺拔、力量、正直的感觉。弯腰或者点头哈腰，表示礼貌和谦逊。常见的有日本人的鞠躬，通常以腰为支点，往下弯的角度越大，表示越谦恭，如对上级经理行礼，可能弯60度，对集团领导行礼，可能弯90度，等等。

二、“闻”：倾听的艺术

每个人都有倾诉的欲望，希望对方能听懂自己的意思。现实生活中，很多人在听到一些跟自己无关的事情时，即使嘴上不说，心里却在想这和我有什么关系，早点结束吧。殊不知，心里这么想的时候，必然会从外在表露出来，比如心不在焉、说话敷衍、不停看表，等等。对方肯定能看出来你对他讲的话不太在意，必然会对你的态度极为不满。

在谈判中，我们当然主要围绕着主题商谈。有时候，比如“破冰期”，或者中途休息时，双方偶尔也会聊点其他的话题，或者开开玩笑。这时，请勿因为是谈判对手就不搭理对方，而要认真地倾听，也许会有意想不到的收获，或者仅仅是调节一下心情，也对谈判很有益处。

在谈判进入正题时，首先我们要全神贯注、专心致志地倾听对方的观点，必要时拿笔和纸记下来，或者用录音笔全程记录。目光与说话者的经常接触，表情严肃认真，可以随着讲话的内容摇头、点头、皱眉头，或者笑笑等。这样让对方感到受尊重，也可以让我们自己集中精神不开小差。

其次，我们要努力在倾听时总结对方的逻辑和要点。口头讲话毕竟不同于书面语言，它更为随意、更为发散，想到哪里说到哪里。里面有些意思是重复的，有些是纯粹口语，只表达情绪没有实质性内容，有些则是主题的发散和解释。因此，我们需要一边听一边梳理，列出实质性的要点，并理清对方的逻辑思路。

我们在听取对方谈话的同时，要善于从中辨别出话外之意、弦外之音。大部分欧美客户，讲话偏向于直接，这样很好理解他们的意思。但是，很多东南亚国家的客户，很多时候讲话比较委婉，或者不好意思说，或者不方便明说，因此是含蓄地表达。在这种情况下，需要我们判断这是对方的真实意思，还是对方的礼貌用语或惯常说法。比如，日本人不愿意对任何事情说“不”字，而是支支吾吾面露难色。有时，日本人还会在谈判中不断地点头并说着“哈依!”这只是告诉对方他在认真听，并不是表示同意。

最后，在倾听的时候要有好的反馈。不要急于抢话和反驳，或者自以为是地急于做判断。准确的反馈会激励谈话人继续进行，对他是极大的鼓舞。红顶商人胡雪岩很会听人讲话，他不但认真听，还经常在紧要关头补充一两句，点其要旨，这样说话者会觉得是莫逆知己，快慰平生。所以我们不但要听，在重要的时候还要评论几句，或者仅仅只是重复一下对方的观点，对方可能会觉得谈得十分投机。

案例

有一次，美国知名主持人林克莱特访问一名小朋友，问他：“你长大后想要当什么呀?”小朋友天真地回答：“嗯，我要当飞机驾驶员!”林克莱特接着问：“如果有一天，你的飞机飞到太平洋上空，所有引擎都熄火了，你会怎么办?”小朋友想了想：“我会先告诉坐在飞机上的人绑好安全带，然后我挂上我的降落伞先跳出去。”

当现场的观众笑得东倒西歪时，林克莱特继续注视着这孩子，想看他是不是自作聪明的小家伙。

没想到，接着孩子的两行热泪夺眶而出，这才使得林克莱特发觉这孩子的怜恤之情远非笔墨所能形容。于是林克莱特问他：“为什么要这么做?”孩子的回答透露出他真挚的想法：“我要去拿燃料，我还要回来！我还要回来!!”

三、“问”：提问的艺术

谈判中，不可否认，提问是用得最多的方式。了解对方的需求，判断对方的价格底线等，都离不开高明的提问。高明的提问，不但能获取很多有用的信息，更能引导谈判的方向，掌握主动权，控制谈判的发展态势。

那么如何才能有效地提问呢?

首先，可以对这次谈判的内容进行预热。在做好充分准备后，一方面，可以假想对方会对我们提出哪些问题，预先做好答复；另一方面，我们也可以预先准备一些问题向对方提高，越详尽越好，同时也可以预想一下对方会怎么回答，这样可以有备无患。

其次，注意采用合适的提问方式：

1. 用商量的口气比用命令的口气好。“你们这些货，必须在 5 月底交货，否则……”这种命令式语句，谁听了都不舒服。如果用商量的口气“我们工厂不能停，你们看能不能想想办法，让我们赶在 5 月底之前收到货？”那对方可能会认真地考虑解决的办法，而不是怄气。

2. 赞美式提问。大多数人喜欢听恭维话，受到赞美，心情都会愉快。所以，聪明的提问者会先让对方敞开心扉。比如，有位著名记者采访一个内向的木匠：“您的手艺这么高超，有什么诀窍吗？”木匠说：“也没什么，就是多练呗。”记者说：“我真不明白，那个木窗上的凤凰，翅膀那么薄，还没裂开，就像要飞出来一样。还有木梁上的花朵，花蕊那么细，怎么不会断呢？”木匠一听，顿时神采飞扬，一一道出原因，甚至把自己小时候练习的经历都告诉了记者。

还有一位中国老太太想去美国旅游，到美国领事馆办签证。签证官问：“您这么大年纪了，为什么还要到美国去啊？”中国老太太说：“我身边的人，人人都说美国好，我老太活了 70 多岁，倒要去看看，看看美国到底好在哪里。”签证官听了哈哈大笑，立刻盖了签章。

3. 选择式提问。很多时候人们拿不定主意，这时，给出一些选择，比考虑要干什么更具体、范围更小。

李鸿章为了训练新式军队，提高战斗力，计划在每个营队里至少安排两名德国军事教官。但是他深知如果按此直接奏报朝廷，众大臣和慈禧太后都不会同意。为此，他在奏章说，军队里有人主张每个营要安排两个德国军事教官，有人却说至少要安排五个才有用，为此争论不休，请朝廷决断。这下，大臣们都在争论到底是几个，没有人考虑要或不要安排，最后每个营安排了 3 个德国教官，李鸿章的计划得以顺利实施。

最后，提问要掌握好节奏。提问的时机要恰到好处。不要在对方连续发言时急于打断对方而提问，这样不但不礼貌，而且无法得知全部的信息，反而暴露了己方的意图，或者漏掉本应知晓的信息。有问题可以先记下来，等会儿再问。当然，如果对方喋喋不休，长篇大论，冗长拖沓，那不妨在对方发言的间隙之间提出问题。例如，利用对方点烟、喝水、拿资料的时候，趁机发问：“你讲的质量方面的问题我们大概清楚了，下面是不是看看价格和售后？”

有的时候，由于客户比较圆滑，一直不正面回答我们的问题，我们可以反复一直追问同一类问题“您刚才说的钢材成分，到底是多少呢？”“如果你们自己不清楚，我们需要找第三方检测机构检验一下。”而有些时候，提出问题后我们应该闭口不言，只待对方回复。由于问题是我们提出的，对方就必须回答问题以打破沉默，他们将承担打破沉默的义务，这无形中给对方施加了一种压力。

四、“切”：说服的艺术

“切”在中医中的原意是指切脉诊断，在谈判中指陈述利弊、切入要害、说服对方。说服是我们谈判的主要目的，也是最重要的语言技巧，它不同于强权压迫和威胁，是纯粹靠语言使对方接受己方观点和建议的艺术。

说服别人不是一件容易的事，尤其在谈判时双方是对立的存在。然而即便如此，我们仍可以运用说服的技巧。

（一）从利益出发来说服对方

本杰明·富兰克林说：“如果你想要说服别人，要诉诸利益，而非诉诸理性。”毫无疑问，从利益出发，是说服任何人最有效的方法。请站在对方的立场和角度上，设身处地地为对方设想，我们会发现很多貌似不合理的事情均有了合理的解释和客观存在的理由。是非之外还有利弊，打动人心最直接的通道，是告诉对方“这对你有什么好处”“为什么这对你很重要”，而不是“为什么应该这样而不是那样”或者“为什么你不应该拒绝”。

某人在超市推购物车，超市里人很多，他推着车走得很慢，还容易撞到人。开始的时候，他大声说：“请让一让，麻烦大家请让一让。”结果根本没有人理他。无奈，他又高声叫道：“大家小心被我撞了。”这时，有些老人和孩子避开了。最后，他喊道：“小心剐破你们的衣服。”这下，所有人纷纷给他让道。所以，人只有在涉及自身利益的时候，才会有所行动。我们有时要站在对方的角度上，替对方着想，想得越周到越好，考虑得越细致越好。

这比换位思考要更进一步，换位思考只是考虑了对方的立场或者难处，而从利益出发说服对方，则是想出具体的理由和解决办法，而不仅仅是暗示对方这是对的那是错的。

当然，如果谈判双方能找到共同的利益，那是最好不过的。寻找并强调双方一致的地方是说服的重要技巧，求同存异，以同化异，通过培养双方的共同感来促进对方接受己方的意见。不能只看到双方的分歧点，强行说服，要善于营造一致的氛围，淡化对立情绪，以和谐融洽、互利互信的氛围来对人的心理产生积极的影响。

在人与人的交往中，以双方共同感兴趣的事项为桥梁是一种培养双方关系、创造说服条件的有效方法。要善于寻找双方在工作上的共同点，如共同的职业、共同的追求等；寻找双方生活上的共同点，如共同的家乡、共同的经历等；寻找双方在兴趣爱好上的共同点；寻找双方共同熟悉的第三人，等等。

案例

买家："你们家这款冰箱能优惠吗？"

客服："亲，您问得正是时候，这款冰箱是最后一台，老板刚发话，为了庆祝大卖，这台冰箱按进货价返利给消费者，还没来得及改价格。"

买家："按进货价？"

客服："是啊，亲，绝对进货价，比其他店家的同型号冰箱便宜300多元呢！"

买家："哎呀，真不错，我就要这台了，马下就下单，这是我的，不能再卖给别人哦！"

客服："好的，亲，给您留着。"

（二）从情感出发来说服对方

实际上，说服的过程在很大层面上可以说是对对方情感的征服。要善于推心置腹，动之以情，以情感人，讲明利害关系，使对方感觉你是在公正地交谈，没有不良企图，这样才能真正地说服别人。

第一，要化解对方的疑虑和戒备。俗话说，防人之心不可无，面对陌生人，人的通常心理是有所戒备、有所防范。这是人们自我保护的本能。因此，要想说服对方，先要让对方放下戒心，接受你。如何才能让对方接受你呢？很简单，顺着对方的心理去说去做，不可对抗。如果说对方不愿意听的话，对方会有逆反心理。反过来，大家能接受替自己考虑的话，能接受赞同自己的人。高明的谈判者会打破对手的最初预期，出乎对方的意料，让对手得不到逆反的期待，彻底瓦解对方的防御心理，让对方卸下包袱和疑虑。

第二，要将心比心，平时关心对方，关键时刻也为对方着想，让对方感觉到虽然是谈判对手，但你也很有人情味，大家做事归做事，私下可以成为朋友。如果能够通过感情投资影响对方的心情，让对方对你产生好感，那说服对方也就水到渠成了。

第三，要想在感情上说服对方，还可以事先为他设计理由，比如，"你这么做，不但对自己有利，而且对他人也是有帮助的。"这样会让对方觉得是为了家庭、朋友或者公司等而做决定。

比如，一个推销黄金首饰的销售员对一个正在犹豫不决的主妇说：“您如果买下这些首饰，戴起来一定很漂亮，您的丈夫也会更喜欢您。”这句话的含意是你这么做一方面是为了自己，另一方面也是为了你的丈夫，女为悦己者容。如果这位主妇还在犹豫，此时销售员可进一步地说：“黄金这个东西保值，也放不坏，您买了它，如果哪一天想脱手也能轻松卖出，还不亏本，这样对于您的家庭没有什么损失，只有好处。”主妇听了这话，可能会认为购物不只是为了自己，也是为了家庭，很高兴地买下首饰。

对漂亮碗碟举棋不定的男性顾客，销售员可以劝说“先生您买了这么漂亮的碗碟，您太太不会舍得让您洗碗的”之类的话语，这样将有助于说服对方，达成交易。

案例

老陈有部旧车，开了 15 年，跑了 30 万公里，性能已经很落后了。经常有卖汽车的业务人员向他推销各种各样的汽车，有新车，也有八九成新的名牌二手车。

有段时间，几乎天天有人上门来推销，或者是打电话介绍某种车型，使他感到不胜其烦，自然造成他重重防御的心理。只要一遇见汽车销售业务员，他就会想：“又来了，这些家伙要让我买车。我的车还可以再开开，暂时不买新车。”

这些业务员，有些是王牌销售，口才很好，为了推销他们自己的车，有的说老陈你这部老爷车早已破旧不堪，实在有失你的身份，还有的说老陈你的车已经换过太多的零件，还不如将这些费用购置一部新车更划算。这些话均有些道理，但是老陈觉得怎么听着都不太舒服。所以，只要一见到他们，他心中就生起反感。

有一天，来了某 4S 店的一个中年男人，老陈的直觉反应就是：“这家伙一定又是来推销汽车的，我绝不上他的当。”

可是，那位中年推销员看了一眼他的汽车，便对老陈说：“你这部车起码还可用上一两年，现在就换车的话，有点可惜了。我看还是过一阵子再说吧!”说着便递了张名片给他，转身直接离去。

听他这么一说，老陈顿时感到不是滋味儿，自己不停地想：还再开一两年？这部车都开了这么多公里这么多年头了，还经常这儿掉零件那儿要修理的，每年花钱不少。而且自己好歹也是个经理，开这么旧的车实在有失身份。另外也对不起自己啊，赚点钱也要适当享受一下。

想到这儿，他按照名片拨通了那位中年推销员的电话，很快订了一部新车。

第二节 破解僵局和运用沉默

一、破解僵局

在谈判中，双方各执一词，僵持不下，经常陷入僵局。这往往是因为双方的矛盾暂时得不到调和，进退两难。僵局使双方感到尴尬难堪，而且给大家极大的受挫感。因为人不喜欢孤立，也不喜欢和别人的关系破裂。僵局使谈判无法进行下去，无法达成协议。严重的僵局将严重影响谈判的进程，如果解决不好，谈判将最终破裂。

但是反过来看，僵局也反映了双方的真正需求和矛盾对立点。因此，出现僵局后，我们也不用气馁，或者轻易退出谈判。应该仔细分析僵局出现的原因，认真研究破解的办法，找到应对之策。此外，还可以充分运用僵局，给对手施加一定的压力，迫使其让步和妥协，达到我们的谈判目的。

破解僵局，通常可采取的策略如下。

（一）多案法

多案就是多重方案，多种选择。在谈判过程中，双方已经在前期辩论的时候想到很多可能达成一致的途径，也想到很多可以替代的方案了，但就是无法走到一起。这也是僵局产生的原因。

那么，是不是真的已经无计可施，无路可走呢？有哲人讲，人的一切烦恼，都是智慧不够高的产物。我们不妨召集谈判小组所有的成员，甚至是全公司的成员，大家一起集思广益，再度进行头脑风暴，看看是否尚有遗漏的地方，是否尚有可能的解决方案。

（二）调整法

有些僵局，产生的原因其实不是原则性的大问题，而是对某些特定的要素无法认同。这种情况下，要先分析出问题的症结所在，然后有针对性地进行调整，便能豁然开朗，继续将谈判进行下去。

比如，己方的一位谈判代表非常强势，而且曾经使对方公司吃过亏。对方将他看做眼中钉，无论他说什么对方都有很强的抵触心理，自然这场谈判很快便成僵局。聪明的做法就是立即换人，撤换这个谈判代表，换一个态度亲和或和对方私交不错的代表。

或者对谈判环境做一些调整，比如之前连着数天在会议室里谈判，当天换到一个景色优美的森林公园内。大家呼吸着新鲜空气，漫步在山道中，浑身轻松怡然，说不定就有了缓和的意愿。

此外，还可以调整谈判的氛围。如果谈判双方一直非常低调，只是一味强调双赢，你不妨让自己变得咄咄逼人一些；如果谈判一直进行得非常艰难，你不妨向双赢方向调整来自主地调节谈判场所的氛围。

（三）小步前进法

在面对僵局时，我们也可以慢慢来，从小问题开始一步一步地解决。如此这般，逐步地走向最后的核心问题。这也就是由易到难，符合人们的行为习惯。

通过解决小问题，双方可以慢慢地积蓄动力和热情。应对困境大抵如此，和愚公移山一样，只要有所行动，形势就一定会有变化。千万不要将谈判一直聚焦在某一核心问题上，否则一定要分出高低输赢，不利于解决问题。

通过解决小问题，双方会觉得已经花费了很多的精力和时间，而且也达成了一些共识，如果放弃，确实可惜，不如再努力一下，好好商谈，真正达成合作。

（四）搁置法

很多时候，有些问题越想越想不透，越想越容易钻牛角尖。在这种情况下，不妨提议双方暂时搁置一下，暂时停止谈判。这段时间可长可短，一般的贸易谈判可以暂停几天或几个星期，大型的政府间或者大型商务项目谈判则可以搁置几个月甚至几年。

在这段时间内，双方可以冷静下来，转移注意力，转换思路，很可能有新的启发。有时，甚至立场也会有新的改变。因为人的思想是会变化的，也许过了一段时间，接触其他一些人和事，对原来的看法会进行修正。

（五）第三方调停法

当搁置一段时间，以上方法均不起作用的时候，就意味着谈判僵局已经无法靠双方自行破解了。这时，唯一的解决办法就是引入第三方进行调解。

当旁观者清，当局者迷。找一个双方都能接受的中间人，进行调解或仲裁，可以启发双方提出有创造性的建议，并综合双方的观点，提出折中或者互利的方案，促成谈判成功。

这个第三方中间人，务必是中立的、不带任何偏向的，当然也不能是任何单方利益相关的。比如，国外的法庭陪审团，任何利益相关人都必须避嫌不得参加。如果是请己方熟悉的人员来当中间人，那中间人一开始就要向对方做出一些让步，使对方相信他是中立的，不完全偏向己方。

案例

买家：“这款牛奶看介绍不错，就是这个品牌看着眼生，所以现在不敢下单呢。”

客服明明：“亲，这个牌子是新品牌呢，现还在推广阶段，产品质量绝对不成问题呢，这个品牌随着厂家推广力度的加大，不久也会热起来的，后面价格越来越高。”

买家：“新产品总是有一定风险的。”

客服明明：“亲，新产品虽然知名度不怎么高，但是现在厂家为了推广，提升知名度，优惠力度非常大呢，您可以对比一下这个品牌的牛奶和其他品牌牛奶的价格，低很多呢！而且现在只要购买就会送您一套精美餐具系列礼包，包括两双不锈钢筷子、一个不锈钢汤勺，绝对超值！”

买家：“这样听起来还挺划算。”

客服明明：“是呢，亲，新产品胜在性价比高，一点不比老品牌产品差呢，甚至更好更划算！”

买家：“哎呀，那我就买两瓶试一试吧！”

二、沉默的运用

陷入僵局时，往往会有长时间的沉默。这时，谈判双方可能会默不作声，这给人们的心理造成一种压力。所以，很多谈判新手认为，一旦沉默，或者长时间不说话，就面临僵局了。

其实，经验丰富的谈判老手知道，有时沉默不是僵局，而是一种手段，一种营造心理压力、迫使对方让步的手段。沉默并不意味着对方没有观点，没有意见，没有立场。相反地，对方既然来谈判，早就摸透了你的详细情况，想好了策略，怎么会没话可说、没有意见呢？当对方陷入沉默的时候，不要被对方的假象所迷惑，不要认为他（她）在陷入沉思，或陷入困境，没有解决的办法。

沉默其实是一种武器，它可以使对方无法摸透谈判者真实的心理活动，是以静制动，不暴露任何弱点，自然对方也无法进行任何有效的攻击。面对沉默的对手，有时我们为了缓和氛围，会不由自主地主动攀谈，从而被对方获取更多的信息。有时甚至会被对方摸到自己的底牌，从而一败涂地。

在谈判中，很多人喜欢滔滔不绝，从各个方面讲述对方的缺点和自己的优势等。以为讲得多、讲得长、讲得有气势就能赢得谈判。然而，有时多说不如少说。

如何在谈判中灵活地运用沉默的技巧呢？

1. 在对对方的观点和意见表示不同意不赞成时，可以沉默。对方看见己方沉默，当然明白己方不同意。于是对方可能会审视自己的观点和做法，看是否有可以调整的地方，心中暗自考虑哪里可以稍微做些让步。即使不明说，对方也有了让步的预期。

当你想重点强调你的话语时，你也可以先沉默一会儿。等大家都安静下来，带着期待看着你的时候，你再发言，这时的效果会好得多。

2. 在对话的过程中增加停顿的次数和时间。试着在谈判中保持 10 秒不说话，或者半分钟，甚至更长。你会发现对方会为了打破尴尬而主动说些什么。此外，可以增加停顿的次数，商谈一会儿后就主动停顿，就像水墨山水画中的留白一样，给对方一种神秘的感觉。甚至可以用一些小表情，如微笑、皱眉等来传递和沉默类似的信息。

3. 简短的提问后保持沉默。这种技巧是十分神奇有效的。很多聪明的公司高层和领导会熟练使用这种技巧。简单来讲，你可以在对方报价或提出方案后，简短地说“你的价格还可以更好一些”“你的方案应该再好”，然后，你就闭紧嘴巴，一个字也不要说了。

比如，线上有 3 家店铺卖户外帐篷，价格最低的那家价格是 120 美元，而开展打折活动的时候价格是 100 美元。我们购买的时候开始肯定会说让店家便宜一点，店家说已经是促销活动的最低价了。这时我们说“你的价格还可以再低一点”，然后一言不发。店家要么说“真的是最低了，没办法再低了”，要么陷入沉默。这时，我们保持沉默。过了几分钟，店家可能会主动讲“这样吧，看你真的想买，我最后再让你 5 美元，你不要跟别人讲啊”。

反过来，对手用这种办法对付我们，我们也可以反其道而行之：“你到底希望我给出什么价格呢？”

案例

某大型跨国集团的总裁，有一次要对东南亚的一个国家的商业地产进行收购。他让市场调研部的徐经理好好调查一番。

徐经理接到任务后，非常认真仔细地研究，全面地调研，花了整整一周交出了一份自己非常满意的调研报告。报告内容翔实，分析全面，并且排版考究，字体优美，还用皮革装帧了封面，印烫了金字。

星期一的早晨，秘书将报告递给了总裁。结果，当天下午，总裁就把这份报告打了回来，上面批示“你应该做得更好一些”。于是，徐经理又安排了下属3人，分别搜集资料、分析对手和评估收益。不但如此，徐经理还让秘书做了很多的相关图片，插入较多Excel表格。终于在两周后，调研报告增加到200多页，再次呈交给总裁。当晚，徐经理和下属还出去吃了顿美餐犒劳了自己一下。

然而，第二天，总裁仍然批复“你应该做得再好一些”。这下，徐经理感到前所未有的压力，报告总被打回来，看来总裁很不满意啊。徐经理立刻在部门内部开会，调集部门所有的人马，加班加点，查漏补缺，从各个角度、各个层次、各个方面进行剖析、评估、讲解和预判。全部人员又整整干了两周，人人精神疲惫，终于做出了一份极其完整、极其精确的调研报告，内容简直可以和百科全书媲美。

这次，徐经理亲自敲响了总裁办公室的门，恭恭敬敬地将这份调研报告递交给总裁，说道：“总裁，这份报告我们已经修改了两次，我们市场调研部的全部同事加班加点分析了两周，所有的信息都在里面。这已经是我们能做到的最好水平了。您看看还有什么需要补充的。”总裁沉着地把报告放在办公桌上，说道：“好吧，那我会看这份报告的。”

第三节 不同国家和地区的谈判对手

每个国家、每个地区的社会和人们，因各自的地理环境、风水气候、历史文化各不相同，所以有各自不同的语言、风俗、饮食、宗教、准则和信仰。

一、美国商人的谈判特点

1. 美国人的时间观念很强

美国的生活节奏很快。美国人有着一种非常强烈的紧迫感，希望能够抓住时机，在条件允许的情况下尽可能地获得最多。美国人相信时间就是金钱，所以他们对时间就像对金钱或投资一样来控制和使用。美国人常常以自己能够在最短的时间内达成交易而感到自豪。

既然美国人注重效率、珍惜时间，当一个美国人不停地督促你结束一笔交易时，他其实并不是在耍花招，他只是在按照自己的方式行事罢了。美国人喜欢用“分”为单位来计算时间，例如月薪 1 万美元，每分钟就是 8 美元，所以，在谈判过程中，他们连 1 分钟也舍不得进行无聊的毫无意义的谈话，十分珍惜时间、遵守时间。美国人常常抱怨其他国家的谈判人员拖延时间，缺乏工作效率，而这些国家的人则埋怨美国人缺少耐心。

美国人认为，最成功的谈判者是能熟练地掌握所有数据，把一切事物用最简洁、最令人信服的语言迅速表达出来的人。因此，美国人在谈判中十分重视效率，开门见山，报价及提出的具体条件也比较客观，水分较少，他们希望谈判对方也能如此。尽量地缩短谈判时间，力争每一场谈判能速战速决，谈判一旦突破其最后期限，谈判很可能破裂。

因此，除非特殊需要，和美国人谈判的时间不宜过长，一定要有时间观念。如果谈判时间过长，就会对美国人失去吸引力，所以只要报价合理，就可以考虑抓住时机拍板成交。

2. 热情坦率，性格外向，自立自信

美国人性格外向，他们的喜怒哀乐大多通过他们的言谈举止表现出来。在谈判中，他们精力充沛，感情洋溢。不论在陈述己方观点，还是表明对对方的立场态度上，都比较直接、坦率。如果他们不能接受对方提出的建议，他们也是毫不隐讳地直言相告，甚至唯恐对方误会。

美国人的自信还表现在他们坚持公平合理的原则上。他们认为双方进行交易，双方均要有利可图。在这一原则下，他们会提出一个“合理”方案，并认为这是十分公平合理的。他们的谈判方式是喜欢在双方接触的初始就阐明自己的立场和观点，推出自己的方案，以争取主动。在双方的洽商中充满自信，语言明确肯定，计算也科学准确。如果双方出现分歧，他们只会怀疑对方的分析和计算，而坚持自己的看法。

美国人的自信与傲慢还表现在他们喜欢批评别人、指责别人。当谈判不能按照他们的意愿进展时，他们常常直率地批评或抱怨。这是因为，他们往往认为自己做的一切都是合理的，缺少对别人的宽容与理解。美国人的谈判方式往往让其他人觉得美国人傲慢、自大。他们说话声音大、频率快，办事讲究效率，而且很少讲“对不起”。他们喜欢别人按照他们的意愿行事，喜欢以自我为中心。

3. 注重合同，注重短期利益

美国人重合同、重法律，他们认为，契约精神是最重要的。美国人解决矛盾纠纷习惯诉诸法律。他们的这种法律观念在跨境贸易交易中也表现得十分明显。美国人认为，交易最重要的是经济利益。为了保证自己的利益，最公正、最妥善的解决办法就是依靠法律、依靠合同，而其他的都是靠不住的。因此，他们特别看重合同，十分认真地讨论合同条款，而且特别重视合同违约的赔偿条款。一旦双方在执行合同条款中出现意外情况，就按双方事先同意的责任条款处理。因此，美国人在商业谈判中对于合同问题的讨论特别详细、具体，也关心合同适用的法律，以便在执行合同中能顺利地解决各种问题。

美国人做交易，往往以获取经济利益作为最终目标。但他们一般不漫大要价，也不喜欢别人漫天要价。他们认为，做买卖的双方都要获利，不管哪一方提出的方案都要公平合理。美国人比较关心短期收益。除了能够在与对方建立良好关系之前就达成交易之外，他们还希望能够尽快地得到交易完成所带来的成果。当对手制订一项十年计划时，他们却只关心季度收益。

二、欧洲商人的谈判特点

这里，主要介绍英国商人、法国商人和德国商人的谈判特点。

（一）英国商人

英国是最早的工业化国家，早在 17 世纪，英国的贸易就遍及世界各地，但英国人的民族性格是传统、内向、谨慎的。尽管从事贸易的历史较早，范围广泛，但是贸易洽商特点却不同于其他的欧洲国家。

绅士风度常常使英国谈判人员受到一种形象的约束，甚至成为他们的心理压力，对此应充分利用。在谈判中以确凿的论据、有理的论证施加压力，英国谈判人员就不会因坚持其不合理的立场而丢面子，从而取得良好的谈判效果。

英国人的等级和阶级观念非常重。在对外交往中，英国人比较注重对方的身份、经历、业绩，而不是像美国人那样更看重对手在谈判中的表现。所以，在必要的情况下，与英国人谈判，派遣较高或对等身份、地位的人，有一定的积极作用。

英国人对谈判本身不如日本人、美国人那样看重。相应的，他们对谈判的准备不很充分，不够详细周密。他们善于简明扼要地阐述立场、陈述观点。在谈判中，表现更多的是沉默、平静、自信、谨慎，而不是激动、冒险和夸夸其谈。他们对于物质利益的追求，不如日本人表现得那样强烈，不如美国人表现得那样直接。他们宁愿做风险小、利润也少的买卖，不喜欢冒大风险、赚大利润的买卖。

英国人在谈判中缺乏灵活性，他们通常采取一种非此即彼、不允许讨价还价的态度。因此，在谈判的关键阶段，有时表现得既固执又不愿花费很大的精力。

（二）法国商人

法国人具有浓厚的国家意识和强烈的民族文化自豪感。他们性格开朗，眼界豁达，对事物比较敏感，为人友善，处事时而固执、时而随和，十分勤劳，善于享受。

法国人喜欢建立个人之间的友谊，并且影响生意。一些谈判专家认为，如果你与法国公司的负责人或洽商人员建立了十分友好、相互信任的关系，那么你也就建立了牢固的生意关系。同时，你也会发现他们是十分容易共事的伙伴。在实际业务中，许多人发现，与法国人不只谈生意上的事，适当的情况下，与法国人聊聊社会新闻、文化、娱乐等方面的话题，更能融洽双方的关系，创造良好的会谈氛围。这是法国人所喜欢的。

法国人有时坚持在谈判中使用法语，即使他们英语讲得很好，也是如此，而且在这一点上很少让步。因此，专家指出，如果一个法国人在谈判中对你使用英语，那么这可能是你争取到的最大让步。

法国人偏爱横向谈判。也就是说，他们喜欢先为谈判协定勾画出大致的轮廓，然后达成原则协定，最后再确定协定中的各项内容。所以，法国人不像德国人那样在签订协议之前认真仔细地审核所有具体细节。法国人的做法是：签署的交易合同的内容，如果执行起来对他们有利，他们会若无其事，如果协议对他们不利，他们也可能会毁约，并要求修改或重新签署。

法国人大多重视个人的力量，较少有集体决策的情况。这是由于他们的组织机构明确、简单，实行个人负责制，个人权力较大。在商务谈判中，也多是由于个人决策负责，所以谈判的效率较高。即使是专业性较强的洽商，他们也能一人独当几面。

（三）德国商人

德国人刚强、自信、谨慎、保守、刻板、严谨。办事富有计划性，雷厉风行，工作效率高，纪律观念强。诚实和正直是德国人最欣赏的品质。约会必须事先安排，准时是十分必要的。如果不能赴约，应该用电话通知取消或改期。

德国商人严谨保守的特点使他们在谈判前往往准备得十分充分周到。他们会想方设法地掌握大量真实的第一手资料。他们不仅会调查研究客户要购买或销售的产品，还会仔细研究客户的公司，以确定客户能否成为可靠的商业伙伴。只有在对谈判的议题、日程、标的物品质、价格，以及对方公司的经营资信情况、谈判中可能出现的问题及对应策略做了详尽研究和周密安排之后，德国人才会坐到谈判桌前。这样，他们立足于坚实的基础之上，处于十分有利的境地。德国人对谈判对手的资信非常重视，因为他们保守，不愿冒风险。他们对签订合同非常审慎。对合同的每一个细节问题都要搞清楚，方才与对方签约。一旦签订了合同，就会信守合同。

德国商人性格刚强、坚持己见。在谈判中缺乏通融性，不愿意向对方做出较大的让步。表现得十分固执，毫无讨价还价的余地，而且喜欢强调自己方案的可行性。德国商人在谈判桌上会表现得果断，不拖泥带水，他们喜欢直接表明所希望达成的交易，准确确定交易方式，详细列出谈判议题，提出内容详尽的报价表，清楚坚决地陈述问题。他们善于明确表达思想，准备的方案清晰易懂。如果双方讨论列出问题清单，德国商人一定会要求在问题的排序上体现各问题的内在逻辑关系，否则就认为逻辑不清，不便于讨论。并且他们认为每场讨论应明确议题，如果讨论了一上午却不涉及主要议题，他们必会抱怨意思不清楚和组织无效率。因此，在与德国商人谈判时，追求严密的组织、充分的准备、清晰的论述、鲜明的主题，可以促进谈判效率，在时间的利用、双方误解的减少等方面可看到谈判效益的改善。

德国商人自信而固执，他们对本国的产品极有信心，在谈判中常会以本国的产品为衡量标准。他们对企业的技术标准相当严格，对于出售或购买的产品要求有很高的质量。因此要让德国人相信你所在公司的产品满足交易规定的高标准，他们才会与你做生意。德国商人的自信与固执还表现在他们不太热衷于在谈判中采取让步。他们考虑问题周到系统，缺乏灵活性和妥协性。他们总是强调自己方案的可行性，千方百计地迫使对方让步，常常在签订合同前的最后时刻还在争取使对方让步。

三、亚洲商人的谈判特点

这里，主要介绍日本商人和韩国商人的谈判特点。

（一）日本商人

和日本人做生意，最注重的就是“礼”字。日本是礼仪社会，所做一切，都受严格礼仪的约束。许多礼节在西方人看起来可笑做作，但日本人做起来一丝不苟、认认真真。如果外国人不适应日本礼仪，或表示出不理解和轻视，那么就不大可能在推销和采购业务中引起日本人的重视，不可能获得信任好感。尊重并理解日本礼仪，了解日本的文化背景，理解尊重日本人的行为。日本人最重视人的身份地位。在日本社会中，人人都对身份地位有明确的概念。在公司中即使在同一管理层次中，职位也是不同的。这些极其微妙的地位身份差异常令西方人摸不着头脑，但日本人却清楚自己所处的地位该行使的职权，如何谈话办事是正确恰当的言谈举止。与日本人谈判，交换名片是一项绝不可少的仪式。谈判之前，将名片准备充足十分必要。在谈判中，要向对方每人递送名片。如果日本客户首先向己方递上名片，切不要急于塞进口袋里，或者有其他不恭敬的表示。

要面子是日本人的普遍心理，在商务谈判中表现最突出，日本人从不直截了当地拒绝对方。西方谈判专家指出，与日本人谈判需要注意：第一，不要直接指责日本人，否则肯定会有损于相互之间的合作关系。较好的方法是将建议间接地表示出来，或采取某种方法让日本人自己谈起棘手的话题，或通过中间人交涉令人不快的问题。第二，避免直截了当地拒绝日本人。如果不得不否认某个建议，尽量婉转地表达或做某种暗示，可陈述不接受的客观原因，绝对避免使用羞辱威胁性的语言。第三，不要当众提出令日本人难堪不愿回答的问题。有的谈判者喜欢运用令对方难堪战术打击对方，这种策略对日本人最好不用。如果日本人感到在集体中失了面子，良好的合作便不存在。

日本文化所塑造的日本人价格观与精神取向是集体主义的，以集体为核心。日本人认为压抑自己的个性是一种美德，人要循众意而行。日本文化教化人们将个人意愿融于和服从于集体意愿。日本人认为，寻求人们之间的关系和谐最为重要。任何聚会或商务谈判，在这样的氛围下进行，将存在一种平衡，一切也就进行得很顺利了。

大多数的美国人和欧洲人认为日本人的决策时间较长，这就是群体意识影响。日本人在提出建议之前，必须与公司的其他成员商量决定，过程十分烦琐。日本人的决策如果涉及制造产品车间，那么决策酝酿就从车间做起，一层层地向上反馈，直到公司决策层反复讨论协商，如果谈判的协商内容与他们的原定目标有出入的话，那么很可能这一程序又要重复一番。对我们来讲，重要的是了解日本人的谈判风格，不是个人拍板决策，即使是授予谈判代表有签署协议的权力，合同条款也是集体商议的结果。日本人做决策费时较长，但一旦决定下来，行动起来却十分迅速。

与欧美商人相比，日本人做生意更注重建立个人之间的人际关系。许多谈判专家认为，要与日本人进行合作，朋友之间的友情、相互之间的信任十分重要。日本人不喜欢讨价还价，他们特别强调能否同国外合伙者建立可以相互信赖的关系。在商务谈判中，如果与日本人建立了良好的友情，赢得日本人的信任，那么合同条款商议可能是次要的。欧美人愿意把合同条款订得尽可能的具体详细，特别是双方责任、索赔内容等，以防日后纠纷，而日本人却认为，双方既然十分信任了解，万一做不到合同所保证的，也可以再坐在一起谈判，重新协商合同条款。合同在日本一向被认为是人际协议的一种外在形式。

（二）韩国商人

韩国人比大多数西方人更加习惯于沉默，在开会时可以有很多次的停顿。韩国谈判者尽量避免打扰对方，因为这会被认为是非常无礼的行为。

韩国商人对贸易谈判是相当重视的，如果对对方没有一定的了解，他们是不会与对方坐在同一谈判桌前的。这种了解包括对对方的经营项目、资金、规模、经营作风及有关商品的行情等方面的了解。

谈判地点的选择是很重要的，韩国商人尤其重视这一点。他们比较喜欢将谈判地点安排在酒店。如果是他们选择的地方，他们会按时到达，一般主谈者即“拍板者”总是走在最前面。初谈阶段，他们所做的第一件事，就是获得对方的好感，彼此信任，创造和谐信赖的氛围，然后才开始谈判。

韩国商人逻辑性较强，做事条理化，谈判也不例外，尤其是较大的谈判，往往直奔主题，开门见山。韩国商人喜欢运用以下两种谈判方法：

（1）横向协商法，即进入实质性谈判后，先列出需要讨论的条款，然后逐条逐项地磋商。

（2）纵向协商法，即对共同提出的条款，逐条协商，取得一致后，再转入下一条。

韩国商人有时将这两种方法结合起来使用，总之，一切以自己的需要为主。在谈判中，韩国商人较爽快，善于讨价还价，即使是进取性的妥协，也要以退为进。

四、大洋洲和拉美商人的谈判特点

（一）大洋洲商人

大洋洲国家主要是澳大利亚和新西兰。澳大利亚人很重视办事效率。谈判中，澳方派出的谈判人员一般拥有决定权，因此希望对方派出的人员也同样拥有决定权，以免在决策中浪费时间。澳大利亚人讲究实际，通常注重超额利润，提出的建议一般比较接近对方可接受的水平。他们极不愿意把时间浪费在不能做决定的空谈中，也极不愿意在讨价还价上浪费时间。在谈判中谈及价格时，他们往往不愿采用开始高报价，然后再慢慢减价的方式。他们采购货物时大多采用招标的方式，以最低报价成交，根本没有讨价还价的机会。

澳大利亚商人待人随和，不拘束，也乐于接受招待。一般员工很遵守工作时间，责任感很强，对工作很热心。但需注意的是，他们的想法是招待归招待，与生意无关，公私分得很清楚。他们在签约时很谨慎，但履约率很高。

一旦签约，极少发生毁约现象。此外，由于澳大利亚行业范围狭窄，信息传递得较快，所以谈判中要注意措辞。

新西兰是农业国，工业产品大部分需要进口。国民福利待遇相当高，大部分人过着优越的生活。新西兰商人在商务活动中很重视信誉，责任心很强。他们精于谈判，较难对付。

（二）拉美商人

拉丁美洲包括墨西哥，以及中美洲、加勒比地区和南美洲 30 多个国家。历史上长期受到西班牙和葡萄牙的殖民统治，因此受这两国的影响较大，谈判风格也多少有些欧洲的味道。

在拉美国家，商谈的态度是要善解人意，冷酷无情将不适合当地的商谈氛围。拉美人的时间观念普遍模糊。在拉美国家中，除巴西、阿根廷、哥伦比亚等外，对进口许可证审查很严，所以事先若未确认是否已获得许可，千万不要着手组织生产，以免陷入进退两难的困境。

巴西人性格豪放，待人热情而有礼貌。由于从葡萄牙、西班牙、意大利等欧洲国家来的移民在巴西占多数，因此，巴西人的习俗和葡萄牙或者南欧的习俗相似。像大部分拉美人一样，巴西人对时间和工作的态度比较随便。言谈举止，宜保持温暖友好。

与智利人、委内瑞拉人和阿根廷人做生意或谈判时，要将他们看做是在南美的欧洲人。他们向欧洲而非美国寻找自己的共性。因此，礼节是习惯，风度和时尚最为关键。在这些国家，要表示尊重当地文化，如果讲西班牙语，其他人会十分欣赏你。你的努力传达了一种认真和积极的感情。

第四节 谈判禁忌

一、不同国家和地区的禁忌

这里，着重介绍不同国家和地区的文化和风俗方面的一些禁忌。

（一）美国的禁忌

美国人通常在生活中不拘小节，自信乐观。美国人的见面礼节，可以说是世界上最简单的。在一般情况下，和外人会面时，美国人往往以点头、微笑为礼，或者只是向对方“嗨”一声便作罢。不是特别正式的场合，美国人甚至连国际上最为通行的握手礼也略去不用。若非亲朋好友，美国人一般不会主动与对方亲吻、拥抱。美国人对握手时对方目视其他地方较反感，认为这是傲慢和不礼貌的表现。

在称呼别人时，美国人极少使用全称。他们更喜欢直呼交往对象的名字，以示双方关系密切。若非官方正式交往，美国人一般不喜欢称呼官衔，或以“阁下”相称。大多数美国人不喜欢用先生、女士或小姐这类称呼，喜欢直呼对方的名字。

美国人最喜爱的色彩是白色。在他们看来，白色象征着纯洁。除此之外，美国人还喜欢蓝色和黄色。由于黑色在美国主要用于丧葬活动，所以美国人对黑色比较忌讳。美国人最讨厌的数字是“13”和“3”。他们不喜欢的日期则是星期五。

美国人十分讲究“个人空间”。与美国人交谈要保持一定的距离。他们不喜欢交谈中涉及个人私事，特别忌谈如年龄、体重、收入、婚姻、信仰、物品的价值等话题。

在狭窄的场所，如从别人身前走过时，必须道一声“Excuse me”。这时候，美国人习惯的姿势是背对坐着的人，低头弯身而过。而欧洲人的习惯有所不同，欧洲人必须面对坐着的人，低头弯身而过。

中国人视谦虚为美德，但美国人却把过谦视为虚伪的代名词。所以，和美国人交往，应该大胆说出自己的能力，不必谦虚客气，否则事与愿违。

在美国，其他的忌讳有：忌用蝙蝠作为图案的商品、包装品，认为这是凶神的象征；忌对妇女送香水、化妆品或衣物，但可送头巾；忌谈论信仰、党派；忌穿睡衣迎接客户；忌一般情况下送厚礼等。和美国人交往，特别忌讳赠送带有你所在公司标志的便宜礼物，因为这有让别人义务做广告的嫌疑。在美国人面前抽烟，需事先征得对方的同意。

（二）欧洲的禁忌

英国人很忌讳“13”和“星期五”，一般将其视为“厄运”和“凶兆”。他们还忌讳“3”。尤其在点烟的时候，不论用火柴还是用打火机，只能点到第2个人，然后要把火熄灭后，再给第3个人点燃。他们认为一次点燃3人的烟是不吉利的。

英国人忌讳四人交叉式握手，据说这样交叉握手会招来不幸。

对英国人称呼“British”，他们是不愿意接受的。因为“英国人”的原意是“English（英格兰人）”，而所接待的宾客，可能是英格兰人、威尔士人或北爱尔兰人，而“不列颠”这个称呼则是所有的英国人都能感到满意的称呼。

英国人忌讳别人过问他们的活动去向、政治倾向及个人生活上的私事。

他们认为这是个人的秘密，不需要别人干涉和了解。他们忌讳以王室的家事作为谈笑的话题。

德国人在与客户打交道时，总乐于对方称呼他们的头衔，但他们并不喜欢听恭维话。对刚相识者不宜直呼其名。德国人不喜欢花哨的服装，但都很注重衣冠的整洁，穿西装一定要系领带。他们有个习俗，那就是吃鱼的刀叉不能用来吃别的。

德国人对工作严肃认真，思考深刻敏锐。德国人的时间观念很强。因此，一旦约定时间，迟到或过早抵达均被视为不礼貌。他们谈判时态度明朗，谈生意时一般使用商业名片。

德国人有严格遵守交通规则的习惯，不随便停车，更不会闯红灯，在车上，大多有禁烟或可抽烟的标志。

法国人诙谐幽默天性浪漫。他们在人际交往中大多爽朗热情。善于雄辩，高谈阔论，好开玩笑，讨厌不爱讲话的人，对愁眉苦脸者难以接受。

法国人讲究法制，但纪律性较差，不大喜欢集体行动。与法国人打交道，约会必须事先约定，并且准时赴约，但也要对他们可能的姗姗来迟事先有所准备。

法国人大多喜爱蓝色、白色与红色。他们所忌讳的色彩主要是黄色与墨绿色。菊花、牡丹、玫瑰、杜鹃、水仙、金盏花和纸花，一般不宜随意送给法国人。

与英国人和德国人一样，法国人所忌讳的数字是13，日期是星期五。

在人际交往中，法国对礼物十分看重，但又有其特别的讲究。法国人喜欢具有艺术品位和纪念意义的物品。在接受礼品时若不当着送礼者的面打开其包装，则是一种无礼的表现。

（三）亚洲的禁忌

到日本人家里做客，一般不要送菊花，因为菊花一般是王室专用花卉。送的礼物忌用梳子，因为梳子的发音与“死”相近。日本人不当面打开礼物，当接受礼物后，再次见到送礼的人一定会提及礼物的事并表示感谢。

日本人有不少的语言忌讳，如“苦”和“死”，就连谐音的一些词语也在忌讳之列，如数词“4”的发音与死相同，“42”的发音是死的动词形，所以医院和饭店一般没有4和42的病床和房间。用户的电话也忌讳用“42”。“13”也是忌讳的数字，许多宾馆没有“13”楼层和“13”号房间，羽田机场也没有“13”号停机坪。

在商店开业和新店落成时，忌说烟火、倒闭、崩溃、倾斜、流失、衰败等字词。

在日本，高声说话，定睛凝视他人，手插在衣袋里以及用手指指人，都会被认为是对人的不恭敬。在交换名片时忌讳从屁股后兜里掏出或装入，这是对人极不尊敬的举动。

日本人不喜欢紫色，认为紫色是悲伤的色调；最忌讳绿色，认为绿色是不祥之色。日本人忌讳荷花，认为荷花是丧花。在探望病人时忌用山茶花及淡黄色、白色的花，日本人不愿接受有菊花或菊花图案的东西或礼物，因为它是皇室家族的标志。

和韩国人交谈，最好谈论韩国悠久的历史和文化，少谈政治问题，特别是当地政治。韩国政府禁止人们谈论政治问题，所以，和韩国人谈政治会给他们带来麻烦。用餐时，不能随便出声说话，如不遵守这一进餐礼节，会引起人们的反感。韩国人很爱面子。所以，要尊重韩国人，不能当面出言指责他们。不能使用“不”字来拒绝韩国人，可以委婉地表示你的不同意见。

不要用食物当做礼物，因为它们可能不适合韩国人的口味。送礼时，还要注意礼品上不能有韩国制造或日本制造的标志。韩国人一般不当着别人的面打开礼物。

韩国人忌讳的数字是“4”，“4”在朝鲜语中的发音、拼音与“死”字完全相同，是不吉利的数字。所以，韩国楼房没有四号楼、旅馆不称第四层、宴会中没有第四桌、喝酒绝不肯喝四杯，等等。

（四）大洋洲和南美洲的禁忌

澳大利亚人除与西方国家有一些共同的忌讳，如除忌讳“13”“星期五”之外，他们对自己独特的民族风格而自豪，因此谈话中忌将其与英、美比较异同；忌讳兔子，认为碰到兔子是厄运来临的预兆；忌谈工会、宗教、个人问题、袋鼠数量的控制等敏感话题。此外，澳大利亚的土著民族崇拜原始图腾，每个氏族以某种动植物作为自己的图腾，如青蛙、蝙蝠、甲虫等。因此，禁忌人们伤害或食用其崇拜的图腾。

澳大利亚人特别重视人与人之间的平等。讲究礼尚往来。互不歧视。他们认为谁也不比别人优越，谁也不能藐视别人，人们只有分工的不同，是相互服务的，不应存在高低贵贱之分，理应相互尊重，强调友谊。他们很注重礼貌修养，谈话习惯轻声细语，很少大声喧哗。在他们的眼里，高声喊叫是一种不文明的粗野行为。有“女士优先”的良好社会风气，对女性极为尊重。

澳大利亚人的时间观念非常强，有准时赴约的良好习惯。

与巴西人打交道时，适于谈论的话题有足球、笑话、趣文，等等。切不要一开始就讨论商业事务，除非巴西客户先开始谈。应回避谈论政治、宗教及其他有争议的话题。巴西人忌讳紫色，认为紫色是悲伤的色调；忌讳绛紫红花，因为这种花主要用于葬礼上。他们还把人死喻为黄叶落下，因此，棕黄色便成凶丧之色，很为人们所忌讳。不宜向巴西人赠送手帕或刀。

在和阿根廷人进行商务活动时，不要谈论诸如政治和宗教之类有争议的问题。阿根廷人不喜欢灰色。他们忌讳菊花，认为菊花是在丧礼上对死人使用的，是令人悲伤的妖花。他们忌讳以手帕为礼品。

乌拉圭人忌讳“13”和“星期五”。他们不喜欢涉及政治方面的话题。他们忌讳颜色中的青色，认为青色意味着黑暗的前夕，并会给人以压抑之感，是一种令人懊丧或倒霉的色彩。他们在饮食中也有所忌讳，不喜欢吃形状奇异的水产品和两栖类的动物肉。

秘鲁人忌讳“13”和“星期五”。他们忌讳乌鸦，认为乌鸦是一种不祥之鸟，给人以厄运和灾难的印象。他们忌讳以刀剑为礼品，认为这意味着割断友谊。

二、语言的禁忌

（一）话题的禁忌

1. 私人情况

在商言商，公事公办。尤其是谈判双方之前互相不认识根本不了解的情况下，不要过多地询问对方的个人情况，如健康情况、婚姻家庭情况、收入情况等。

如需要采用攻击的策略，切记对事不对人。绝不可以人身攻击，忌谈人的生理缺陷，不能说大个、矮子、胖墩、秃顶、麻子、瞎聋、哑巴等字眼，而是称残疾人为身体障碍者，称盲人为视力不佳者等。

如果双方是比较熟悉的，那也不要在谈判时将私事掺杂到公事里来，不要暴露对方的隐私或难过的往事。

2. 政治或党派话题

政治话题一般较为敏感。有经验的商人，一般就事论事，不会轻易牵扯到政治话题。尤其是在不清楚对方的政治立场情况下，更没有必要自找麻烦。

3. 宗教信仰

和政治一样，宗教信仰也属于意识形态。在有些国家或地区，宗教信仰甚至是比政府话题更不能随意谈论的话题。

4. 低俗、格调不高的话题

谈判中要注意幽默，力求活跃氛围。但是幽默不等于低俗。不要在谈判中用黄色笑话来插科打诨，也不要讲述耸人听闻的怪事或者恐怖的事情。这样做，不但活跃不了氛围，反而让对方尴尬，更让对方觉得你是低俗的人，也降低了你所在公司的形象。

5. 死亡等悲伤的话题

谈判，即使不能做到愉快和谐，至少也要平和淡定。一般商务谈判中不宜讲涉及死亡、重病、瘟疫、战乱、恐怖袭击、车祸、飞机失事、火灾、地震、洪水等令人不愉快的事情。这类天灾人祸，除非是与我们的谈判个案实际相关，否则不能多谈。

（二）表达的禁忌

1. 含混不清

含混不清，首先有可能是谈判代表的表达能力不够，观点表达得不够清晰，模棱两可，让人不太明白。这容易让谈判对手不耐烦，有损己方公司的形象。其次，很有可能是谈判代表业务不精通、信息搜集得不完善、准备工作很不充分，甚至是临时上阵完全没有准备。这样的话，由于心虚，加上实在不是很懂，很多时候含含糊糊，无法给予肯定清晰的答复。第二种情况比第一种更危险，因为第二种情况下对方有可能看出破绽，然后设置圈套或者抓住己方的漏洞，从而使己方陷入极为被动的局面，甚至蒙受较大的损失。

2. 盛气凌人

所谓店大欺客，客大欺店。通常有实力的一方会充分利用自己的优势，在谈判中施加压力。这种人根本不考虑对方的感受，当谈论某些条件时，让对方必须听他的。口气通常很大，说话犀利刻薄，气势很足，还会经常打断别人的话。

此外，有的谈判老手看对方年纪轻，就摆出一副老资格的样子，看对方级别低就故意显示自己的级别高，看对方的学校名不见经传就故意吹嘘自己毕业于名校……在这些人面前，无须害怕，无须担忧，你可以完全不理会他这些话。

3. 欺瞒哄骗

首先，保证谈判是真实正当的。极端的公然欺诈或无原则撒谎，就会失去最初谈判的诚意和合作的基础。因此，谈判中必须学会有限诚实，知道哪些可以虚，哪些可以实。

其次，谈判也是一场战斗，谈判中可以使用各种技巧，一切为了己方的利益。但是，谈判不是没有底线的。在谈判中说的话有时可能略微夸大。但涉及大的核心的问题，不能靠欺骗来蒙混过关。

最后，如果事后不能兑现，无法按照谈判协议或合同正式履行约定的，也不能蒙骗。这甚至比谈判破裂后果更严重，因为对方已经完全按照谈判协议来进行下一步的商业活动了。

4. 刻板枯燥

有些谈判者过于公事公办，表达过于机械化，表情呆板，讲话都是一个声调，论理时逻辑比一加一等于二还严谨。谈判对手虽然找不到什么破绽，但是心情压抑烦闷，也绝不会轻易做出让步。这样就很少有人提出建设性的满足双方利益的灵活方案，对谈判其实并无裨益。

所以，在谈判中，尤其是在僵局的时候，不妨采用一些幽默的说法，或者是开些小玩笑，说些小笑话，适当活跃一下氛围，放松一下大家绷紧的神经，减少猜忌和隔阂。

三、不同类型谈判对手的禁忌

（一）自大傲慢的对手

这种对手一般喜欢唯我独尊，盛气凌人。尤其是在实力比另一方强时，普通人都会自抬身价。很多人觉得这样的对手很难对付，其实在摸准对方的心理后，可以有针对性地和他们打交道。

对于这种人，我们要给足他们面子，说些恭维的话，然后通过感情上的升温，与之不断深入交往。

与这种人交往的禁忌就是不能不尊重他，不能不给面子。但不要试图深入对方的内心世界，也不能戳穿他的装模作样。

（二）犹豫不决的对手

这种对手非常小心谨慎，也非常聪明，他们能够分析出各种方案中的漏洞，也总能知道方案中对他们不利的条款，因此他们很难抉择。

而且，这种对手不喜欢自己做出决定，很多时候他们缺乏拍板的魄力和勇气。对于这种对手，一定要多鼓励多肯定，将各方案的利弊向他们分析清楚，然后告诉他们没有完美的方案，只能从中择一。

千万不要在他们面前说大话，或者将方案吹嘘得很完美，他们是很理性的很有判断力的。此外，不要过分地宣讲这次谈判有多重要，意义多重大，这样他们会更紧张，会花更多时间和精力来重新研究。而是要尽量给他们减压，尽量将谈判的内容说得轻松一些。

（三）顽固的对手

这种类型的对手，爱认死理，有了问题喜欢刨根问底，一直问到无话可问为止。这种对手也是大家比较害怕的，因为他们很较真，你有任何含糊不清的东西都不可能蒙混过关。此外，他们如果坚持自己的方案，他们同样也会坚持到底，不断地和对方讲述他们方案的合理性和优势。

他们是很有韧性的，会将领导的意图坚决执行到底。对这种对手，不要试图扭转他们的思路，因为他们是很难被说服的。不要驳斥他们的观点，也不要试图说服他们。而是要有耐心，陪他们一起“拖”和“磨”。

这里列举几种简单的策略或技巧，以应对这种类型的谈判对手：

1. 等待和冷处理

这是最常用的技巧。顽固者一般不会轻易被说服，所以必须要有打持久战的心理准备。并且，在这段时间内，你还要坚持你的立场、观点和态度，不断地解释和说明。如此一段时间，顽固者也会在心里思考、盘算和判断你的观点是否正确，是否对双方都有好处。不妨给他们一段时间冷处理一下，他们很可能会慢慢转换思路。

2. 迂回前进

人们通常称顽固的人是“一根筋”，也就是说他们思考问题不会转换思路。即使这样，我们也不能硬碰硬，总在一个问题上针尖对麦芒，争得面红耳赤。解决的办法是改变线路，换个方向，迂回前进。

当一些问题已经争执不下、纠缠不清的时候，可以暂时放下，讨论别的问题。换个角度看问题，有时会有很多启发。说不定顽固者自己会提出更有效更合理的方案。

3. 给个台阶下

顽固者为了维持自己的尊严和形象，绝不会轻易认输或者放弃。其实就是爱面子，有时明明知道自己不对，但是也不能随随便便地承认自己的错误。这时，我们要善解人意，要及时找一些“台阶”给他下，让顽固的对手可以顺势而下，不失面子。

案例

店员 FANNY：“这个星期我们店搞促销活动，大家感兴趣的可以来看看哦！”

顾客刘大爷：“我想问一下，你们 XB-345 型号的洗衣机有货吗？现在多少钱？”

店员 FANNY：“您好，有货的。我们备货足。现在价格是 4500 元。”

顾客刘大爷：“哟，反而贵啦。上个月我看是 4000 元，怎么现在又涨了 500 元？”

店员 FANNY：“没办法啊，谁让您看中的是最畅销的型号呢！您肯定知道，这个型号的洗衣机，功能强大，耗电不多，品牌又好，耐用实惠。您买回家，您家人洗衣服就不费神了，直接一丢一拧，时间全省下来干别的家务了。”

顾客刘大爷：“质量性能还可以，就是感觉涨得也太快了！”

店员 FANNY：“您肯定知道，这个型号大家抢着买，每个礼拜都脱销。供不应求，自然价格就涨喽。从市场情况看，这个型号的洗衣机价格还要涨。现在不买，过段时间更贵。您要不相信，可以下个月再来看看价格。”

顾客刘大爷：“真的？那我打电话问问我老伴，干脆今天买了算了。”

知识考查与技能训练

本章习题请扫码获得。

第六章　跨境电商谈判的终局

【学习目标】

本章旨在让学习者了解如何实现主要的谈判目标，并在谈判结束时展示风度。完成本章的学习，学习者应学会各种谈判终局的实战技巧，如假想权威策略、红脸白脸策略、先斩后奏策略、假装放弃策略等，并了解如何面对和化解联合竞标中的不利局面。

【本章重点】

本章的学习重点是各种谈判终局的实战技巧，如假想权威策略、红脸白脸策略、先斩后奏策略、假装放弃策略等。

第一节
主要目标的最终实现

一、求同存异策略

任何一次谈判，只要双方甚至多方能谈在一块，那就意味着有共同的利益。很多时候，谈判并不是你死我活的较量，或者你输我赢的零和博弈。相反的，很多谈判的双方，争论的议题并不是直接矛盾的。各方的需求、愿望、目的或忧虑并不是针锋相对的。比如，甲方要求价格降低 10%，乙方认为交货期太赶无法保证，因此不同意降价。可以看出，很多情况下甲方提出条件 A，乙方其实有可能接受，但是乙方也有别的条件 B 希望甲方也接受，因此乙方不同意甲方的条件 A，而是要求甲方接受条件 B，这样才考虑接受条件 A。在这种情形下，我们不应该将条件 A 和条件 B 牵扯在一起，互为制约，而是应该将精力集中在条件 A 和 B 所表明的真正利益上，寻找既可以满足对方利益又可以满足自身需求的解决办法。比如，甲方虽然要求价格降低 10%，但是同意即期付款，能极快地让乙方体现利润并周转资金。而乙方虽然要求交货期延长一个月，但是可以提供技术培训和三年的售后服务，也在实际上减少了甲方的很多额外开支。如果双方在贸易谈判中，总是想着使对方屈服，这只是单方面的利益实现，即使这次谈判成功，以后也不可能长久。反过来，如果双方能在诚意合作的基础上，努力找到或者创造有建设性的双赢办法，不但将使谈判顺利完成，更有可能在更广阔更深远的领域开展深层次的合作，这无疑是比仅仅谈判成功一次更富有成效。

因此，谈判的宗旨是求同存异。要将谈判作为一种寻求一致的协商活动，而不是故意制造矛盾的“战场”，我们需要学会换位思考。当对方提出他们的诉求时，我们要从对方的利益出发，正视现实，客观地寻找两全其美的解决办法。只要双方能抱有这种合作精神，那很快就会赢得互相的信任和尊重，容易达成共识。当然，求同是达到各自的主要目的，存异是保留不同的观点和分歧。

1. 正确对待谈判各方的利益诉求。谈判的目的是缩小分歧、达成一致，而不是扩大矛盾、制造新的分歧。

2. 谈判的主要任务是分析各自的主要诉求，找到满足各自诉求的办法，同时尽可能小地减少自己的利益损失。而不是站在对方的主要诉求的对立面上想问题，那只会越吵越凶，甚至钻进死胡同。

当然，很多时候两全其美的办法很少，或者根本就没有，那也要衡量自己的小让步能否使自己的主要目标得以实现。如果小小的代价就能使大问题得以解决，那也是划算的。

3. 要在谈判中随时寻找可以合作的共同领域，扩大合作范围或项目。既然双方已经坐下来商谈，那说明还是有合作的可能性的。比如，顾客要购买浴帘，那店家可以顺便问问您还需要防滑垫和金属拉手吗？

案例

马路旁有两个卖早点的小摊，都卖煎饼，口味也都不错，但是右边那家每个月的营业额是左边那家的两倍多。两家的出摊时间差不多，成本也差不多，为什么相差这么大呢？原来左边那家每次都问顾客：“您要不要鸡蛋？或者豆浆？”而右边那家每次这样问：“您要一个鸡蛋还是两个鸡蛋？豆浆来一杯还是两杯？”从概率上讲，顾客基本都是一半选 A 一半选 B，所以卖出去的东西也相差一倍。

二、更高权威和假想权威策略

在主要目标快要达成的时候，我们还必须要给自己加一道保险，或者称为最后的“安全阀”。具体的办法就是，我们可以告诉对方，这个问题比较重大而且关键，我还要向总经理或者老板或者董事会等请示一下，他们拍板了我才能最终同意。

很多谈判的新手认为，谈判的时候必须锋芒毕露，自信满满，而且要给对方一种“我就能做主，我就是全权代表的印象”，这样对方才能重视我，才能平等地和我谈判。其实，很多时候，谈判老手们能当场拍板做决定，但他们仍然低调内敛，不让对方轻易知道他的权力有多大。这样，他们就把自己置于一个非常稳妥的位置，“进可攻，退可守”。

为什么这样做对我们会比较有利呢？因为如果我们的对手发现我们能做最终决定的话，他们就会使尽浑身解数来说服我们，他们会使用所有的技巧和方法，让我们感到愉快，让我们觉得他们说的是对的。而当我们冷静下来，发现根本不是这回事，这时已经签订协议，悔之晚矣。而如果我们说还要请示某某更高的权威时，那就给自己留有一定的余地，也让自己有足够的时间反思。如果我们发现自己错了，这时还可以假借权威之口反悔：“谢谢你给我们做的精彩讲解，不过，我问了我们财务部经理，他说我们的付款方式只能是

D/P 60 天，这是我们公司一向的政策。”

还有一种可能，你的方法无法阻止对方使用这种策略，对方可能直接对你说：“我被公司授权与贵方谈判，因为交易金额超过我公司授权范围，所以我必须上报董事会。谈判能否照常进行?”既然不能阻止对方，那么就应该大度地接受，主动建议对方与上级领导商议。你还可以“虚拟”一位上级领导，并向对方说：“我们今天来探讨合作的可能性与具体细节，确定后的合作框架我要向上级汇报。”这是一种切实可行的对策，既给自己留有很大的回旋余地，又不会轻易地亮出底牌。

在你确定无法阻止对方时，可以积极地建议对方和上级领导商量。不论对方如何回复，你都会留下很好的印象，他们会认为你的谈判风格是非常坦诚的，有机会他们还会同你一起坐在谈判桌前。

很多销售代表经常抱怨自己有没充分的授权，以至于影响工作的效率，并且感觉在谈判对手前很没有面子，其实这是一个误区，有限的授权可以使工作进行得更加轻松。如果让对方认为你大权在握，那么会使你在谈判中处于被动的地位，也有可能在仓促间做出错误的决定。谈判的时候不要太顾及面子，生意就是生意，重要的是谈判结果，不要因为面子而放弃谈判的优势。

更重要的是，使用更高权威，可以使对方知道我们还不能最后决定价格，最后还必须努力说服领导，这样可以将价格一压再压，压到极限。

注意，使用这种策略的时候，不要让对方直接联系到这位更高权威。比如，你对买方说：“我无权再降低价格，必须请示公司的上级领导。”这时，买方可能会追问：“谁是你的上级?”如果你告诉对方是营销部的总经理，买方一定要求约见，怎么办?所以你应该设置一个较为模糊的团体，例如营销部的几位经理或者董事会的几位主要成员，这样对方只耐心地与你谈判了。或者说一个空洞的人数较多的组织概念，如某个委员会或者董事会。

这种更高权威或者假想权威，可以向你的谈判对手施加较大的压力，但不会导致对抗情绪。这种技巧，其实很多人使用，大家不会认为是欺骗，只不过是一种托词。大家清楚，其实你根本无须向谁请示，只不过是找一种理由和借口罢了。

注意，这个更高权威或者假想权威，一定要在谈判的最后阶段再向对方讲明。如果在谈判中期或更早就向对方讲明，对方必然会采取应对措施，比如要求和权威直接沟通，或者价格留有较大的余地，或者早早泄气无心谈判。

但是，一旦对手反过来将这种技巧用在我们身上，我们应该如何应对呢?

首先，我们必须在谈判的开始就询问对方，并让对方承认，只要条件合适，他就可以做出最终的决定。

比如，家具商接待顾客时，如果顾客有购买意向，在深入交谈之前可以先询问：“您好，看来您对我们的橱柜很感兴趣。我想确认一下，如果各方面合适的话，今天能定下来吗？”而不是在和顾客交谈半天之后，顾客说：“我很喜欢你们这套橱柜，但是不知道我老婆的意见，我回去商量一下吧。”所以，如果在谈判的开始，就能解除对方的更高权威或者假想权威，我们便化解了这道难题，避免陷入被动局面。

其次，对方很有经验，我们无法解除对方的更高权威或假想权威。比如，我们问对方：“如果我们的价格性能符合您的要求，您今天就可以定下来吗？”对方答道：“如果你们能符合我们的全部要求，那就很有希望。但是这个项目金额比较大，我必须要报请董事会批准，然后才能做出最终的决定。”面对这种情况，可以采取以下 4 种应对措施。

（1）激将法。

其实，大部分谈判者并不想承认自己还要请示领导，那意味着自己的职位和权力低下，在谈判中这是一种弱势的表现。所以，我们可以微笑地问对方：“一般您公司的总经理或××委员会，会听从您的推荐，对吗？”如果对方足够低调，可能会说：“是的，他们会听我的推荐，但我还是要征求他们的意见。”我们可以进一步刺激对方：“如果总经理或××委员会觉得不好，不批准，您怎么办？”这时，对方可能伪装不下去，为了面子和尊严，可能直接会说：“不会的，我推荐的他们一定会批准。”

（2）再次请对方推荐。

在对方假装还有权威的情况下，我们也可以再次强调，请对方向他的权威们推荐我们的产品和方案，比如，“您会向董事长或××委员会推荐我的这个型号的打印机吧？”

（3）设置容易的前提。

聪明的做法是设置容易做到的前提，淡化主要决定的重要性。比如，理财顾问经常会对前来咨询的人说：“我们有很多的理财方案，但是我还不清楚您本人有多少承受风险的能力，这样吧，您先填写风险承受能力的评估表，我再按照您的评估结果给您推荐合适的理财方案。”做完评估后，顾客被评估为保守型，或者稳健型，或者积极型，顾客不知不觉间接受了理财顾问推荐的相应的理财方案。

设置了容易达到的前提，对方就会放下顾虑，考虑容易达到的效果。其实，这也是转移注意力、积小步为大步的策略。

（4）以牙还牙。

更高权威或假想权威策略，一般只使用一次，也就是最后一次让对方让步。如果不停地利用更高权威法，那将是让人非常不齿的做法。这种做法是完全不讲道德和信义的。这通常会激怒对方，往往使谈判破裂。如果我们面对这种谈判对手，必须以其人之道还治其人之身。我们可以立刻向对方表明也需要请示我们的上级领导或专业人士。对方应该会立即明白我们的用意，停止无止境地利用权威法。而我们要借势将价格恢复到谈判开始的水平，不要在双方拉锯中让价格一点点地向对方倾斜。

三、“白脸”和“红脸”策略

你是否注意到，那些销售谈判高手们在“一唱一和”的红脸白脸转换间，轻松地赢得谈判先机?

在京剧中，白脸代表曹操，是奸诈的坏人；红脸代表关公，是讲义气的好人。同样地，在现实的谈判中，往往一些人争论得最凶，吵得面红耳赤，这些人我们可以称为“白脸”，而另外一些人则温文儒雅，面部表情平和友善，这些人我们称为“红脸”。我们知道，实质上谈判就像演戏，很多时候要靠演技。一个人在谈判的舞台上只能演“红脸”和“白脸”其中一种，那这场戏一定不够精彩，效果也就不尽如人意了。因此，我们在适当的时候引入适当的人物，由他或她扮演另一半的“白脸”和“红脸”，这样才能唱出一场好戏，达到预想的效果。“白脸”在谈判时充当坏人或恶人，“红脸”则是好人和正面人物。这种白脸—红脸的技巧，人们经常使用。它的好处就是各自分工，既给对方施加极大的压力，最大地争取自己的利益，又可以有人来缓和氛围，收拾残局。

唱红脸又唱白脸，这其实就是一场双簧演出。当销售促单、催款陷入僵局时，红脸白脸策略能够让谈判人员从骑虎难下的状态中得到解脱。比如，谈判陷入僵局，先唱红脸，在不太重要的问题上做出让步，接着唱白脸，在关系重大的问题上出面反对。

又或者，你唱完红脸后，你的同伴对着你这样唱白脸：“你今天上午实在让步太多了，有些让步我们高层不一定会同意，你不能再让步了，否则我们宁可谈判不成。”

于是，请你接着继续唱红脸，对你的谈判对手为难地说：“我已经无能为力了，一切只能看你们的意见了。”

这便是红脸白脸的谈判策略。表面上看，所属同一方的谈判人员采取了对立的立场，并且向自己的同伴建议不让步，但实际上这就是在唱双簧，先让一个人态度缓和，然后再让另一个人态度强硬，到了合适的时候，再让同伴提出一个折中的方案。

这样唱完红脸唱白脸的“演出”无疑是成功的，最后自然容易达到目的。对方会认为自己好不容易才得到了对手的让步，对其他条件进行适当的妥协是可取的，使得谈判僵局化解。

案例

某外贸公司发一批大货交给一家加工厂做，结果没有做好，客户索赔，最终谈好给客户15%的折扣。此外贸公司具体负责此单的业务员小王和加工厂马厂长协商此事。

小王说：“马厂长，你看这批衣服，到客户那边发现发霉了，客户不得不在欧洲请人全部翻开箱子，全部清洗烘干并整烫包装。客户花费很大，现在要求30%的折扣。”

马厂长一听就跳了起来：“这批货不是当时客户派人来验货的吗？你们又催得那么急交货，我们为了避免空运，已经加班加人赶货的。这你们都是清楚的，现在反而要扣钱，我们怎么能接受呢？”

小王说：“客户验货只是抽查。而且当时衣服烫完就包装进箱，可能只是含有水蒸气，还没有发霉。在海上漂了一个多月，潮湿闷热，就发霉了。”

马厂长说：“这单本来价格就很低，还要扣钱，我不同意。”

两人吵了起来。过了几天，小王的上级曹经理给马厂长打电话：“马总，我们大家合作也十来年了。这次呢，货期是很赶，而且正好赶上黄梅天，所以我们和客户大家都倒霉。现在，客户在国外请工人翻箱清洗，你知道外国人工是很贵的。损失在事实上已经造成了。你看这个也是老客户，我们和这个客户还要长期合作，不能只看这一单啊。”

马厂长：“我也知道，这个老客户我们还是要做，但是30%也太多了，我们厂哪吃得消啊。”

曹经理：“这样吧，大家担担，我们也帮你们承担一些，你们15%，我们也15%，够意思了吧！”

马厂长：“曹经理，我们小厂你也知道情况的，你再帮我承担一些吧，我们后面保证质量，不好不出货。”

曹经理：“好吧，我们20%，你们就承担10%吧。”

如此一来，曹经理的公司实际上只承担了5%，马厂长也比客户的折扣少承担了5%，这是大家都能接受的结果。

需要注意的事项：

（1）从扮相特征来看，两种扮相应基本符合此人的性格特征。扮演“红脸”的人应思路宽广，语调平缓，处世圆滑，经验丰富。扮演“白脸”的人应反应迅速，抓住时机，力主进攻，言辞尖锐。如果让不相宜的人去扮演这种角色，那么就会出现该“硬”的话说不上去，该“收”的场面收不回来的现象，或者该说的也说了，但与其语气或人物性格特征相距较远，就达不到预期效果。当然这并不是指从外表上要与扮相多么的一致，如“白脸”就要一副凶相，板着脸，高门大嗓的，“红脸”就要一副绅士气派，这主要在于谈判人员的内在工夫和把握角色的能力。扮演“恶人”的白脸，一定要演得像，要表现得暴躁蛮横，不讲道理，非常强硬，非常苛刻，要坚持自己的观点和方案，绝不松口。

(2) 扮演“好人”的红脸，一般由主谈人或上级担任。这样才可以有权力否定“恶人”说的一些过激的话做的一些过激的事，才可以留有余地，才能缓和大家的情绪，至少是和“恶人”平级。如果职位比“恶人”的低，对方就会认为“恶人”的职位高，他说话才算数。这样，局势过头就不好挽回了。最终的协议，要由“好人”来完成，“恶人”要选择适当的时机退出。

(3) 红脸白脸，配合默契，掌握分寸。在白脸开始“进攻”的时候，红脸一定要密切注意对方的反应。尤其是当红脸出场的时候，白脸从中插一道，或者白脸出场的时候，红脸又没有及时附和。这样一来，客户很容易看出破绽。

红脸总揽全局，掌握着让步的分寸。而白脸不能抢红脸的台词，红脸也不能在白脸表演的时候没有任何反应。双方一定要明确各自的分工，责任到位。

白脸角色，既要善于进攻，又要言之有理，讲究礼节。白脸的不肯让步千万不要演变成了胡搅蛮缠，否则就难以收场。而红脸自然不能过于软弱，一定要掌握好分寸，既要表现出让步，又不能过于妥协。

如果一个人同时扮演“红脸”和“白脸”，要机动灵活，发动“强攻”时应给自己留有余地。

有时候，可以和更高权威策略结合起来使用。谈判的主谈人或者上级是“好人”，唱红脸，出来争辩的则扮演“恶人”，唱白脸。

对方如果使用白脸红脸策略，如何应对呢？

首先，一旦发现对方有两个及以上的人进场，就要提高警惕，尤其是对方带了律师、上级，或者其他专业人士如成本分析专家或技术专家时。或者谈判了一段时间后，对方突然换人，要提高警觉。有些时候，一开局对方就会扮演白脸，咄咄逼人，你感觉快招架不住了，快要屈服了，这时千万要挺住，很可能在下一分钟，对方便换了一个面目和善、语调柔和的人。一旦你发现两人的谈判风格前后迥异，你会豁然开朗：原来在跟我玩白脸红脸战术啊。

其次，发现对方在使用这种策略时，你可以面露微笑地直接指出："你们在玩白脸红脸的游戏吗?"或者，"你们是在一个唱红脸，一个唱白脸吗?"对方一旦知道你看穿了他们的对策，自讨没趣，也就自动收起这套演技了。

最后，你还可以"以牙还牙"。暗示对方，己方谈判组里也有个不讲理的家伙，或者直接让己方的人出场，跟对方的白脸互相对阵。

第二节 假装放弃和随时离开

在双方僵持不下，或者一方坚持不肯让步的情况下，常用的另一种谈判技巧是假装离开和放弃。这是一个屡试不爽的招数。这个招数的前提是，你真的可以放弃谈判中的东西，不能有"一定要怎么样"的思维定式，要有敢于放弃的勇气。不要总想着如果放弃或者谈判破裂，会有什么损失。比如，"我今天一定要将这个订单拿下，哪怕价格低于成本线。""这次谈判我一定要帮公司争取到这个客户的合格供应商，不管对方要求多高多苛刻，我会尽量满足他们。"如果总抱着这种想法，将使你在谈判中陷入完全的被动。如果你盲目地答应对方任何过分或苛刻的要求，而对方看出这一点就会不断加码。事实上，你所坚守的底线，最终成为羁绊你自己的枷锁，根本没有使你在谈判中得到任何利益。

聪明的做法是豁出去了，谈得成就谈，谈不成也无所谓，大不了放弃，再寻找合作者。这样你在谈判中会充满自信，坚持自我，对方无机可乘，只能做些让步。

那么，如何运用好这一技巧呢?

首先，我们必须做好充分的前期调查，多选择几个备选产品或准备几种替代方案。在谈判中，拥有较多变量或变化因素的一方，可以有更大的选择权。哪怕备选产品或替代方案其实并不是最理想的，和你的第一选择相比只能算勉强可用，那也比没有选择要好。有了备选方案，你心中不慌张，不会被对方的威胁恐吓轻易吓倒，更可以从容地说不，在谈判不满意的时候随时离开。

其次，要摸清对方因你真正离开或放弃的损失。只有对方觉得你离开或放弃，对他而言是一笔损失，或者会给他造成麻烦时，这一招数才会有用。

如果你的产品或方案和对方没有直接的利益联系，你的放弃或离开对他根本没有什么影响。

最后，假装离开或者放弃，要拿捏好语气和动作。我们只是假装或者作势要离开或放弃，不管是说话还是动作，要留有余地。不要用斩钉截铁的绝对的话语，对方可能误以为你是真的不想谈了，也不要离开动作太快，快得让对方拦不住，那就弄巧成拙，演戏演过头了，搬起石头砸自己的脚。

第三节
先斩后奏和最后通牒

一、先斩后奏

有些时候，谈判持续了很长时间，双方只是为了拖而拖，没有进一步的相互协商和妥协。这时，不妨采用先斩后奏的技巧，造成既定事实，让对方无心也无力继续对抗。世上的事，总是千变万化的，如果发生不测，不能按预订的方案处理，那就要认真分析，当机立断，先按照新的办法处理，在时机上抢得头筹，抓住机会。因为时机像河水一样，转瞬即逝，不能倒流，时机一旦失去，也许就再也不会有机会了。

在跨境贸易中，贸易双方就合同中各个条款已经磋商了很长时间，但客户总是每次改动一些小地方。最后，你干脆整理了一份合同正本，将有些条款直接写成你所需要的。然后将这份合同正本签好字直接寄给客户，告诉客户就按这份合同办理。客户看了这份合同，虽然不是100%的满意，但是很多情况下懒得再改，也就接受并签字了。

这招在大多数谈判中奏效，当你想得到对方就某一个问题的肯定答复，别急着问，而是假设对方已经同意这个请求，然后通过表达感谢的方式，陈述这一假定事实，看看对方是否会反对。

先斩后奏策略，实施的时候需考虑后果。对方一定要能够原谅你，造成的既成事实，对方也能接受。如果对造成的后果对方极为愤怒，完全无法接受，那不但解决不了问题，相反还捅了个大娄子，你将遭到对方强劲的反击。

生意场上，谈判中的买卖双方有时会采用一些没有商业道德的“先斩后奏”，这些其实都不宜采用，相反地我们要加以警惕：

1. 买方单方面

（1）买方先获得卖方的商品，然后以各种理由要求降低商品价格或推迟交款时间。

（2）买方先让卖方根据自己的需要组织货源，而当卖方将货源组织好之后又提出了苛刻条件，使卖方处于被动状态。

（3）买方让卖方根据自己提供的样品和产品数量开工生产，然后减少订货，造成对方产品生产出来后人为积压销售不出去的假象。

（4）买方先赊购卖方产品，到期后又借口自己资金不足无力偿付，要分期付清货款，使得卖方处于被动地位。

（5）买方先让卖方的产品装车或装船后，要求赊购、延迟付款、降价等。

2. 卖方单方面

（1）卖方先获得买方的预付款，然后寻找理由提价或延期交货。

（2）卖方先提供一部分买方急需的产品，然后借故停止供应，使买方因不能继续获得这种产品而造成生产或销售不能顺利地进行，从而向对方提出抬高价格等新要求。

（3）卖方收取甲级产品的货款，交付的却是乙级产品的货物。

3. 买方或卖方双方面

（1）先和对方诉诸法律，然后再进行和谈。

（2）告诉对方，这笔交易已告吹，迫使对方为避免因此造成重大的损失而让步。

（3）扬言原料已经用光，或资金已挪作他用，如对方不帮助维持生产，则损失会更大。

案例

客服东东："您好，请问想买些什么休闲食品？"

买家南南："我想买些山楂片。"

客服东东："山楂片每卷 10 片，每包 20 卷。您要几包？"

买家南南："我先买点尝尝吧，好吃再来买。"

客服东东："我们的山楂片一次性最少买 3 包。"

买家南南："我吃不了那么多，就先给我两包吧。"

客服东东："不好意思，我们系统最低 3 包起卖。我刚才已经点了，3 包山楂片今天寄给您。"

买家南南："哎，你这怎么替我做决定啊。"

客服东东："对不起，您吃吃看吧，包您好吃。3 包一共 30 元钱？"

买家南南："我用支付宝付给你。好了，我付好了。"

客服东东："谢谢喽……诶，怎么我只收到27元钱啊?"

买家南南："不好意思，你替我做主，我也替你做主，这3包就算打个9折吧。"

案例

东汉时期，投笔从戎的班超，带领一行人出使到了鄯善国，鄯善王接待他们时，态度恭敬，礼节周到，但不久突然对他们怠慢起来。班超对随从人员说："这一定是由于北匈奴使者来到这里，使他们犹豫不决，不知道该服从谁的缘故。"于是，班超找来一个服侍汉使的鄯善人，让他说出实情，果然不出班超的所料。

随后，班超将一起出使鄯善国的36人全部召集起来说："北匈奴的使者才来了几天，鄯善王对我们便不以礼相待了。一旦鄯善王把我们送到北匈奴去，我们不就成了豺狼口中的食物了吗?"于是大家一齐拥护班超做主。班超认为不入虎穴，焉得虎子，决定趁对方不知自己实力之机，连夜火攻匈奴使者。

天黑以后，班超带领士兵潜入北匈奴使者住地，令10人将军鼓藏于屋后，一见大火烧起，立刻擂鼓呐喊。其余人带上刀剑弓箭，埋伏在门的两旁。班超顺风点火，前后左右的人一起擂鼓呐喊。北匈奴人陷入慌乱之中，被杀30多人，被烧死100多人。第二天，班超把北匈奴使者的头颅献给鄯善王看，鄯善国举国惊恐。

班超趁势对鄯善王晓之以理、动之以情，鄯善王最终决定服从汉朝。汉明帝很赞赏班超的胆识，下令提拔班超为军司马，让他继续出使西域。

二、最后通牒

1. 最后通牒是一种非常强硬的结束谈判的方式，所以通常只能在实在没招或者谈判长期没有进展的时候使用。乍一听，这种最后通牒很吓人，好像要鱼死网破似的。一般来说，只有在下列情况下，才使用最后通牒策略：

（1）谈判者知道自己处于强有力的地位，别的竞争者不如自己的条件优越，如果对方要使谈判继续进行并达成协议的话，只有和自己合作。

（2）谈判者已尝试过其他的方法，但未取得效果。这时，采取最后通牒策略是迫使对方改变想法的唯一手段。

（3）当己方将条件降到最低限度时。

（4）当对方经过旷日持久的谈判，已无法再担负由于失去这笔交易所造成的损失而非达成协议不可时。

实际上，使用这一招是有很大风险的，其实在威胁别人的同时，给自己也套上了枷锁。如果最后通牒发出之后，对方根本不理会，未答应任何条件，那么发出最后通牒的一方，一种选择是履行自己的诺言采取行动，这样最好提前做好准备；另一种选择是自食其言，没有采取行动，这样就从根本上失去了最后通牒的威力，进而让对方不把自己当回事，反而失去威信和气势。

所以，如果真的要发出最后通牒，请务必提前做好预案，有时一个备选方案还不够，要多准备几种方案。比如，我们准备给皮鞋厂下一笔订单，皮鞋厂 A 是我们的老供应商，质量好货期准时，是我们的第一选择。但是，随着皮鞋厂 A 的订单日益增多，这家厂的价格也逐渐提高，这次也是皮鞋厂 A 的价格报得最高。因为我们必须立即下单以免延误货期，所以我们向皮鞋厂 A 的厂长讲明，你们的价格比较高，请你们再算一算，价格想法再便宜一些，明天中午 12 点之前报给我们。如果明天 12 点前没有收到你们的消息，我们要下单给皮鞋厂 B 了。到了第二天中午 12 点，如果皮鞋厂 A 还没有任何回复，那我们就要采取实际行动，联络皮鞋厂 B，将订单给皮鞋厂 B。皮鞋厂 A 也许在观望我们到底最后怎么做，如果这次我们下订单给皮鞋厂 B，那么皮鞋厂 A 就知道我们言出必行。如果这次我们想来想去，最后还是把订单给了皮鞋厂 A，那以后皮鞋厂 A 就不会拿我们的话当回事了。

2. 谈判者使用最后通牒策略，总希望能够成功，其成功必须具备以下条件：

（1）送给对方最后通牒的方式和时间要恰当。一般做法是在送出最后通牒前，想方设法地让对方在你身上先做些投资。例如，先在其他次要问题上达成协议，在时间、精力等方面让对方有所消耗，等到对方的“投资”达到一定程度时，即可抛出最后通牒，使得对方难以抽身。

（2）送给对方最后通牒的言辞要委婉，既要达到目的，又不至于锋芒太露。言辞太锋利的最后通牒容易伤害对方的自尊心，因此多半是自讨苦吃。例如，“就是这个价钱，不然没什么可谈的了！”“接受这个条件，否则到此为止！”而言辞委婉的最后通牒，效果要好得多。例如，“贵方的道理完全正确，只可惜我们只能出这个价钱，能否再融通一下？”这种留有余地的最后通牒，替对方留下退路，易于被对方所接受。

（3）摆出一些令人信服的证据，让事实说话。如果能替己方的观点拿出文件和道理来支持，那就是最聪明的最后通牒了。例如，“你的要求提得并不过分，我非常理解，只是我方单位的财务制度不允许。”

（4）送给对方的最后通牒的内容应有弹性。最后通牒不要将对方逼上梁山，别无他路可走，应该设法让对方在己方的最后通牒中选择一条途径，至少在对方看来是两害相权取其轻。

（5）送给对方的最后通牒，要给对方留有考虑或请示的时间。在商务谈判中，让对方放弃原来的条件与立场，是需要时间的。因此，谈判者送出最后通牒后，还要给对方留有考虑的时间，以便使对方有考虑的余地。这样，可使对方的“敌意”减轻，不至于弄巧成拙。

3. 如何破解对方发来的最后通牒呢？

（1）静观其变。

有的最后通牒，其实只是说出来吓唬人。如果己方过了最后期限没有反应，对方也不会那么认真，完全按说的做，甚至会假装忘记此事。但是，在采取此法时，要考虑对方如果真的行动的话，己方能否承受。

（2）拖延时间。

可以告诉对方，己方正在研究对方提出的要求，但是研究方案需要一定的时间。然后再看对方的反应，一点一点地消磨时间。比如，己方告诉对方，我们的财务制度一般不允许接受你的条件，但是我们可以询问财务，让财务部门研究一下有没有什么办法？等过了一段时间，对方不耐烦了，又可以说我们财务想到变通的办法，但是需要总经理签字，总经理正在出差或休假，所以需要一些时间才能联系到他……总之，不断地拖延时间，一直拖过最后期限。

（3）蒙混过关。

这种方法是既不完全按照对方的最后通牒去做，又不掉以轻心，在各方面很好地应对。但是这种对策一定要分析好对方的各种可能性，比如对方是否有和我们类似的供应商？其他供应商的价格和我们的相比怎么样？如果不清楚，最好认真对待。

（4）替代方案或者部分满足。

如果对方很强势，己方不得不考虑接受最后通牒的话，也不能完全按照对方的意思做。我们可以采用之前讲过的策略，一定要索取回报。可以接受对方的条件，但是提出一个对己方很有好处的前提。比如，可以接受对方的目标价格，但是付款必须即期，否则宁可谈不成。

或者，寻找替代方案。比如，对方要求全部空运，己方说三分之一空运，其他三分之二海运，这样可以保证客户先获得一批货物，又使己方损失的最小。

如果实在不行，也只能部分满足。十项要求中答应六项或者七项，最多九项，一定不能百分之百地完全答应。这不仅是颜面的问题，也是对对方的一种抗衡。

第四节 赞美对方，留足面子

谈判的双方耗费时间和精力，长时间对抗拉锯，最终好不容易达成一致，结束谈判。这时，还有最后一件事需要做，就是赞美和祝贺对方。你可以赞美对方的谈判水平高超，或者竭力维护了对方公司的利益；也可以称赞对方的产品或服务确实是一流的，值得这个价格；更可以祝贺对方赢得了这笔订单，而且成为我们长期的合作伙伴。

有人觉得这样有些口不由心，比较虚伪。实际上，这是出于对人的一种尊重和礼貌，也是己方涵养和气度的体现。这是双赢谈判的真正内涵，也是化敌为友的感情攻势。因为，谈判成功只是万里长征的第一步，后续双方履行合同、交货售后等，还需要双方的共同努力。试想，双方在谈判时虽然勉强取得一致，达成了协议，但是两方都是气鼓鼓的，或者怀恨在心，那么在后续的履行合同的过程中，还会尽心尽力地操作吗？更谈不上长期合作，互惠互利了。所以，聪明的谈判家，会在谈判结束后不吝惜自己的赞美和贺词，尽量使对方心里舒服，产生双赢的感觉。

俗话说得好："人要脸，树要皮。"古今中外，所有人都要面子。在谈判中，我们要学会小心翼翼地维护对方的面子。千万不要用贬低对方的面子来满足个人的胜利，以致谈判破裂。在谈判中，保全面子是一项严肃的重大任务，保全面子对每个人来说就是对其自身价值的证实。

一个人的面子挂不住时，他就会变得不够友善。有些人会当面反击，有些人会暗暗记恨。研究表明，人们一旦有机会就会报复那些对他们进行人身攻击的人。

因此，在谈判中，让你的谈判对手保全面子，这是多么重要呀！而事实上却很少有人想到这一点。很多人总是不遗余力地打压别人，自以为是，找差错，威胁对方，甚至不考虑是否伤害到别人的自尊，从而给自己树立真正的"敌人"，也对谈判起了很坏的影响。

谈判者在谈判时绝不能将对方置于死地。尤其是在谈判者处于绝对优势、胜利在望的情况下，更要注意这一点。不懂得谈判的谈判者则往往在这种没有必要的时候穷追猛打。

当知道自己已经获胜的时候要停止追击，还应该给客户一个台阶下。一般来说，客户受到严重的伤害以后不会再与你合作。谈判者谈判时也不能把对方逼得太狠。

此外，需要注意的是，在争论的过程中，谁都会有感觉对方的意见是正确的那一瞬间。或许这正是某一方将要获胜的时刻。人们在争论时，为了保全自己的面子和自尊，面对对方一直主张反对意见，不会轻易承认它是正确的。即使理论上接受，也希望在改变自己的意见时采取一种适当的方式。

所以，当估计自己的意见将被采纳的时候，应当给客户一个机会，让他在没有屈辱感的情况下改变自己的主意。那种被胜利冲昏头脑，想让对方当场屈服的做法，有损于对方的自尊，谈判有可能在意料不到的地方出现问题。倘若无论怎么软磨硬泡，也难以使其当场改变主意，不如用缓期执行的办法，劝说对方认真地考虑一个晚上，自己也再想一想。第二天，当你问到昨天的事考虑得怎样时，对方可能会容易地接受并告诉你："经过我再三考虑，认为你的意见是正确的。"把结果归结于不是被你说服的，而是自己决定的，对方的面子也得以维系。

知识考查与技能训练

本章习题请扫码获得。

第七章　谈判成功后的成交履约与风险防范

【学习目标】

本章旨在让学习者了解跨境电商谈判成功后的成交履约，以及在实务操作中的各种风险防范。完成本章的学习，学习者应掌握各种单据的制作，落实样品与大货的生产，理解货期与物流的重要性，并学会运用各种工具防范经营风险。

【本章重点】

本章的学习重点是各种商务单据的制作，样品与大货的生产和跟进，各种风险的防范和工具的使用。

第一节 成交文件

一、形式发票

双方谈判成交后，客户往往会让我们出具一份形式发票。形式发票（Proforma Invoice）是一种非正式发票，是卖方对潜在的买方报价的一种形式。买方常常需要形式发票，以作为申请进口和批准外汇之用。

形式发票的作用：(1) 作为数量化的报价；(2) 作为销售确认；(3) 使买方凭借其可以申请办理输入许可、外汇许可和开立信用证等。

也可以将形式发票理解为一种预制合同，因为其中所有的价格、货期、条款等均与正式合同的相同。

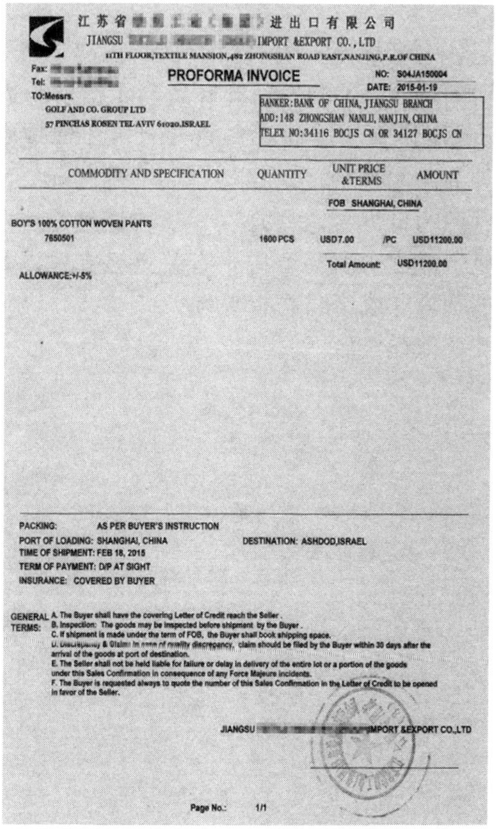

江苏省[redacted]进出口有限公司
JIANGSU [redacted] IMPORT &EXPORT CO.,LTD
11TH FLOOR,TEXTILE MANSION,482 ZHONGSHAN ROAD EAST,NANJING,P.R.OF CHINA

Fax: [redacted]
Tel: [redacted]

PROFORMA INVOICE

NO: S04JA150004
DATE: 2015-01-19

TO:Messrs.
GOLF AND CO. GROUP LTD
57 PINCHAS ROSEN TEL AVIV 61020.ISRAEL

BANKER:BANK OF CHINA, JIANGSU BRANCH
ADD:148 ZHONGSHAN NANLU, NANJIN, CHINA
TELEX NO:34116 BOCJS CN OR 34127 BOCJS CN

COMMODITY AND SPECIFICATION	QUANTITY	UNIT PRICE &TERMS	AMOUNT
		FOB SHANGHAI, CHINA	
BOY'S 100% COTTON WOVEN PANTS			
7650501	1600 PCS	USD7.00 /PC	USD11200.00
		Total Amount:	USD11200.00

ALLOWANCE:+/-5%

PACKING: AS PER BUYER'S INSTRUCTION
PORT OF LOADING: SHANGHAI, CHINA DESTINATION: ASHDOD,ISRAEL
TIME OF SHIPMENT: FEB 18, 2015
TERM OF PAYMENT: D/P AT SIGHT
INSURANCE: COVERED BY BUYER

GENERAL TERMS:
A. The Buyer shall have the covering Letter of Credit reach the Seller.
B. Inspection: The goods may be inspected before shipment by the Buyer.
C. If shipment is made under the term of FOB, the Buyer shall book shipping space.
D. Discrepancy & Claim: In case of quality discrepancy, claim should be filed by the Buyer within 30 days after the arrival of the goods at port of destination.
E. The Seller shall not be held liable for failure or delay in delivery of the entire lot or a portion of the goods under this Sales Confirmation in consequence of any Force Majeure incidents.
F. The Buyer is requested always to quote the number of this Sales Confirmation in the Letter of Credit to be opened in favor of the Seller.

JIANGSU [redacted] IMPORT &EXPORT CO.,LTD

Page No.: 1/1

图 7-1 形式发票样例

二、外销合同

谈判成功后，自然要签订一份合同。外销合同（Sales Confirmation/Sales Contract），是跨境贸易进出口双方当事人依照法律通过协商就各自在贸易中的权利和义务所达成的具有法律约束力的协议。

外销合同必须依法成立，合同中规定的权利义务必须符合法律的规定，合同履行过程中发生纠纷必须依法解决。

各个国家（地区）均通过国际私法、民法、商法、对外贸易法对外销合同作了具体的规定。总的原则是，首先适用双方国家（地区）共同参加或缔结的国际公约、双边条约等；在无统一实体规范可适用的情况下，允许当事人在与之有联系的国家（地区）中选择适用于某国法来调整他们所签订的贸易合同；当事人没有选择的，应当依照冲突规范的规定，确定适用该合同的准据法；当事人本国（地区）法律对进出口贸易合同的适用有特殊规定的，依照法律的规定。

国际贸易惯例是各国（地区）在经济贸易的长期实践中，约定俗成的贸易行为准则。例如，国际商会编制的《国际贸易术语解释通则》和《跟单信用证统一惯例》，国际法协会编制的《1932 华沙—牛津规则》等，都是经过不断地实践修改、补充编纂而成的。虽然它们不是国际立法，对贸易当事人没有强制的约束力，但为世界各国（地区）所普遍接受，实际上已成为国际经济贸易的行为规范。进出口贸易合同中有关价格支付以及责任与风险转移等方面的条款，一般须遵守或参照这些惯例。

外销合同的主要条款样式如下。

××××合同

合同号：

签约时间：	签约地点：

买方：

地址：

电话：	传真：
电传：	电报：

卖方：

地址：

电话：	传真：
电传：	电报：

兹经买卖双方同意成交下列商品，订立合同条款如下：

1. 合同对象：经协商，买卖双方一致同意在平等互利的基础上，买方购入卖方售出下列商品，商品的品名、规格、数量、单价、金额等详见第　号附件，所有附件为本合同不可分割的一部分。

2. 合同总值：

3. 交货条件：（DAF、CIF、FOB…）。除非另有规定，以上交货条件依照国际商会制定的《国际贸易术语解释通则》办理。以上货物数量允许卖方有权　%溢短装。

4. 原产地国别：

5. 包装：

6. 装运期：

7. 装运口岸和目的地：

8. 保险：

9. 支付条款：本合同采用（A. 信用证 L/C；B. 托收：即期付款交单 D/P、承兑交单 D/A；C. 电汇 T/T）方式结算。

A：（1）买方应在装运期间　日通过开证行开出以卖方为受益人的［不可撤销的、跟单的、（不）保兑的、即期的、可转让的、循环的、对开的、（不）允许分期装运的］信用证。信用证应在装货完毕后　日内在受益人所在地到期。（2）通知银行收到买方开具的不可撤销的信用证时，卖方必须委托通知行开出　%信用证金额的保证金给开证行。合同货物装运和交货后，保证金将原数退给卖方，若出于本合同规定第 13 条以外的任何原因，发生无法按时全部或部分交货，保证金将按本合同第 11 条的规定作为轻罚金支付给买方。

B：货物发运后卖方出具以买方为付款人的［付款跟单汇票，按即期付款交单方式 D/P，承兑跟单汇票，汇票期限为（）后（），按即期付款交单（D/A）方式经买方承兑后］，通过卖方银行及　银行，向买方转交单证（换取货物、买方按汇票期限到期支付货款）。

C：买方收到卖方依本合同第 10 条规定提交的单证后　日内以［电汇、信汇］方式支付货款。

D：自货物至指定边境站点由卖方置于买方控制下时，即认为卖方已交货，货物的所有权及偶然性损失或品质损坏的风险由卖方转移到买方。买方应［同、后、前］期于卖方　天交货，并以记名提单为结算依据。

10. 卖方应提交以下单证：

（1）全套清洁空白抬头、空白背书注明运费（已付、到付）的提货单份；

(2) 经签字的商业发票　份；

(3) 原产地证明书　份；

(4) 装箱单　份；

(5) 质量、重量检验证明　份；

(6) CIF 条件下的［保险单、保险凭证］　份。

11. 罚则：除本合同第 13 条规定原因外，如超过合同规定期限延误或无法交货、逾期或未能付款金额的　%计算，但罚金总额不得超过违约金额的　%。若违约方已先期支付保证金，则保证金作为罚金按数量比例予以罚扣，直到没收支付给对方。

12. 索赔：自货物到达目的地起　天内，如发现货物质量、规格、数量、重量、包装、卫生条件与合同规定不符者，除应由保险公司和承运人承担的责任外，买方可凭出具的商检证书，有权要求卖方更换和索赔。

13. 不可抗力：若发生不可抗力事件（如战争、内乱、封锁、地震、火灾、水灾等），以及任何双方不能预见，并且对某发生后果有能防止或避免的意外事故妨碍或干扰了本合同的履行时，发生不可抗力方须在事件发生结束之日起　日内将本国有关机构出具的不可抗力事件的证明寄交对方，据此证明豁免责任，并由双方协商中止或继续履行合同事宜。

14. 仲裁：由本合同产生或与本合同有关的一切纠纷，双方应通过友好协商或通过第三者调解（包括政府主管部门的官方调解及民间调解）解决。如不能解决，应提交××××机构，按申请仲裁时该机构现行仲裁程序、规则进行仲裁。仲裁裁决是终局的，对双方都有约束力。仲裁费用由败诉方承担。

15. 合同的执行单位：本合同中由（　　）为收、发货人，并承担履行合同的全部责任。

16. 其他：本合同未尽事宜，按××××××办理。本合同的附件为本合同不可分割的组成部分。本合同用中文、×文书就，双方代表签字后生效，一式肆份，两种文本具有同等效力。

买方签字：　　　　　　　　　　　　卖方签字：

注意：条款通常是由各家公司根据自身的实际利益需求，在征询法律顾问后，制定统一的模板。

江苏省××进出口有限公司

JIANGSU ××× IMPORT & EXPORT CO. , LTD

××× Mansion, ××× Zhong Shan Dong Road, Nanjing, P. R. of China

Fax: 86-25-×××××××× 编号/ NO. : FSBC2017050

Tel: 86-25-×××××××× 日期/Date: OCT 26TH, 2017

售货确认书

SALES CONFIRMATION

TO: Messrs.

BAIMEX S. R. L.

VIA PAPA GIOVANNI XXIII, 55

20090 RODANO (MI), ITALY

We hereby confirm having sold to you the following goods on terms and conditions as specified below:

Style No. Name of Commodity Fabric Washing Quantity U. Price Total Amount

FOB SHANGHAI

100PCT COTTON TWILL MEN'S PANT CAT. 6 STYLE ML-113C 1500PCS

$ 6. 00 USD9000. 00

100PCT COTTON POPLIN MEN'S PANT CAT. 6 STYLE ML-188C 2000PCS

$ 7. 50 USD15000. 00

100PCT COTTON TWILL MEN'S SHORT PANT CAT. 6S STYLE ML-112C 1500PCS

$ 4. 30 USD6450. 00

65/35 COTTON/NYLON MEN'S SHORT PANT CAT. 6S STYLE ML-119C 2000PCS

$ 4. 70 USD9400. 00

55/45 LINEN/COTTON MEN'S PANT QUOTA FREE STYLE ML-128C 1500PCS

$ 4. 60 USD6900. 00

ALLOWANCE: +/-5%

TOTAL: 14000PCS USD46750. 00

(1) Time of Shipment: FEB 10TH, 2018
(2) Packing: AS PER BUYER'S INSTRUCTION
(3) Port of Loading: SHANGHAI PORT, CHINA
Port of destination: GENOVA PORT, ITALY
(4) Terms of Payment: By 100% confirmed, irrevocable, transferable and divisible Letter of Credit allowing trans shipment and partial shipments to be available by sight draft and to remain valid for negotiation in China until the 21st day after the aforesaid Time of Shipment.

Remarks:

A: The Buyer shall have the covering Letter of Credit reach the Seller (or notify the Import License Number) before Failing which the Seller reserves the right to rescind without further notice to accept whole of any part of the Sales Confirmation not fulfilled by the Buyer, or to lodge a claim for losses thus sustained, if any.

B: Quality/Quantity Discrepancy: In case of quality discrepancy, the Buyer should file claim within 3 months after the arrival of the goods at port of destination; while for quantity discrepancy, claim should be filed by the Buyer within 15 days after the arrival at port of destination. It is understand that the Seller shall not be liable for any discrepancy of the goods shipped due to causes for which the Insurance Company, Shipping Company and other transportation organization or post office are liable.

C: The Seller shall not be liable for failure or delay in delivery of the entire lot or a portion of the goods under this Sales Confirmation in consequence of any Force Majeure incidents.

D: All disputes arising from the execution with this Confirmation shall be settled amicably through friendly negotiation. In case no settlement can be reached through negotiation, the case shall then be submitted to the Foreign Economic and Trade Arbitration Commission of the China Council for the Promotion of International Trade, Beijing, for arbitration in accordance with its Provisional Rules of Procedure. The arbitral award is final and binding upon both parties.

E: The Buyer is requested always to quote the number of this Sales Confirmation in the Letter of Credit to be opened in favor of the Seller.

F: The Buyer is requested to sign and return one copy of this Sales Confirmation immediately after receipt of the same. The Buyer, if any, should raise objection, within five days after the receipt of this Sales Confirmation. In absence of which it is understood that the Buyer has accepted the terms and conditions of the Sales Confirmation.

Buyer:

Seller: JIANGSU ××
IMPORT & EXPORT CO. LTD

图 7-2　外销合同样例

三、内销合同

相对外销合同而言，内销合同是外贸公司与国内供应商之间签订的合同，外贸公司是买方，供应商是卖方。内销合同的条款与外销合同的类似，只是买卖双方发生转换。

外销合同与内销合同之间的差价，即为外贸公司的毛利润，因此要注意保密。

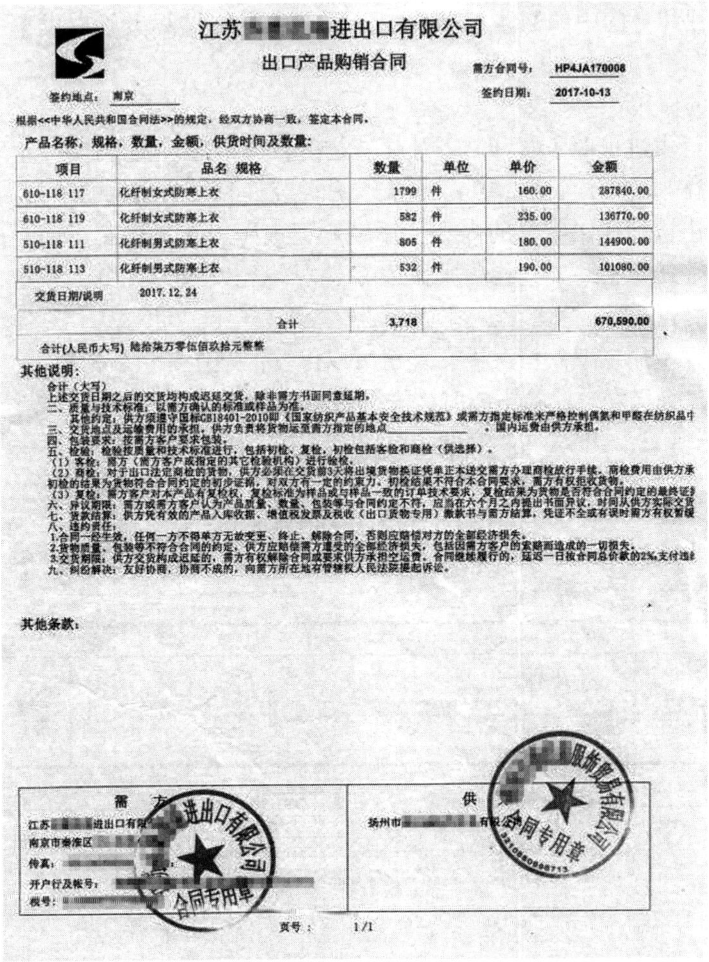

江苏[redacted]进出口有限公司

出口产品购销合同

需方合同号：HP4JA170008

签约地点：南京　　签约日期：2017-10-13

根据<<中华人民共和国合同法>>的规定，经双方协商一致，签定本合同。

产品名称，规格，数量，金额，供货时间及数量：

项目	品名 规格	数量	单位	单价	金额
610-118 117	化纤制女式防寒上衣	1799	件	160.00	287840.00
610-118 119	化纤制女式防寒上衣	582	件	235.00	136770.00
510-118 111	化纤制男式防寒上衣	805	件	180.00	144900.00
510-118 113	化纤制男式防寒上衣	532	件	190.00	101080.00
交货日期/说明	2017.12.24				
	合计	3,718			670,590.00
合计(人民币大写)	陆拾柒万零伍佰玖拾元整整				

其他说明：

合计（大写）

上述交货日期之后的交货均构成迟延交货，除非需方书面同意延期。

二、质量与技术标准：以需方确认的标准或样品为准。

其他约定：供方须遵守国标GB18401-2010即《国家纺织产品基本安全技术规范》或需方指定标准来严格控制偶氮和甲醛在纺织品中

三、交货地点及运输费用的承担，供方负责将货物运至需方指定的地点________，国内运费由供方承担。

四、包装要求：按需方客户要求包装。

五、检验：检验按质量和技术标准进行，包括初检、复检，初检包括客检和商检（供选择）。

（1）客检：需方（需方客户或指定的其它检验机构）进行检验。

（2）商检：对于出口法定商检的货物，供方必须在交货前3天将出境货物换证凭单正本送交需方办理商检放行手续，商检费用由供方承

初检的结果为货物符合合同约定的初步证据，对双方有一定的约束力，初检结果不符合本合同要求，需方有权拒收货物。

（3）复检：需方客户对本产品有复检权，复检标准为样品或与样品一致的订单技术要求，复检结果为货物是否符合合同约定的最终证

六、异议期限：需方或需方客户认为产品质量、数量、包装等与合同约定不符，应当在六个月之内提出书面异议，时间从供方实际交货

七、货款结算：供方凭有效的产品入库收据、增值税发票及税收（出口货物专用）缴款书与需方结算，凭证不全或有误时需方有权暂缓

八、违约责任：

1.合同一经生效，任何一方不得单方无故变更、终止、解除合同，否则应赔偿对方的全部经济损失。

2.货物质量、包装等不符合合同的约定，供方应赔偿需方遭受的全部经济损失，包括因需方客户的索赔而造成的一切损失。

3.交货期限：供方交货构成迟延的，需方有权解除合同或要求供方承担空运费，合同继续履行的，延迟一日按合同总价款的2%支付违

九、纠纷解决：友好协商，协商不成的，向需方所在地有管辖权人民法院提起诉讼。

其他条款：

需方	供方
江苏[redacted]进出口有限[redacted]	扬州市[redacted]有限公[redacted]
南京市秦淮区[redacted]	
传真：[redacted]	
开户行及帐号：[redacted]	
税号：[redacted]	

页号：1/1

图 7-3　内销合同样例

四、商业发票

商业发票（Commercial Invoice）是出口方向进口方开列发货价目清单，

是买卖双方记账的依据，也是进出口报关交税的总说明。

商业发票是交易业务的全面反映，内容包括商品的名称、规格、价格、数量、金额、包装等，同时也是进口商办理进口报关不可缺少的文件，因此商业发票是全套出口单据的核心，在单据制作过程中，其余单据如装箱单、提单、产地证等，均须参照商业发票缮制。尤其是信用证结算的话，更要三个一致：“单证一致”“单单一致”“单货一致”。

在实际业务中，大货生产往往由于各种原因，如损耗多、备料多等，实际数量往往和合同中的数量有些差别。因此，最终结算务必以发票上的实际数量为准。

发票的作用：

（1）可供进口商了解和掌握装运货物的全面情况。

（2）作为进口商记账、进口报关、海关统计和报关纳税的依据。

（3）出口商凭以发票的内容，逐笔登记入账。在货物装运前，出口商需要向海关递交商业发票，作为报关发票，海关凭以核算税金，并作为验关放行和统计的凭证之一。

（4）在不用汇票的情况下，发票可以代替汇票作为付款依据。

此外，一旦发生保险索赔时，发票可以作为货物价值的证明等。

JIANGSU [redacted] IMPORT & EXPORT CO., LTD

[redacted] Zhongshan Dong Road, Nanjing, China 210002

[redacted]

COMMERCIAL INVOICE

To:

Innovation Qualities Sportswear GmbH & Co. KG

Hörste [redacted]

FON: [redacted]

Invoice No.: HW4JA180007c

Date: 9-Jan-18

Payment Term: LC

L/C NO.: GENOAI15653DK

Marks and numbers	Order No.	Item #	Label	Description of goods	hs code	Color	Quantity (PCS)	Unit price (USD/PC)	Total USD
								CIP FMO	
	21197	610-118 119-7099	S'questo	Ladies' woven jacket 58%Polyester 42%Cotton	62029300 jacket	NAVY	88	US$34.00	US$2,992.00
	21202	610-118 119-7199	S'questo	Ladies' woven jacket 58%Polyester 42%Cotton	62029300 jacket	WHITE	88	US$34.00	US$2,992.00
	21209	510-118 113-71	Questo	Men's woven jacket 55%Polyester 32%Cotton13%Polyamide	62019300 jacket	AMRY GREEN	511	US$27.55	US$14,078.05
	21210	510-118 113-81	Questo	Men's woven jacket 55%Polyester 32%Cotton13%Polyamide	62019300 jacket	AMRY GREEN	28	US$27.55	US$771.40
						Total:	715		US$20,833.45

TOTAL: SAY US DOLLARS TWENTY THOUSAND EIGHT HUNDRED AND THIRTY THREE DOLLARS CENTS FORTY FIVE.

WORKMANSHIP AS PER RECONFIRMED COUNTERSAMPLES AND ORDERDETAILS, COLOURS AS APPROVED.
GARMENTS AS PER PROFORMA INVOICE NO.HS4JA170008 DATED 12.10.2017.
FOB NINGBO

[redacted]

JIANGSU SOHO HONRY IMPORT & EXPORT CO., LTD

图 7-4 商业发票样例

五、装箱单

装箱单（Packing List）是发票的补充单据，它列明了信用证（或合同）中买卖双方约定的有关包装事宜的细节，如箱数、毛净重、体积等，便于国外买方在货物到达目的港时供海关检查和核对货物，通常可以将其有关内容加列在商业发票上，但是在信用证有明确要求时，就必须严格按信用证的约定制作。

通常，还需要向国外客户提供一份详细装箱明细单（Detailed Packing List）便于客户收货后对应此单进行清点和分发。装箱明细单必须单货相符。

RECIPIENT
[redacted]

SUD EXPRESS/ GINGER ORDER NUMBER: 21574
REF ARTICLE: 17282
NAME: VARCHIBALD

DATE : 11/1/2018
SENDER
JIANGSU [redacted] IMPORT & EXPORT CO., LTD
[redacted]
NANJING, PR OF CHINA

DELIVERY ADRESS
[redacted]

PACKING LIST

Total packages:	16	CARTONS						
Total Quantity :	538	PIECES						
Cartons numbers	Style No		SIZES			Assorted packs	Ctn.Qty	Subtotal (pcs)
		COLOUR	S	M	L			
1-5	VARCHIBALD	MARINE	35			35	5	175
6-7	VARCHIBALD	MARINE		35		35	2	70
8-9	VARCHIBALD	MARINE			35	35	2	70
10-10	VARCHIBALD	MARINE	24			24	1	24
11-11	VARCHIBALD	MARINE		21	3	24	1	24
23-25	VARCHIBALD	ROUGE	35			35	3	105
26-26	VARCHIBALD	ROUGE		35		35	1	35

PACKING LIST

Total packages:	16	CARTONS						
Total Quantity :	538	PIECES						
Cartons numbers	Style No		SIZES			Assorted packs	Ctn.Qty	Subtotal (pcs)
		COLOUR	S	M	L			
1-5	VARCHIBALD	MARINE	35			35	5	175
6-7	VARCHIBALD	MARINE		35		35	2	70
8-9	VARCHIBALD	MARINE			35	35	2	70
10-10	VARCHIBALD	MARINE	24			24	1	24
11-11	VARCHIBALD	MARINE		21	3	24	1	24
23-25	VARCHIBALD	ROUGE	35			35	3	105
26-26	VARCHIBALD	ROUGE		35		35	1	35
27-27	VARCHIBALD	ROUGE			35	35	1	35
							16	
							TOTAL	538
NET WEIGHT PER CARTON : 10.50KG		Col.	S	M	L		Ctn.Qty	TTL/PCS
GROSS WEIGHT PER CARTON : 11.50 KG		MARINE	199	91	73		11	363
CARTON DIMENSIONS 60x40x30cm								
		ROUGE	105	35	35		5	175
							TTL:	538

图 7-5 装箱单样例

六、提单

海运提单，简称提单（Bill of Loading），是船方或其代理人签发的，证明已收到货物，允许将货物运至目的地，并交付给收货人的书面凭证。它是承运人和托运人之间的契约证明，在法律上具有物权证书的效力。

提单是承运人和托运人之间处理运输中双方权利和义务的依据。一套提单可能有 1 份以上的正本，常见的有 1 ~3 份正本。任何一份正本均可以作为提货凭证。因此，买方应向卖方索要全套均正本提单。发货人发货后，可通过银行（跟单 L/C 或托收结汇）将提单交给收货人，或者直接通过邮递，或者通过中间人转交收货人。

国际通行的做法是船公司对货代公司出具船东提单（俗称大提单），货代公司对客户出具货代提单（俗称小提单）。这种方式可以说是货代间合作走向国际化的一种表现，是货代行业完善服务、更好地服务和满足客户的一种表现。

提单的作用：（1）作为货物收据。提单是承运人签发给托运人的收据，确认承运人已收到提单所列的货物并已装船，或者承运人已接管货物，已代装船。（2）作为运输契约证明。提单是托运人与承运人的运输契约证明。承运人之所以为托运人承运有关货物，是因为承运人和托运人之间存在一定的权利义务关系，双方的权利义务关系以提单作为运输契约的凭证。（3）作为货权凭证。提单是货物所有权的凭证。谁持有提单，谁就有权要求承运人交付货物，并且享有占有和处理货物的权利。

NOT NEGOTIABLE UNLESS CONSIGNED TO ORDER　　OCEAN BILL OF LADING

Shipper
[redacted] IMPORT & EXPORT CO.,LTD
[redacted] ROAD,NANJING,JIANGSU

B/L NO.
COSU6168712510001

HERPORT　SO NO.
SESHA01189181
[redacted]国际货运代理(上海)有限公司

Consignee (if 'To Order' so indicate)
TO ORDER OF CREDIT LYONNAIS FRANCE

as Carrier
RECEIVED by the Carrier the Goods as specified below in apparent good order and condition unless otherwise stated, to be transported to such place as agreed, authorised or permitted in this Bill of Lading and subject to all the terms and conditions appearing on the front and reverse pages of this Bill of Lading to which the Merchant agrees by accepting this Bill of Lading, any local privileges and customs notwithstanding.

The particulars given above as stated by the shipper and the weight, measure, quantity, condition, contents and value of the Goods are unknown to the Carrier.

Notify party (No claim shall attach for failure to notify)
HERPORT LE HAVRE FOR THE ACCOUNT OF
GINGER SUD EXPRESS

[redacted]

Pre-carriage by　　Place of receipt
SHANGHAI

Vessel / Voy No.
CMA CGM CHRISTOPHE COLOMB/095FMW

Port of Loading　　Port of discharge　　Place of delivery
SHANGHAI　　LE HAVRE

Particulars furnished by the merchant

Container No. Marks and Number	Seal No.	Number of Containers or packages	Kind of packages;Description of goods	Gross Weight KGS	Measurement CBM
N/M		88 CARTON(S)	100% POLYESTER LADIES WOVEN JACKET	1012.00	6.336

COPY NOT NEGOTIABLE

88 CARTON(S)　　1012.00　　6.336

CONTAINER NO.	SEAL NO.	SIZE	MOVEMENT	PKG UNIT	KGS	CBM
SEGU1032531	CE550899	20'GP	CFS/CY	88 CARTON(S)	1,012.00	6.336

FREIGHT COLLECT

* Total number of containers or other packages or units received by the Carrier(in words)　EIGHTY-EIGHT (88) CARTON(S) ONLY

Freight and Charges	Prepaid	Collect	Excess limit declaration as per Clause 15
			One(1) original Bill of Lading must be surrendered duly endorsed in exchange for the Goods or delivery order. In WITNESS whereof one(1) original Bill of Lading has been signed if not otherwise stated below, the same being accomplished the other(s), if any,to be void.
Freight payable at DESTINATION	Number of Original B(s)/L THREE (3)		STAMP / SIGNATURE OF THE CARRIER:
LADEN ON BOARD THE VESSEL 26 Jan 2018 Date	Place and Date of issue SHANGHAI 26 Jan 2018		

JURISDICTION AND LAW CLAUSE
The contract evidenced by or contained in this Bill of Lading is governed by the law of Hong Kong and any claim or dispute under this Bill of Lading or in connection with this Bill of Lading shall be determined exclusively by the Courts in Hong Kong and no other Court.

图 7-6　提单样例

七、原产地证

原产地证（Certificate of Origin），简称 C/O，是出口国（地区）的特定机构出具的证明其出口货物为该国家（或地区）原产的一种证明文件。

原产地证的主要作用是用于申请进口国（地区）关税减免（优惠原产地证的主要用途）和便于进口国（地区）进行特定贸易管制（非优惠原产地证的主要用途）。

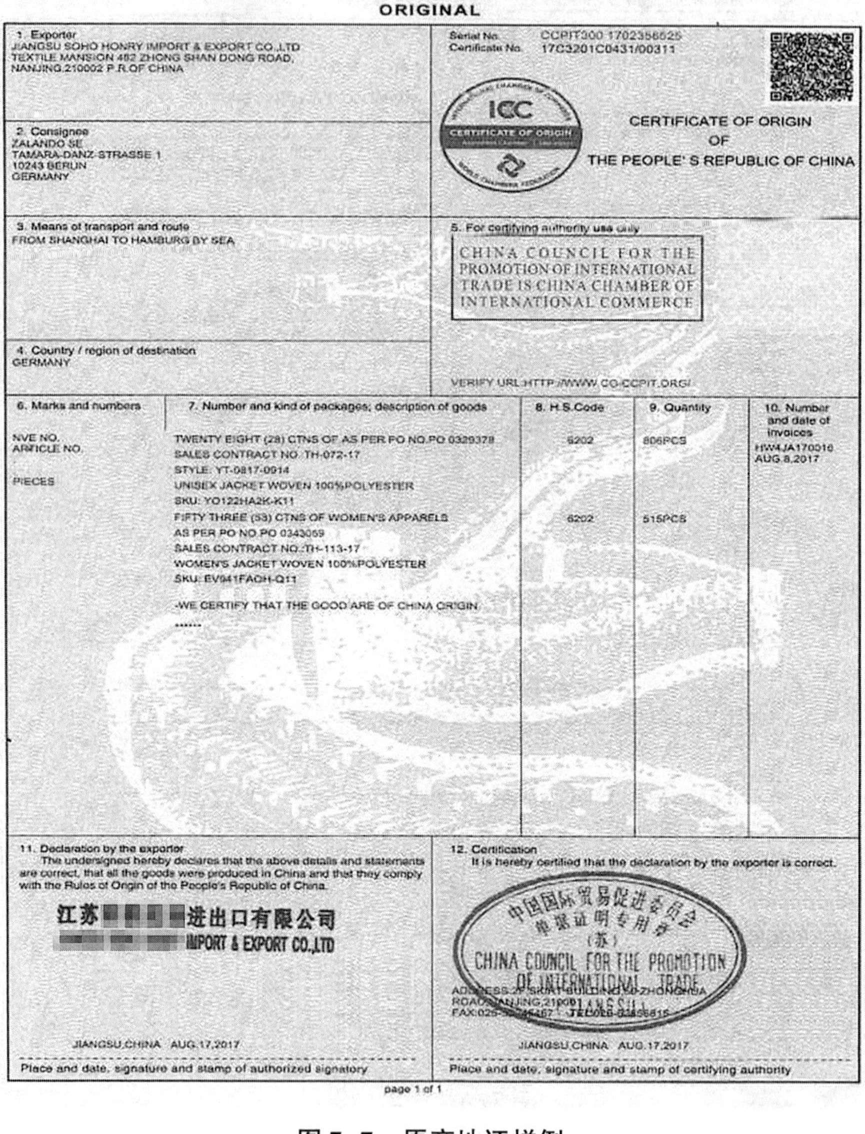

ORIGINAL

1. Exporter
JIANGSU SOHO HONRY IMPORT & EXPORT CO.,LTD
TEXTILE MANSION 482 ZHONG SHAN DONG ROAD,
NANJING,210002 P.R.OF CHINA

Serial No. CCPIT300 1702358525
Certificate No. 17C3201C0431/00311

CERTIFICATE OF ORIGIN
OF
THE PEOPLE' S REPUBLIC OF CHINA

2. Consignee
ZALANDO SE
TAMARA-DANZ-STRASSE 1
10243 BERLIN
GERMANY

3. Means of transport and route
FROM SHANGHAI TO HAMBURG BY SEA

5. For certifying authority use only
CHINA COUNCIL FOR THE PROMOTION OF INTERNATIONAL TRADE IS CHINA CHAMBER OF INTERNATIONAL COMMERCE

4. Country / region of destination
GERMANY

VERIFY URL:HTTP://WWW.CO.CCPIT.ORG/

6. Marks and numbers	7. Number and kind of packages; description of goods	8. H.S.Code	9. Quantity	10. Number and date of invoices
NVE NO. ARTICLE NO. PIECES	TWENTY EIGHT (28) CTNS OF AS PER PO NO.PO 0329378 SALES CONTRACT NO. TH-072-17 STYLE: YT-0817-0914 UNISEX JACKET WOVEN 100%POLYESTER SKU: YO122HA2K-K11	6202	806PCS	HW4JA170010 AUG.8,2017
	FIFTY THREE (53) CTNS OF WOMEN'S APPARELS AS PER PO NO.PO 0343059 SALES CONTRACT NO.:TH-113-17 WOMEN'S JACKET WOVEN 100%POLYESTER SKU: EV941FACH-Q11 -WE CERTIFY THAT THE GOOD ARE OF CHINA ORIGIN ******	6202	515PCS	

11. Declaration by the exporter
The undersigned hereby declares that the above details and statements are correct, that all the goods were produced in China and that they comply with the Rules of Origin of the People's Republic of China.

江苏[redacted]进出口有限公司
[redacted] IMPORT & EXPORT CO.,LTD

JIANGSU,CHINA AUG.17,2017

Place and date, signature and stamp of authorized signatory

12. Certification
It is hereby certified that the declaration by the exporter is correct.

中国国际贸易促进委员会 单据证明专用章 (苏)
CHINA COUNCIL FOR THE PROMOTION OF INTERNATIONAL TRADE JIANGSU

JIANGSU,CHINA AUG.17,2017

Place and date, signature and stamp of certifying authority

page 1 of 1

图 7-7　原产地证样例

第二节 履约生产

一、样品的跟进与管理

（一）样品的品种

生产中，各种各样的样品需专门加以管理。样品是能够代表商品大货品质的少量实物。它或者是从整批商品中抽取出来作为对外展示或产品质量检测所需的，或者在大批量生产前根据商品设计而先行由生产者制作、加工而成的，并将生产出的样品标准作为买卖交易中商品的交付标准。通常，客户要求最后交付的货物要和样品一样，否则可能拒收，因此，样品十分重要。

样品的类型有多种，其中比较重要的有：

1. 推销样

推销样，通常是指客户挑选所需要的款式或型号后，要求供应商提供数个甚至更多数量的正确材质和工艺的样品，以供客户的销售人员推荐给最终买家，获取订单。一般地，销售网络强大、销售渠道广泛的客户，所需的推销样较多，当然最后能形成的订单数量也就越大。

有的产品，如时尚类产品，推销是有时间限制的，因此推销样必须在规定时间内生产完成，以便客户的销售人员可以有足够的时间推广。

2. 确认样或产前样

确认样或产前样，是指客户签字确认的样品，或者大货生产前寄予客户确认的样品。作为大货生产的参照样品，大货生产必须严格按照确认样进行。

产前样的确认有以下方式：

（1）由卖家或买家任一方提出，经双方确认；

（2）由买家提供样品，经卖家复制样品（又称对等样或回样），再寄予买方确认；

（3）由买卖双方会同签封；

（4）申请出入境检验检疫机构签封，一般提供相同的样品一式三份，经审核后签封，买卖双方各执一份，另一份由出入境检验检疫机构留存，供以后检验时对照。

3. 大货样和出货样（船样）

大货样，是指在大货生产中随机抽取的样品，可以及时地反映大货生产时的品质等情况。客户可能根据大货样随时提出一些新的改进要求。

出货样（船样），是指从交付的大批货物中随机抽取的样品，很多客户据此来检验订单中商品的质量。因为客户认为此样代表大货的水平和质量，如觉察出货样不符要求，客户将认为整批货物不符要求，有可能要求重新提供或翻修，严重的可能会进行索赔或拒收。

（二）样品制作费的处理

样品的制作费用有以下几种分担模式：

1. 国外客户支付模具费，外贸出口企业承担原材料费，生产厂家承担加工费；
2. 生产厂家承担模具费、加工费和原材料费；
3. 国外客户支付模具费，生产厂家承担原材料费和加工费；
4. 外贸出口企业承担原材料费、模具费和加工费；
5. 对于多个品种的样品，分别列明每件样品的单价及费用承担要求等。

（三）样品的寄送方式

1. 邮政

邮政，如 EMS 等。

（1）航空包裹：耗时较短，费用较高。

（2）空运+水陆运包裹：耗时相对较长，费用较低。

（3）水陆路包裹：价格最便宜，此方法可适用于大宗的低值产品的寄送。

2. 特快专递

特快专道，可选择 DHL、FedEx、UPS、OCS、TNT 等。

（四）寄送样品的运费处理

1. 预付

预付（Freight Prepaid），是指寄件方缴付所需的邮寄费用。此支付方式多用于寄送费用低、客户信誉好、成交希望大的情况。

2. 到付

到付（Freight Collect），是指收件方缴付所需的邮寄费用。此支付方式多用于寄送费用高、客户信誉差或新客户、成交希望无法确定的情况。

（五）样品的跟踪和管理

1. 样品的跟踪

（1）办理完寄送手续后第一时间通知客户，包括样品的详细信息、运单号码、寄送时间和预计到达时间等信息。

（2）寄交样品的形式发票。

(3) 代为查询或及时询问样品是否顺利到达。请客户收到样品后予以确认。

(4) 跟进客户的样品测试或试用进展情况。跟踪客户的评估和反馈意见，形成质量检测报告。请客户给出具体满意或不满意的评语，并在后续持续改进。

2. 样品的管理

可设计样品管理表，包括送样国别（地区）、客户、样品名、样品的版本及生产批次、日期、编号、样品数量、金额、客户对样品评估内容等。

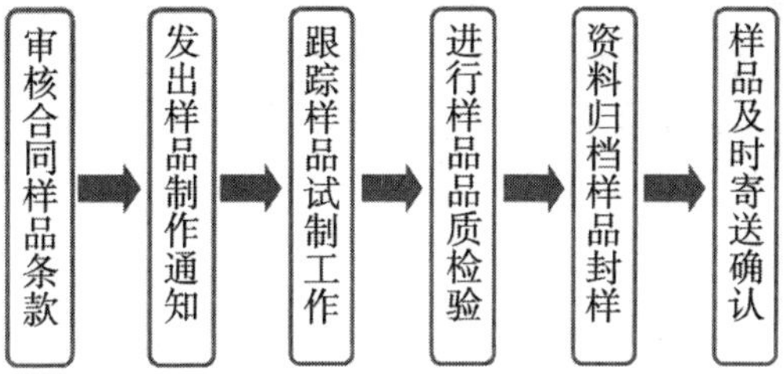

图 7-8　样品的生产和管理流程

二、大货生产的质量

1. 生产前：寄送样品给客户，如有技术难度或工艺复杂，及时提出替换做法。

2. 生产中：在生产过程的初期、中期、末期进行三期验货把控，全程实时跟踪，及时地解决任何问题。

生产跟单员在跟踪控制大货质量时，必须注意：

(1) 大货所选的材料是否与客户要求的完全一致；

(2) 大货各个部位的尺寸是否与客户的图纸尺寸完全一致；

(3) 大货的颜色和包装是否与客户的要求完全一致；

(4) 大货的数量是否与客户的要求完全一致；

(5) 大货的所有工艺细节是否与客户的要求完全一致。

3. 出货前：一般这时的大货已无法进行大的修改，仅能在后期的处理和包装上尽量改善。

三、大货生产的货期

在跨境贸易实际操作中，由于各种原因，常常需要和客户商量推迟货期，为此必须有效地抓紧时间。

1. 前期的确定订单

注意提前留有余地。一方面，向客户说明生产的流程和难点，争取尽可能延长交货期。另一方面，督促客户尽早提供原样、资料等。同时，着手准备或采购原材料。

2. 中期的生产

尽早地寄样品给客户，争取尽早地上线开始生产大货，提前确认和采购原辅料。全程要实时地跟踪，并及时解决任何问题。一种有效的办法就是预排生产计划。

3. 末期的交货

尽早地安排。适于该批大货的物流运输方式等。如确实来不及，及时地安排人手加班，或者和客户商议将交货期延长一些时间。

四、物流与运输

跨境贸易中货物和单据的流通，离不开物流与运输。跨境贸易中大宗货物的运输方式主要是海运、陆运、空运，或者多式联运。国际贸易总运量中的 2/3 以上，中国进出口货运总量的约 90%主要是利用海上运输。

船公司，通常是船舶的所有人（Owner），有的也可能由自己租船（Charter），有自己签发提单的权利，对船有直接管理权。

货代，是为船公司揽货的公司。他们可以办理出口手续，为货主提供方便，是船公司和货主的桥梁。一般的，船公司只接受固定的货代来订舱位，而货代是指专门从事进出口运输的代理公司，其本身没有船舶等运输工具。

船代，是船舶靠港办理手续，直接和船东或者船舶控制方联系的公司或企业。其也是船公司的代表，可以接受船公司的权利向货运公司签发提单。船代自己本身也可以作为船公司的船代，享受一级订舱的权利。

第三节 风险与防范

一、中国出口信用保险公司与海关数据

为了保护广大国内出口商的利益，支持我国对外经济贸易的发展与合作，2001 年国家出资设立了国有政策性保险公司——中国出口信用保险公司。中国出口信用保险公司（SINOSURE），简称“中信保”，是目前跨境贸易实务

操作中，大多数国内出口商申请保障境外客户的商业信用的保险公司。

申请中信保保障的操作流程：

（1）国内出口商填写申请表，申请额度。

（2）中信保审批额度。如果审批速度较快，金额较大，则此出口商的资金和信用情况良好，可进行合作。

（3）国内出口商签订合同，操作订单，出口投保。

（4）若国内出口商安全收款，则额度恢复，循环使用；若没有收款，则出险理赔。

海关数据是指世界各国（地区）海关统计的货物进出口交易数据，具有“权威、准确、全面、及时、详尽”等特点。这些数据信息是国家掌握国际贸易变化、制定贸易政策最直接的依据，同时也是外贸企业开展市场调研、开发国际市场和开展外贸业务的一种高效精准资源。

海关数据，有助于外贸企业开拓市场、制订生产计划、寻找国外买家、了解竞争对手、监控客户动态，可以说是外贸企业必不可少的“贸易协助工具”。

供外贸企业查询海关数据的网站主要有：

（1）外贸邦（https：//www. 52wmb. com/）；

（2）福步外贸论坛（http：//bbs. fobshanghai. com/index. php）；

（3）美国海关数据（https：//www. importgenius. com/cn/）；

（4）磐聚网（https：//cn. panjiva. com/）。

二、电汇付款的风险与防范

前文提及，提单极为重要，相当于货权，也就等于是货款。

很多时候，境外客户要求电汇（T/T）付款。为了确保安全，降低风险，卖家可建议采用以下付款方式：

（1）发货前电汇（T/T）付款；

（2）发货前电汇（T/T）付款+信用证付款；

（3）发货前电汇（T/T）付款+发货后电汇（T/T）付款。

如果境外客户一定要求付款为100%发货后电汇（T/T），卖家则可以在运输工具发运之后，将提单复印件或扫描件发送境外客户，请境外客户付款后，卖家再将正本提单寄送境外客户。

如果境外客户坚持要卖家先寄送正本提单，再付货款，卖家则可以采取以下方法：

（1）事前调查客户的资信/货代信用；

(2) 利用海关数据调查客户最近的出货记录;
(3) 投保中信保;
(4) 控制放账规模。

三、信用证的风险与防范

1. 数量不够

一般数量不大的时候，可以“洽客赎单”，即通知客户数量有些差额，请求客户接受。如果数量相差很大，也请求客户先接受，将不够的数量，拼在下一批货物中，一起交付客户。

2. 时间超过规定期限

(1) 倒签提单 (Anti-dated B/L 或 Back-dated B/L)。

倒签提单是指承运人或其代理人应托运人的要求，在货物装船完毕后，以早于货物实际装船日期为签发日期的提单。比如，信用证规定船期为5月1日，实际开船是5月3日，这样货物实际装船的日期就晚于信用证规定的装船日期，造成不相符，影响托运人结汇。为了使签发提单的日期与信用证规定的装运日期相符，以利于结汇，承运人应托运人的要求，在提单上仍以信用证的装运日期填写签发日期，即将提单上的开船日期写为5月1日。

签发这种提单，尤其当倒签时间过长时，有可能推断承运人没有使船舶尽快速遣，因而承担货物运输延误的责任。特别是在市场货价下跌时，收货人可以以“伪造提单”为借口拒绝收货，并向法院起诉要求赔偿。承运人签发这种提单是要承担一定的风险的。

因此，一般只有在倒签的时间与实际装船完毕时间的间隔不长，或签单的货物是零星货物而不是数量很大的大宗货等情况下，并且取得托运人保证承担一切责任的保函后，才可以考虑倒签提单。

(2) 分批走货。

在客户同意的情况下，先将客户最急需的货物发出，然后再分批发货。这样，虽然需要多支付报关和运输或码头的费用，但仍是最佳选择。

(3) 寻找更快的船舶或航班。

不同的航线船舶或航班，运输时间长短不同，比如快船与慢船有时航行时间相差较大。

(4) 海运改为铁路运。

(5) 客户要求空运。

3. 不清洁提单 (Unclean B/L 或 Foul B/L)

在货物装船时，承运人若发现货物有包装不牢、破残、渗漏、玷污、标志不清等情况时，将在收货单上对此加以批注，并将此批注转移到正式提单上，这种提单称为不清洁提单。

在国际贸易实践中，银行是拒绝出口商以不清洁提单办理结汇的。为此，托运人应把损坏或外表状况有缺陷的货物进行修补或更换。

还有一种变通的做法是由托运人出具保函，要求承运人不要将所作的有关货物外表状况不良的批注转批到提单上，而是根据保函签发清洁提单，以使出口商能顺利完成结汇。但是，承运人因未将批注转批到提单上，承运人可能承担对收货人的赔偿责任，承运人因此遭受损失，应由托运人赔偿。

中国最高人民法院在《关于保函是否具有法律效力问题的批复》中指出："海上货物运输的托运人为换取清洁提单而向承运人出具的保函，对收货人不具有约束力。无论保函如何约定，都不影响收货人向承运人或托运人索赔；对托运人和承运人出于善意而由一方出具另一方接受的保函，双方均有履行之义务。"承运人应当清楚自己在接受保函后所处的地位，切不可掉以轻心。

知识考查与技能训练

本章习题请扫码获得。